浙江省"十四五"普通高等教育本科规划教材
浙江省高等学校德育统编教材
浙江大学首届优秀教材奖·特等奖

大学生心理健康教程

第五版

A Course in Mental Health for College Students

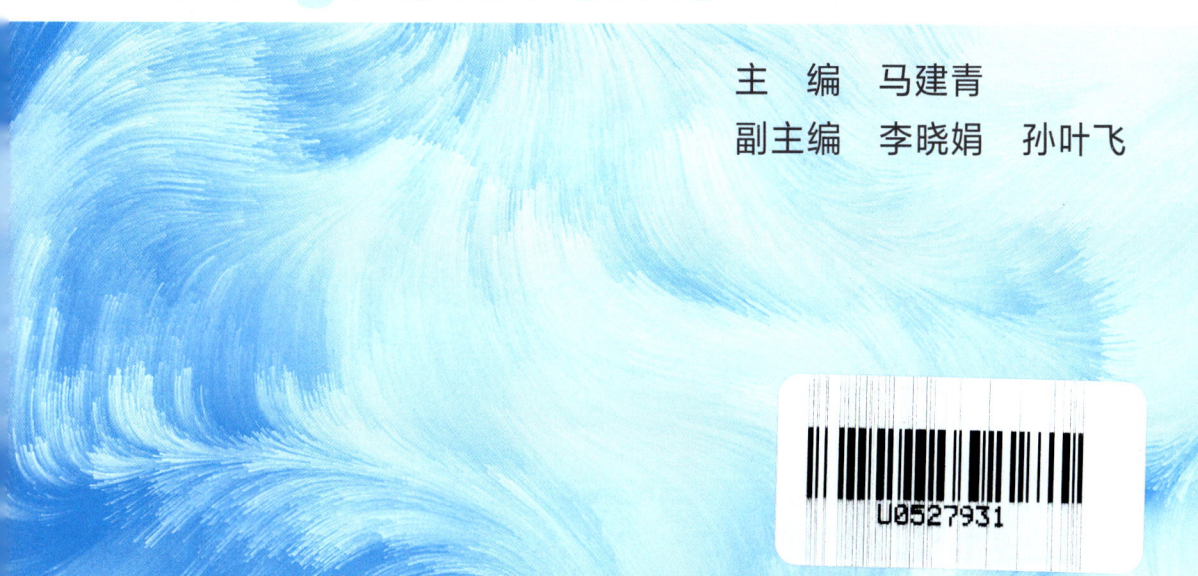

主　编　马建青
副主编　李晓娟　孙叶飞

ZHEJIANG UNIVERSITY PRESS
浙江大学出版社
·杭州·

图书在版编目（CIP）数据

大学生心理健康教程 / 马建青主编. -- 5版.
杭州：浙江大学出版社, 2025. 1（2025. 1 重印）.
ISBN 978-7-308-25511-0

Ⅰ. G444

中国国家版本馆CIP数据核字第20240DU709号

大学生心理健康教程（第五版）

DAXUESHENG XINLI JIANKANG JIAOCHENG

马建青　主编

策　　划	黄娟琴
责任编辑	黄娟琴　傅宏梁
文字编辑	汪荣丽
责任校对	沈巧华
封面设计	林智广告
出版发行	浙江大学出版社
	（杭州市天目山路148号　邮政编码310007）
	（网址：http://www.zjupress.com）
排　　版	杭州林智广告有限公司
印　　刷	杭州宏雅印刷有限公司
开　　本	787mm×1092mm　1/16
印　　张	15.75
字　　数	308千
版 印 次	2025年1月第5版　2025年1月第2次印刷
书　　号	ISBN 978-7-308-25511-0
定　　价	49.80元

版权所有　侵权必究　　印装差错　负责调换

浙江大学出版社市场运营中心联系方式：0571-88925591；http://zjdxcbs.tmall.com

前言 PREFACE

加强和改进大学生思想政治教育是党中央、国务院作出的重要部署。浙江省委、省政府领导对此高度重视，对编写具有浙江特色的地方德育教材、充分发挥课堂主渠道作用提出了明确要求。

心理健康教育是思想政治教育的重要组成部分。心理健康问题不仅关乎学生个人的成长成才，还关乎国家的未来发展。党中央、国务院高度重视大学生心理健康教育。教育部就心理健康教育的具体开展颁发了一系列针对性、指导性文件。2011年，教育部印发了《普通高等学校学生心理健康教育课程教学基本要求》，明确各校要开设大学生心理健康教育必修课，这在中国高校心理健康教育发展史上具有重要意义。课堂教学是加强大学生心理健康教育的主渠道，而教材是这个主渠道发挥作用的重要媒介和基础，编写高质量教材是心理健康教育的重要任务。

为进一步加强大学生心理健康必修课建设，提高教育教学的针对性和实效性，浙江省在教育部文件颁发后的第一时间就组织编写了省统编教材《大学生心理健康教程》，该教材也成为浙江省高等学校德育统编教材之一。

该教材内容涵盖了大学生成长过程中可能会遇到的若干主要问题。每章内容包括理论阐释、案例分析、自我测试、视频资料等，方便学生从各个维度深入理解心理健康理论，了解自己的心理行为特点，掌握自我心理调适方法，做自己心理健康的主人。教材注重将知识传授、心理体验、行为训练融为一体，突出对大学生心理品质的提升和人格的完善，促进其潜能开发和全面成长。

自2012年《大学生心理健康教程》第一版出版以来，编写团队依据党中央的新政策、新精神，结合社会新形势、学生新实际、研究新成果，与时俱进，多次对教材做出调整与更新，迄今已是第五版。新版教材及时融入党的二十大精神，落实课程思政的要求，采用立方书的方式，设置了一系列的二维码链接，大大拓展了教材的容量，使教材信息量更大、内容更加丰富、形式更加多样、可读性更强。

教材自出版以来，获得了师生们的好评。2023年，本教材荣获"浙江大学首届优秀教材奖"特等奖。这既是一种肯定和鼓励，也是一种鞭策和期待。

教育部党组颁发的《高等学校学生心理健康教育指导纲要》强调要"完善心理健康教育教材体系，组织编写大学生心理健康教育示范教材，科学规范教学内容"。编写优质教材是一项艰巨的任务。教材的编写、修改和完善，凝聚了广大教师、学生的智慧。我们期待作者们能精益求精，编写出更优质的教材。我们也期待从事心理健康教育教学的教师们坚持理论联系实际的优良作风，把教材体系转换为教学体系，贴近实际、贴近生活、贴近学生，及时吸收最新理论成果，改进教学方法，提高教学实效，为大学生的心理健康和全面发展做出更大的贡献。热忱欢迎广大师生继续对本教材的不足之处提出批评意见，以便进一步修订、完善。

浙江省教育厅宣传教育与统战处

目录 CONTENTS

第一章　走进浩瀚的心灵——大学生心理健康导论　1
- 第一节　从青涩到成熟：大学生的心理发展　1
- 第二节　从适应到成长：大学生的心理健康　8
- 第三节　从自发到自觉：大学生心理健康的维护　14

第二章　掌握行动的钥匙——大学生的社会认知与自我意识　23
- 第一节　行由知引：认知与心理健康　24
- 第二节　知己知彼：大学生的社会认知及其优化　27
- 第三节　我心我主：大学生的自我意识及其提升　32

第三章　擦亮心灵的窗户——大学生的情绪及其管理　40
- 第一节　赤橙黄绿青蓝紫：大学生情绪的内涵与特点　41
- 第二节　阳光心情我做主：大学生情绪管理的理论与方法　45
- 第三节　心灵智慧照前程：大学生情商的培养与发展　53

第四章　缔造精神的美丽——大学生的健康人格及其塑造　58
- 第一节　人格万花筒：人格概观　59
- 第二节　人格风向标：大学生健康人格的塑造　69
- 第三节　人格调色板：大学生人格偏差的调适　73

第五章　开启人生的航程——大学生的生涯规划及其实践　79
- 第一节　人生重在规划：了解大学生生涯规划意蕴　80
- 第二节　真知源于实践：提升大学生生涯规划素养　83
- 第三节　心态决定未来：培养大学生健康择业心理　91

第六章　驰骋知识的海洋——大学生的学习心理与创新　103
- 第一节　适应学习：调适学习心理困扰　104
- 第二节　学会学习：成为主动的学习者　109
- 第三节　创新学习：培养创造力与创新思维　116

第七章	**达成和谐的沟通**——大学生的人际交往及其调适	124
	第一节　沟通你我：人际交往基础理论概述	125
	第二节　多维透视：大学生人际交往面面观	133
	第三节　自我调适：大学生交往能力提升策略	139
第八章	**培植幸福的玫瑰**——大学生的恋爱心理与性健康	151
	第一节　花开四季：大学生恋爱心理的特点	152
	第二节　执手同心：提升大学生爱的能力	155
	第三节　和谐心身：大学生性行为及其调适	165
第九章	**构筑绿色的篱笆**——大学生的健康行为及其养成	170
	第一节　人生幸福的基础：健康行为概述	170
	第二节　生命成长的课题：大学生健康行为的养成	176
	第三节　健康生活的回归：大学生常见的健康行为问题及其调适	180
第十章	**直面生活的挑战**——大学生的挫折心理与压力管理	189
	第一节　人生何处无风波：挫折与压力概述	190
	第二节　阴晴圆缺伴成长：大学生常见的挫折与压力	197
	第三节　柳暗花明又一村：大学生的挫折调适与压力管理	201
第十一章	**穿越精神的黑洞**——大学生常见的异常心理及其应对	206
	第一节　女娲的造次：异常心理概述	207
	第二节　心灵的沼泽：大学生常见异常心理及其治疗	210
	第三节　人性的关怀：大学生异常心理的应对	217
第十二章	**托起生命的希望**——大学生的心理危机应对与生命成长	221
	第一节　心灵的困扰：心理危机与生命困顿	221
	第二节　生命的拯救：心理危机的预防与干预	226
	第三节　意义的追寻：生命价值与生命态度	233

参考文献　242

后　记　245

CHAPTER 1
第一章

走进浩瀚的心灵
—— 大学生心理健康导论

> 世界上最浩瀚的是海洋，比海洋更浩瀚的是天空，比天空更浩瀚的是人的心灵。
>
> ——雨果

第一节　从青涩到成熟：大学生的心理发展

一、人的心理现象

人的心理现象复杂而微妙。我们用眼睛观察世界，用耳朵倾听声音；我们因成功而兴奋，因失败而沮丧；我们回忆过去，规划未来。这些都是人的心理现象。心理学是研究人的心理现象的学科。网络、电视、报纸、杂志等都在应用或传播着各种各样的心理学知识。

学习心理学知识能够帮助学生更好地认识和了解自己，建立更为和谐的人际关系，更高效地学习，更好地调节和控制自己的情绪，从而收获健康、快乐、充实的大学生活。

人的心理现象的本质是什么？这些纷繁复杂的心理现象是如何产生的？科学心理学认为，心理现象既是脑的机能，又是客观现实的产物。大脑的发育为心智的成熟奠定了基础。心理现象又是对客观现实的反映，是由外界输入的信息引发的。如果只有健康的大脑，却没有现实生活的复杂刺激，人就不可能发展出成熟的心理机制。

如图1-1所示，认知、情绪和意志是人最基本的心理过程。认知是人们对外部世界进行信息加工的过程；情绪是人对客观事物的态度体验及其相应的生理和行为反应；意志则既指人有意识、有目的、有计划地调节和支配自己行为的心理过程，也指人在决定达到某种目的时产生的心理状态。

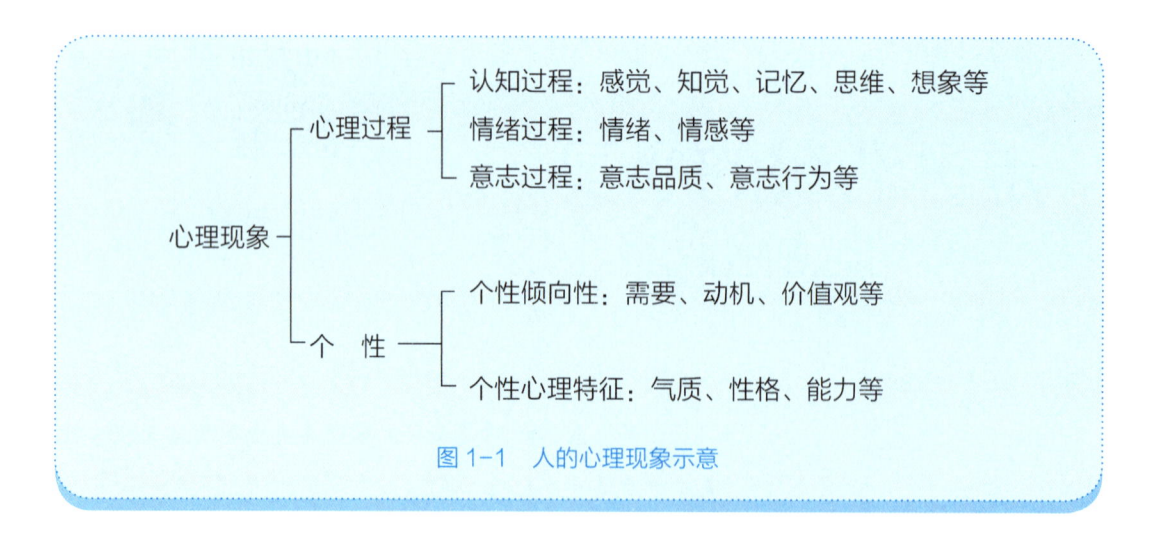

```
                        ┌─ 认知过程：感觉、知觉、记忆、思维、想象等
              ┌─ 心理过程 ─┼─ 情绪过程：情绪、情感等
              │         └─ 意志过程：意志品质、意志行为等
    心理现象 ─┤
              │         ┌─ 个性倾向性：需要、动机、价值观等
              └─ 个 性 ─┤
                        └─ 个性心理特征：气质、性格、能力等
```

图 1-1　人的心理现象示意

人们的心理健康与否，往往体现在认知、情绪和意志上。人与人之间的心理活动过程存在着差异，这些差异的总和即是个性。个性倾向性提供了人的心理活动的动力和方向，它体现在需要、动机、价值观等方面；个性心理特征则是人们在社会活动中表现出来的稳定的心理特点，这些心理特点既反映在能力上，也反映在气质和性格上。

人的认知、情绪、意志等构成了人丰富的内在心理世界。这种内在的心理世界也被称为意识。意识是人所特有的对客观现实的高级反映形式。因为人类存在意识，所以与单纯适应自然界的动物有了本质区别。在认知上，人们能够通过意识来认知事物的本质和规律；在情绪上，人们能够通过意识对自己的情绪进行调节和控制；在意志上，人们能够通过意识明确行动的目的性。人还具有自我意识，表现为自我认识、自我体验和自我控制，这对个体的心理发展具有重要意义。

除了拥有意识外，社会性也是人的重要心理特点。人是社会动物，总是处在一定的社会关系中，而人的心理发展，也需要经历漫长的社会化过程。社会道德和社会规范塑造了人的心理和行为，让人的需求和欲望以符合社会规范的方式得到满足，从而避免使人成为需求和欲望的奴隶。

二、人的心理发展

从婴幼儿到老年，人的心理不断发生变化。心理发展是指个体在胚胎发育、出生、成熟、衰老直至死亡的整个生命过程中所经历的一系列生理和心理的变化。虽然每个人的人生经历各不相同，但是所经历的生命阶段以及该阶段所面临的心理发展任务大体相同。

心理学家根据个体的年龄和发展任务，将人的一生分为八个阶段，包括产前期

（受孕至出生）、婴幼儿期（出生至3岁）、儿童早期（4~6岁）、儿童后期（7~12岁）、青春期（13~20岁）、成年期（21~40岁）、中年期（41~65岁）、老年期（66岁以后）。

人的心理发展遵循一些共同的规律。

第一，心理发展是遗传和环境共同作用的结果。先天遗传为心理发展提供了可能性，后天的环境和教育则把这种可能性变成了现实。两者相辅相成，缺一不可。

第二，心理发展具有顺序性。心理发展经历了从低级到高级、从简单到复杂、从量变到质变等连续不断的过程。

第三，心理发展具有阶段性。不同阶段有其不同的发展任务和心理特点。

第四，心理发展具有不平衡性。人的心理发展并不是匀速的，在一些特殊的阶段，比如在青春期，心理发展迅速；而在中年期，心理发展则相对缓慢。

第五，心理发展具有个体差异。虽然发展阶段理论为心理发展划定了特定的年龄范围，但不同个体心理发展的年龄阶段并不完全同步，有些人心理发展快，而有些人则发展慢些。

文档1-1：埃里克森心理发展八阶段

三、大学生的心理发展

大学生正处于从青春期向成年期发展的关键期。在大学里，大学生需要学习知识技能、培养能力素质，乃至做出人生发展的重要决定。而这些任务的顺利完成都需要以心理的健康发展为前提。理解大学生的心理发展特点、发展课题及其影响因素，有利于大学生更好地认识自我和调节自我，以更成熟的心态应对挑战。

（一）大学生心理发展特点

大学生虽在生理上已趋于成熟，心理上正向成人转变，但他们尚未完全熟悉和适应成人的角色。大学生的心理发展主要有以下特点。

1. 认知发展特点

在认知上，大学生正处于智力和创造力的高峰期，其感知觉、记忆力、逻辑思维能力都已经成熟和完善。他们能够通过分析、综合、抽象、概括、推理和判断来反映事物的关系和内在联系。其思维特点正从一般的逻辑思维向辩证思维过渡，思维的独立性、创造性和批判性显著提高。认知上的这些发展特点，有利于系统知识的掌握和世界观的形成。

在事实上，很多人的思想都是在大学期间逐渐成熟和丰富起来的。但是，由于没有足够的社会阅历和知识储备，再加上这个阶段特有的丰富、敏感而强烈的情感特点，大学生在看待问题时容易陷入非黑即白的二元思维，批判性有余而全面性和建设性不足，有时显得不够成熟和理性。

2. 情绪发展特点

被称为"青年心理学之父"的斯坦利·霍尔（Stanley Hall）把青年期称为"狂风暴雨"时期。他认为，青年期的特点是动摇、起伏的，经常出现一些相互对立的冲动。相对于中学生而言，大学生的情绪内容开始趋向深刻和丰富，情绪的表达趋于隐蔽，情绪的变化也逐渐趋向稳定。[1]但霍尔所谓的"狂风暴雨"时期的情绪特点在大学生身上依旧显著，具体表现为：

（1）波动性和两极性。大学生由于情绪尚未完全成熟和稳定，对情绪的管理和控制能力还相对较弱，所以其情绪带有明显的波动性，容易从一个极端走向另一个极端，表现出大喜大怒、大起大落的两极性。

（2）冲动性与爆发性。大学生在情绪体验上常常特别强烈、富有激情，对事情比较敏感。一旦情绪爆发，他们则缺乏控制能力，容易表现出狂热和冲动，甚至走向极端。

（3）情绪的心境化。大学生正处于情绪丰富的阶段，外在事件给情绪带来的影响可能更加持久。但和心境微弱的情绪体验不同，大学生的情绪往往强烈而持久，这可能会带来更大的心理负担。

（4）情绪的掩饰性。在情绪表达上，大学生开始尝试根据自我形象来调整、管理和控制自我情绪，情绪的外在表现和内心体验常常不一致，表现出一定的掩饰性。由于调节和控制情绪的能力尚未成熟，所以大学生对情绪的掩饰有时会显得过于刻意、不自然。

3. 意志发展特点

大学生的意志品质已经基本形成并逐渐趋向成熟，但尚未完全成熟，具体表现为：

（1）自觉性和惰性并存。随着自我意识的发展，大学生行为的目的性、自觉性有了明显提高，很多大学生都能够确立自己的学习和生活目标，并根据目标制订计划。但其自我监督和控制能力不足，往往难以很好地执行计划，甚至容易放弃这些目标和计划，表现出一定的惰性。

（2）独立性和依赖性并存。大学生的独立意识迅速增加，迫切希望自立自强，把握自己的命运。但其经济尚未自立，心理不够成熟，社会地位尚未确定，当遇到重大决策（如考研、就业）时，很多大学生会表现出依赖性，希望家长、老师替自己拿

---

[1] 墨菲，柯瓦奇. 近代心理学历史导引[M]. 林方，王景和，译. 北京：商务印书馆，2017：609.

主意。

（3）果断性和冲动性并存。由于独立性提高，能力增强，多数大学生表现得更加自信、果断。他们希望自己做选择，并愿意为自己的选择负责。但这种选择常常有轻率、冲动的特点，情绪色彩较浓，事后容易后悔。

4. 自我意识发展特点

大学生的自我意识发展迅速，但尚不成熟，主要有以下特点：

（1）强烈关注自我形象。大学生常常积极主动地探索自我，对自我形象有强烈的关注。在外表上，一些人注重穿着打扮，追求时尚个性，渴望得到他人的关注和赞赏。在心理上，注重自己的内心感受，对他人的评价极其敏感，经常反省自己。

（2）自我体验丰富而强烈。大学生处于人生最为"多愁善感"的年龄阶段，自我体验往往既丰富又强烈、既细腻又敏感。在顺境中，容易志得意满，情绪高昂；在逆境中，容易自卑退缩，忧郁沮丧。

（3）理想自我与现实自我存在矛盾性。理想自我是个人期望达到的完美形象，是个人追求的目标，而现实自我是个人对现实中各种自我特征的认识。当理想自我与现实自我距离适中时，可以激励大学生奋发图强。但当大学生的理想自我过于完美或脱离实际，与现实自我差距过大时，理想自我不仅起不到激励的作用，还可能因为这种差距而使大学生产生巨大的挫折感。

（二）大学生心理发展课题

心理学把人生由一个时期过渡到另一个时期所必须完成的学习或训练称为发展课题。一般来说，大学生主要面临以下几个心理发展课题。

1. 逐步走向独立

大学生需要独立计划和安排自己的生活，为自己的生活做决定。但是，他们与家庭的脱离并不彻底。大部分学生仍需要家庭的经济支持，在面临就业等重大决定时，仍需要参考家庭成员的意见。在这段过渡时期，大学生的独立性如果得到有效锻炼与充分发展，就可以在进入社会时更好地适应生活和工作。

2. 适应新的人际关系

适应新的人际关系是大学生心理发展的重要课题之一。大学的学习和生活环境为大学生学习、适应新的人际关系创造了有利条件：大学集体生活为学生们增加了人际交往与沟通的机会；共同的交往意愿和单纯的交往动机为彼此练习和适应新的人际关系提供了契机；大学生来自不同环境背景，有不同的价值观、生活习惯、兴趣爱好，这为他们学习如何与不同的人交往创造了条件。

学会与异性相处，学习爱与被爱，是适应新的人际关系的重要方面，也为成年期建立家庭做了心理准备。

3. 掌握知识技能

从事某种职业、参与社会分工是成人的标志，而大学是系统学习和掌握职业所需的专业知识及技能的场所。大学生只有掌握了职业所需的知识和技能，才能为职业生涯奠定良好的基础。

4. 认识和理解自我

大学生的自我意识由矛盾、分化逐渐走向统一。这个阶段的大学生开始把过去经历、当前现实和未来期望联系在一起，他们更积极主动地认识自我、体验自我、塑造自我、完善自我。在这个过程中，他们可能会经历一系列的冲突和迷茫。如果在这些冲突和迷茫中，他们能够更好地认识和理解自我的优点和局限，达成理想自我和现实自我的和谐，就能很好地完成自我同一性的课题。否则，他们可能带着这种迷茫和困惑进入成年期，从而影响职业生活和家庭关系。

5. 确立人生观和价值观

社会化的重要标志是个人拥有为社会成员所普遍接受和共享的人生观和价值观。我国当前正处于一个观念剧变和价值多元化的时代，这种变化容易导致大学生产生价值观混乱。树立正确的人生观和价值观有利于大学生更好地适应社会，而不当的特别是错误的人生观和价值观则可能使大学生在不良诱惑和个人原则之间产生心理冲突，甚至诱导他们做出违法行为。

视频1-1：生活的适应

阅读材料 1-1

扣好人生第一粒扣子

我为什么要对青年讲讲社会主义核心价值观这个问题？是因为青年的价值取向决定了未来整个社会的价值取向，而青年又处在价值观形成和确立的时期，抓好这一时期的价值观养成十分重要。这就像穿衣服扣扣子一样，如果第一粒扣子扣错了，剩余的扣子都会扣错。人生的扣子从一开始就要扣好。"凿井者，起于三寸之坎，以就万仞之深。"青年要从现在做起、从自己做起，使社会主义核心价值观成为自己的基本遵循，并身体力行大力将其推广到全社会去。

——2014年5月习近平在北京大学师生座谈会上的讲话[①]

---

① 习近平在北京大学师生座谈会上的讲话（全文）[EB/OL]．（2014-05-05）[2024-08-01]. https://www.gov.cn/xinwen/2014-05/05/content_2671258.htm.

走进浩瀚的心灵——大学生心理健康导论　第一章

思考题? 结合自己的生活经历,谈谈人生观、价值观与个体心理发展的关系。

阅读材料 1-2

大学生心理素质的发展目标

发展是人生面临的主要课题。心理学家张大均等人认为,大学生心理素质的发展主要表现在个体的智能发展、个性发展、社会性发展和创造性发展等方面,并据此构建了大学生心理素质发展的目标系统,见表1-1。

表1-1　心理素质发展的目标系统

发展目标	二级子目标	三级子目标
着眼于树立学生的主体意识,引导学生主动参与、亲身实践、合作探究,在自由、愉悦的氛围中,开发心智潜能,发展个性特长,促进心理素质各成分及其整体结构的健全、健康发展	健全发展的个性	1.具有不怕困难,追求成功的倾向(抱负水平) 2.能独立思考,有独立见解,不依赖于他人(独立性) 3.能持之以恒,坚持到底(坚持性) 4.具有主动积极探求知识的欲望(求知欲) 5.能控制、调节和支配自己的思想、情绪和行为(自制力) 6.能确信自己的能力(自信心) 7.能对自己的行为负责(责任感)
	积极的动机	1.培养高尚的远景性和社会责任感的学习动机 2.培养学生的专业兴趣,增强大学生的内在学习动机
	合理的自我发展	1.正确认识自我,全面评价自我 2.欣然接受自我,恰当评价自我 3.有效控制自我,不断超越自我
	有效的应对方式	1.用主动的态度和积极的行为来对待各种压力 2.面对各种压力,要主动寻求社会支持 3.学会调节情绪、控制情绪 4.用积极的认知模式来对待压力,辩证地看待压力 5.适应挫折,并能战胜挫折
	科学归因	1.成功时尽量归因于努力和能力强,失败时尽量归因于努力不够和策略不当等因素 2.采取信任、合作、鼓励等积极态度,增强其自尊心和自信心 3.通过讲解、讨论、引导、个别咨询等多种手段促使学生积极正确地归因

资料来源:张大均,陈旭.中国大学生心理健康素质调查[M].北京:北京师范大学出版社,2009:245-246.

第二节　从适应到成长：大学生的心理健康

一、心理健康的内涵

在过去很长一段时间里，人们认为没有身体疾病便是健康。然而，现在越来越多的人认识到，仅仅拥有身体上的健康还远远不够。

世界卫生组织（World Health Organization，WHO）在其宪章中对健康做出了如下定义："健康乃是一种生理、心理和社会适应的完美状态，而不仅仅是没有疾病和虚弱的状态。"这表明，健康的含义是丰富多样的。在躯体方面，健康意味着一个人享受精力充沛的生命，即躯体没有病理改变和机能障碍，而且机体强壮；在心理方面，健康意味着有充分的自尊，有良好的情感，能从人际关系中获得满足，没有情绪困扰和行为问题；在社会适应方面，健康意味着有充沛的体力来担负自己的生活和工作，有积极乐观的胸怀来面对成功和挫折，有灵活的应变能力来适应环境的变化。

心理健康是健康的重要内涵，而良好的社会适应则是健康的重要标志。1946年，第三届国际心理卫生大会将心理健康定义为："所谓心理健康，是指在身体、智能以及情感上，在与他人的心理健康不相矛盾的范围内，将个人心境发展成最佳状态。"并具体指明心理健康的标志是：①身体、智力、情绪十分协调；②适应环境，在人际关系中能彼此谦让；③有幸福感；④在工作和职业中，能充分发挥自己的能力，过有效率的生活。可见，心理健康并不只是强调"没病"，而是更强调个体自身潜能的发挥和良好的社会适应能力。

📄 阅读材料1-3

心理健康的"灰色带"

心理健康的灰色带理论是指心理健康与不健康之间并无明显界限，而是处于一个连续的过程。如将正常比作白色，将不正常比作黑色，那么，在白色与黑色之间存在着一个巨大的缓冲区域——灰色区，世间大多数人都处于这一区域内。心理健康的"灰色带"如图1-2所示。

这说明，在人生的发展过程中面临心理问题是正常的，不必惊慌失措，应积极进行矫正。与此同时，个体灰色区域也是客观存在的，人们应增强自我保健意识，及时进行自我调整。

文档1-2：健康是一株三色花

纯白	浅灰色	深灰色	纯黑
人格健康、自信心高、适应力强	各种生活、人际关系压力等引起的心理冲突	各种神经症、人格障碍等	精神病

图 1-2 心理健康的"灰色带"

二、大学生心理健康的标准

学者们从不同的角度提出了衡量心理健康的标准，归纳起来，一般认为，心理健康意味着：在认知上，能够正确认识世界、自我和他人；在情绪上，拥有积极乐观的情绪，并能有效管理和控制自己的情绪；在意志上，有坚强的意志品质和抗挫折能力；在与环境的关系上，既能保持自我的独立性，又能适应和改造环境。

根据心理健康的含义、标准，结合大学生自身所处的年龄、阅历、学习和生活环境，以及面临的人生阶段和发展任务，我们认为，大学生的心理健康应该符合以下标准。

（一）合理的自我认知

大学生正处于自我价值寻求和自我身份认同的关键期。在这个时期，很多人会有一个过于理想化的自我。理想化的自我包含大学生对自我的期许，为大学生提供了努力的方向和动力。但是，如果理想自我与现实差距过大，大学生通过自身努力无法达到，就会产生挫折感。所以，合理的自我认知是心理健康的保证。

文档1-3：对镜

（二）坚强的意志

大学生正处于人生相对动荡的时期，挑战多、选择多，未来的不确定性大。在学习、交往、恋爱、择业等方面都可能遇到各种困难，克服这些困难需要坚强的意志。坚强的意志包括独立性、坚持性和自制性。一个心理健康的大学生，能够坚持自己的理想和信念并为之付出持久的努力，也能够克服各种困难以达到最后的成功。

（三）积极、稳定的情绪

情绪既包括积极情绪，也包括消极情绪。情绪不仅能够反映我们的现实生活状态，也能促进或阻碍我们生活的发展。通过对情绪的自我觉察和有效调控，能够让积极情绪在生活中的比重增加，消极情绪在生活中的比重减少，从而促进生活的良性发展。

情绪稳定，并不意味着没有情绪波动，而是指多数时候能通过调节使情绪保持稳定状态；在遇到挫折出现情绪波动后，能有效调控情绪，不使情绪失控，并能很快恢复到正常状态。积极、稳定的情绪是大学生心理健康的重要标志。

（四）健全的人格

健全人格意味着：人格的各个要素健全统一；具有正确的自我意识，个人的所想、所说、所做都是协调一致的，没有自我同一性混乱问题；以积极进取的、符合社会进步方向的人生观、价值观作为人格的核心，并以此有效地支配自己的心理行为，把需要、愿望、目标和行动统一起来，使人格的各方面都能充分、健康地发展。

（五）和谐的人际关系

人总是处于一定的社会关系中，集体生活中的大学生尤其如此。人际关系是否和谐，既是影响大学生心理健康的重要因素，也是衡量大学生心理是否健康的重要标志。和谐的人际交往表现为：与人交往时，交往动机端正，能保持独立而完整的人格；能用尊重、信任、宽容和理解等态度与人友好相处，有良好稳定的人际关系；能客观评价他人，善于取人之长补己之短，严于律己，宽以待人；能与他人团结协作，与集体保持协调的关系。

（六）良好的适应能力

心理健康的大学生应对环境有较强的适应能力，能够接受和适应现实环境。在面对不理想的环境时，能够做到不抱怨、不逃避，能根据现实环境的要求，及时调整个人的需要和愿望，使自己的思想和行为与环境相协调，从而能在各种环境中获得成长与发展。

案例 1-1

一位清华贫困生的自述：《在树洞里》

2021年11月，一位清华学子在网络"树洞"平台发的文章刷屏了。文章提到，他当年入学时，每年的奖学金和助学金共计13000余元，扣除学杂费后，一年可支配的资金只有6500元。他给自己制订了严格的开支计划，每个月只能花400元。同学吃西瓜、喝饮料时，他只能默默喝水；在食堂里，他想办法用最少的钱吃到最可口的饭菜；由于无法承担班级出游的花销，他错过了和同学的合照……这些内容琐碎而朴实，却又能直抵人心，令人动容。在获得资助的同时，这位学生也会定期给那些给予他帮助的企业和组织送上一封手写的感谢信。此后，他通过兼职有了相对稳定的收入，还获得了保研资格……从研一开始，他每个学期拿出 3200 元，资助了 4 名家乡希望小学的孩子，为他们提供一学期的生活费、学杂费等。每学期回家，他也会去看看这些孩子，给他们讲述外面的世界。文中，他不止一次提到"上天是眷顾我的"。文末，他写道："直到今天，我也认为上天是眷顾我的。我的家里人都身体健康，不需要我去照顾；我也遇到了这么多优秀的同学、老师。是所有人一起努力，才帮助我找到如今的工作，开始新的生活……希望未来有一天，我有能力像清华大学的校友一样成立基金会。我想，我会亲力亲为，去真正做一些实事。"

这位清华学子家境贫寒，却没有怨天尤人，而是积极面对困难，心存感恩，并用最大的力量去帮助别人。网友评价说："心有暖阳，何惧人生沧桑！"这位"心有暖阳"的同学，他的心态特点涵盖了上述心理健康的标准。

三、大学生的心理健康问题

从广义上讲，大学生的心理健康问题可以分为三个层面。一是心理发展问题，包括如何促进心理发展、增进心理健康，圆满完成各阶段心理发展任务，培养优良心理品质、行为习惯、处事方式以及适应能力、抗挫能力，促进个性全面和谐发展，树立对生命、对生活、对他人、对集体的积极态度等。二是心理困扰问题，即大学生在日常学习、生活中遇到的各种困难、烦恼和不适应等。三是心理疾病问题，如各种神经症、精神疾病等。

以下着重分析大学生中常见的心理困扰。可以说，人人都会遇到心理困扰，处于人生多变期的大学生更是如此。

（一）适应问题

案例 1-2

上大学前，小王总把大学想象得非常美好，那里有学识渊博的老师、聪明上进的同学以及丰富多彩的课余生活。可是，随着刚来大学时的那股新鲜感渐渐消退，一种莫名的迷茫便油然而生。小王的室友来自全国各地，每个人的生活习惯和价值观念都不同，小王觉得自己很难和他们沟通。他们中的某些人学习不认真，常常逃课在宿舍打游戏，小王对此很看不惯。大学老师也不像中学老师那样时时刻刻与学生在一起。小王常常感到孤独。他第一次远离家乡，非常想家，几乎每天都要给家里人打电话。

经人介绍，小王走进了学校心理咨询中心。咨询中心的老师热情地接待了他。听完小王的叙述后，咨询中心的老师告诉他，很多大一新生到大学后，都会面临适应问题，表现之一就是离开了原有的人际关系圈子，而新的人际关系圈子尚未建立时所产生的孤独感。

咨询老师建议小王根据自己的兴趣特长多参加一些社会实践活动。小王喜欢摄影，咨询老师就建议小王参加学校的摄影学会。这样既能发展自己的特长，又可以认识更多的朋友。小王喜欢打篮球，同寝室也有喜欢打篮球的室友。咨询老师建议小王组织寝室间的篮球赛，通过篮球赛来培养自己与室友之间的友谊。同时，咨询老师还建议小王制订一个短、中、长期的计划，以使自己的课余时间更加有序。

经过一段时间的调整，小王逐渐走出了新生适应的困难期。自从参加了摄影学会，他周末常去外面采风，课余生活开始丰富起来。通过组织寝室间的篮球赛，小王不仅和自己的室友熟了起来，也认识了其他寝室的朋友。通过和高年级学长及老师的交流，他为自己制订了计划，并根据计划来安排自己的学习和生活。他的生活逐渐变得丰富而有序。

后来，他发现那个常常逃课在宿舍打游戏的室友也处于迷茫期，于是，他帮助室友也制订了一个学习计划，相互督促，共同进步。

进入大学后，几乎每位新生都会面临适应问题。大学生离开了家人的呵护，进入一个全新的学校生活环境，在气候、饮食习惯、住宿条件等方面，都可能产生不适应。还有一些学生因没有考上理想的大学或专业，来到大学后，理想和现实之间的差距让他们感到失落。在学习、人际关系等方面，大学生同样需要面对很多新问题。例如，适应不良可能导致大学生产生焦虑、自卑等心理问题。

案例1-2中的小王，就是因为第一次远离家门，尚未建立起新的人际关系，也尚未适应新的学习环境，因此出现了适应问题。类似的适应问题，很多大学新生都会遇到。

这些心理问题的出现并不是孤立的，它们与大学生的能力、认知方式、人格特点等个性因素密切相关。当然，这些困扰的影响并不全是负面的，它们同时为大学生提供了成长和发展的契机。在面对和解决这些问题的过程中，大学生能增强自身的适应能力和解决问题的能力。

（二）学业问题

大学生的主要任务是学习。大学的学习，无论是在学习方式、学习内容还是在学习环境上，都和高中有很大的不同。大学给了学生充分的自主性，也对学生的自制力提出了更高的要求。一些学生因为学习动机过强而焦虑，而另一些学生则因为缺少学习目标和动力而迷茫。由于学习成绩常常和学生的毕业、深造、就业等密切相关，因此，学业上的挫折容易引发各种心理问题。

（三）人际关系问题

大学生离开高中熟悉的老师、同学和亲人，来到新的群体，开始独立生活。在新的群体中，他们必须学会与来自不同背景、有不同个性的同学交往。由于缺乏与他人相处和交往的经验，再加上青春期心理固有的闭锁、羞怯、敏感和冲动等心理特质，大学生常常会遇到各种各样的人际关系问题。大学生大多住在集体宿舍，如果和室友关系不佳，会带来一些烦恼，容易影响学习和生活，从而影响心理健康。

（四）恋爱与性问题

大学生正处于性发育成熟时期，恋爱和性问题是其生活中不可回避的重要问题。很多人会在大学开始人生的第一场恋爱，甚至有第一次性接触和性体验。这些经历和体验如果处理不好，都可能给大学生带来极大的心理压力。

由于缺少相应的教育，大学生容易在恋爱和性的问题上产生迷茫，或者出现不合理的恋爱和性行为。另外，一些大学生无法正确面对恋爱中的挫折，容易出现偏激行为。

（五）择业问题

随着就业压力的增大，就业带来的心理问题也随之增多。自我定位不准确、自我期望过高、缺少求职和进入社会的心理准备、不能正确应对拒聘后的心理挫折等，都可能引发心理问题。

此外，就业问题也可能与其他心理问题紧密相连。一些学生对就业形势不佳的专业产生强烈的不认同感，因此缺乏学习的动力和目标；另一些学生则可能因过于担心就业问题而处于紧张和焦虑状态。

心理困扰和生活中的现实问题密切相关，是每个人都可能遇到的问题。如果一般的心理困扰不能及时得到解决，不仅会降低学习和工作效率，还可能引发严重的心理问题；而心理困扰的妥善解决则会促进大学生更快更好地成长。

第三节　从自发到自觉：大学生心理健康的维护

案例 1-3

> 小陈来自偏远贫穷的农村。和其他高中的农村孩子一样，他的高中生活主要精力都用在了学习上。如愿考上大学后，他对大学生活充满了好奇和向往。他喜欢这座城市，它富裕、优美，和他的家乡很不一样。在经历过最初的孤单以后，他很快就结交了一些朋友。他和这些朋友一起爬山游湖、打球唱歌，课余生活丰富而充实。他还参加了一些学生社团，虽然这些社团并没有他想象中的那么有意思，但他还是通过社团活动认识了一些朋友。他把学习、生活安排得井井有条，张弛有度。每天早上，他会留一些时间来背英语单词。空闲的时候，他会看一些和专业相关的图书来开阔自己的视野。第一学期结束后，他获得了学校的二等奖学金。由于家境不富裕，他申请了助学贷款，并打算暑假留在学校勤工助学。他觉得自己有很多事情要做，有很多东西可以学，生活忙碌而充实。同时，他也觉得自己充满了活力，有信心迎接未来的挑战。

从小陈的例子可以看到，只要保持积极健康的心态，心怀希望，努力寻找生活的方向和目标，并有序地安排好自己的生活，生活就会变得充实而有意义。

一、大学生心理健康的重要性

随着生活节奏的加快、社会竞争的加剧以及不同文化、不同价值理念冲突的加深，人们所面临的挑战和压力越来越大，困惑也越来越多。心理健康已经成为人们日益关注的主题。大学生心理健康的重要性正逐渐被人们所认知。

第一，心理健康是身心健康的需要。人是身心的统一体，身体健康与心理健康之间是相互影响的。例如，人在恐惧或悲哀时，胃黏膜会变白，胃酸分泌减少，导致消化不良；人在焦虑怨恨时，胃黏膜会充血，胃酸分泌增多，导致胃溃疡；长期的焦虑和愤怒还会使血压升高、心脏受损，从而引发高血压和心脏病等。

第二，心理健康是时代发展的要求。信息化和全球化的发展、东西方文化的碰撞、价值观念的冲突、家庭观念和结构的变化、利益冲突的增加以及竞争的加剧，这些对大学生而言，都是巨大的挑战，也容易带来心理困扰。时代发展要求人们具备更强的社会适应能力、不断学习与超越自我的能力，能够承受挑战与挫折，能够与人进行有效的沟通与合作，懂得身心平衡的原则与方法。

第三，心理健康是自身发展的基础。在心理成长和成熟的过程中，学业问题、人际问题、恋爱和性关系问题、人生发展和职业选择问题，都不可避免地会给大学生带来压力。积极解决这些问题，既有助于大学生学习应对心理冲突、排解心理压力，也有助于大学生更好地磨炼自我、开发潜能、完善人格，为大学生提供成长的契机。

第四，心理健康是幸福生活的保障。心理健康的个体拥有良好的心态和积极的思维模式，能够有效地管理情绪、更好地实现自我成长，从而增强自身对生活的满意度和幸福感。因此，关注和维护心理健康对于追求幸福生活至关重要。

文档1-4：
提醒幸福

二、大学生心理健康的影响因素

影响大学生心理健康的因素极为复杂，既有自身的内在因素，又有社会环境的外在因素。

（一）影响大学生心理健康的内在因素

1. 生理因素

对大学生心理健康产生影响的生理因素主要有神经系统、遗传因素和内分泌系统等。在神经系统上，由外伤、感染、中毒、发育不良引起的脑组织损伤会损害人的认知能力，还会对情绪的产生和控制、意志行为的控制造成损伤，甚至导致精神障碍。在遗传因素上，父母若患有精神疾病，则子女患精神疾病的概率会明显增加。在内分泌系统上，一些腺体的分泌过量或不足都会影响心理状况。

2. 心理因素

根据对心理现象的分类，可以把影响大学生心理健康的因素分为认知因素、情绪因素、意志因素和个性因素四种。需要指出的是，这些因素之间并非相互割裂，而是密切联系、相互影响的。

（1）认知因素。大学生的抽象思维能力迅速发展，能对事物进行客观分析。但由于其辩证逻辑思维基础不够深厚、社会阅历和经验也不丰富，在观察和分析问题时容易主观化、片面化、绝对化，产生各种非理性认知和信念，从而出现焦虑、抑郁、恐惧等情绪。

首先，非理性认知体现在自我认知上。大学生对自己的个性、角色和自我定位的认识尚不够清晰和稳定。他们容易因一些小的成功而夸大自己的优点，因一些小的挫折而放大自己的缺点，常常在自大和自卑之间摇摆不定。

其次，非理性认知体现在对人际关系的认知上。一些大学生对人际关系的期待过于理想化，认为单纯的人际关系容不得一点功利性，否则就是对友谊的亵渎；认为朋友之间就应毫无保留，有求必应；或者认为只有完美的人才值得结交。一旦这些理想化的期待落空，很多人就会产生强烈的挫折感，甚至因此怀疑友谊的意义。

最后，非理性认知体现在对社会的认知上。一些大学生对社会有一些片面的想象和期待，认为社会上充满了尔虞我诈，适应社会就意味着磨灭个性、放弃纯真和善良，因此对踏上社会有恐惧心理。另一些人则对社会复杂性估计不足，没有积极学习社会规范，缺乏对社会的适应能力。

（2）情绪因素。大学生逐渐走出动荡的青春期，进入成人早期。一方面，他们的情绪变得更加丰富而稳定，情绪调控和管理的技能开始逐步发展。另一方面，大学生中存在各种消极情绪，包括来到新环境中产生的孤独感、学习和就业压力带来的焦虑和紧张情绪、因理想和现实冲突而产生的悲观感和挫折感等。如果这些消极情绪不能得到很好的调节和排遣，就可能影响心理健康。

（3）意志因素。大学生的意志品质逐渐趋于成熟，已经能够制订计划和实施计划。但大学生的意志品质同样存在一些问题。在自我要求上，一些大学生的自觉性较差，自律性不强，怕吃苦、贪享乐。在自我控制上，一些大学生做事拖拉，常常不自觉地把时间浪费在上网等活动中，导致做事效率低下。在抗挫折能力上，一些大学生的抗挫折能力相对较弱，容易因一些小的失败而自暴自弃。在独立性上，一些大学生在做选择和判断时，容易受他人影响，表现得人云亦云，缺乏主见。这些意志品质上的缺点容易影响大学生的自信心，使他们产生各种挫败感，诱发消极情绪，从而影响他们的心理健康。

（4）个性因素。面对同样的环境因素和挫折，不同个性的人有不同的反应模式。常见的个性缺陷有过度自卑、过度内向、偏执多疑、情绪急躁冲动、以自我为中心等。这些个性缺陷容易导致各种心理问题，影响心理健康。

（二）影响大学生心理健康的外在因素

1. 社会因素

中国正处于社会转型和价值观巨变时期。人们的工作压力增大，生活节奏加快，竞争加剧。这种竞争压力也从社会传导到了校园。同时，新旧文化、中西文化以及大众文化与精英文化的冲突带来了价值观的多元化。这一方面开阔了大学生的视野，丰富了他们的思想，为他们的发展创造了良好的条件；另一方面也使部分大学生的内心时常感到茫然、困惑、冲突、焦虑和混乱，进而影响心理健康。

2. 家庭因素

家庭是人生的奠基石。大学生虽然已经逐渐脱离了家庭生活，但家庭对大学生的心理健康状况仍然影响深远。如果一个人出生在充满亲情、互敬互爱的家庭中，孩子和父母就能彼此尊重和宽容，孩子就能更好地体会到安全、幸福。这既有利于孩子良好道德品质和行为习惯的养成，也有利于各种潜能的发挥。反之，如果孩子生长在缺少爱、毫无生气甚至充满暴力的环境中，就可能导致心理发展受阻，出现人格缺陷，变得自卑，甚至会产生心理疾病。

> **思考题？** 原生家庭对你的心理健康产生了怎样的影响？请说出三个以上的影响。你又是如何扬弃的？

3. 学校因素

学校是大学生生活学习的主要场所。学校的校风、学风、教师的态度、同伴关系等都可能影响大学生的心理健康。优良的学风会引领人积极向上、努力奋斗，而不良的学风则可能让人消极颓废、无心学习。在学校中，与同学的交往能够满足人的各层次的需要，如安全需要、爱和归属需要、尊重需要等。教师如果能够尊重学生、鼓励学生、公正公平地对待学生，学生就会有更高的自尊和更强的学习动力。反之，如果教师总是批评学生，对学生冷嘲热讽，就会打击学生的积极性，进而影响学生的心理健康发展。

阅读材料 1-4

大学生心理健康的影响因素

大学生心理健康的影响因素复杂多样，既有来自生活事件与父母教养方式等情景性外部刺激，又有源于人格与自我概念等自身内在力量的影响，是个体、家庭、学校与社会交互作用的结果。其中，生活事件对心理健康的影响是情景性因素起作用的典型反映，人际关系、学习压力、健康适应、受惩罚与丧失等5个因子均进入影响较大因子之列，这表明生活事件的确是大学生心理症状的重要诱因，也与大学生的生存境况及心理发展水平相适应。

自我与经验不和谐、自我概念均涉及自我这一心理学探索的永恒主题，核心均是自我认识。青少年的身心特点易造成自我认识偏差，常出现现实自我与理想自我无法整合、自我同一性难以确立的问题，这是处于这一发展阶段的青少年心理症状来源的重要特点。此外，自责也在大学生的应激心理行为反应中扮演重要角色。应对方式是个体在面对挫折和压力时所运用的认知和行为方式，是心理应激过程的重要中介调节因素，影响个体应激反应的性质和强度，在应激和反应结果之间起调节作用。自责的应对方式常表现为经常自我责备，抱怨自己无能，它是抑郁的重要认知和行为特征。这种消极应对方式已被证实在整个人群中都是心理症状的重要预测因子，同时也有研究结果表明，它还是神经质人格对负性情感产生影响的中介。在高校心理健康教育实践中，着重加强健全人格塑造，尤其是增强情绪稳定性，培养积极自我意识与健康的应对方式，是促进大学生心理健康的关键环节。

资料来源：廖友国，何伟，吴真真.中国大学生心理健康影响因素的元分析[J].扬州大学学报（高教研究版），2017, 21(5)：41-46.

三、大学生心理健康的维护

> **思考题？** 为了维护和促进自身的心理健康，个体可以从哪些方面做起？请说出三点以上的措施。

同身体健康一样，心理健康也需要不断维护。增强心理健康维护意识，熟悉并积极运用各种维护心理健康的方法，在遇到心理困惑、心理挫折时，善于积极自我调节并求助他人，这些都是维护心理健康的重要途径。

（一）增强心理健康意识

心理健康的意识不仅体现在当出现心理问题时能及时关注和干预，还体现在关注个人成长和潜能发挥上；不仅体现在关注自身心理状况上，也体现在关注周围同学的心理状况上。

增强心理健康意识，首先应努力学习心理健康知识。学习心理健康方面的知识，能让我们认识到心理健康的重要性，懂得维护心理健康的途径和方法，从而更重视并自觉地维护心理健康。目前，大学生获得心理健康知识的途径有很多，除了书刊、讲座之外，很多学校还开设了大学生心理健康类课程。这类课程会对如何在日常生活中维护心理健康进行系统、专业的介绍，可以很好地促进心理健康知识的普及。其次，应努力拓展自我认识和自我体验，通过一些体验式学习增强心理健康的意识。一些学校的心理咨询中心会举办体验式学习活动或课程，如拓展训练、自我体验小组、人际关系团体辅导、职业生涯团体辅导等。大学生可以通过这些活动，增加对自己的认识，拓展各种不同的体验，提高心理健康的意识。

（二）培养积极心理品质

除了增强心理健康意识，大学生还需要培养积极心理品质。积极心理品质是一个涵盖思想、情感、行为等方面的多维概念，包括专注、幸福感和希望等与消极心理相反的心理品质，属于人类比较积极的潜能。①积极心理品质对大学生形成正确的自我认知、提升抗挫折能力、保持心理健康具有重要作用。

培养积极心理品质，大学生首先要了解自身心理品质的优势，同时通过具体的积极行动发挥并增强这些优势。比如：如果自己的优势是勇气，可以尝试为一个观点辩护、努力制订计划并坚持、监督自己的言行、发现自己犯错时勇于向朋友道歉，以此来培养积极心理品质；如果自己的优势是仁爱，可以通过日行一善或者关心朋友来培养积极心理品质；如果自己的优势是正义，可以通过参加公益活动、在集体中承担更多领导责任、努力在争论中保持不偏不倚、不轻易评判来培养积极心理品质；如果自己的优势是节制，可以通过不抱怨、规律地锻炼身体、权衡自己与他人交谈中的话语表述来培养积极心理品质。

文档 1-6：必不输之法

总之，培养积极心理品质，最重要的是行动。

（三）实施有效心理调节

心理调节，调节的主要是心态。心态是一个人独特而稳定的性格特征，是一个人对现实的心理认知和相应的习惯化的行为方式，也是一个人在思想观念支配下的为人处世态度和心理状态的总和。心态是一个人的命运控制器，是一个人情绪的开关，是一个人心情的总阀门。我们虽不能控制他人，但可以掌握自己；虽不能选择容貌，但可以展示笑容；虽不能左右生活，但可以改变心态。

文档 1-7：关键是心态

有效的心理调节是维护心理健康的重要途径，其方法通常有以下几种。

1. 实施自我调节

人本主义心理学家和积极心理学家认为，即使在经历了人生的变故、创伤后，每个人仍有自我疗愈和修复的能力。掌握一些心理调节的方法，有助于我们更好地维护自己的心理健康。

增强自我调节能力的方法如下：

第一，积极参加心理健康教育活动。这些活动既包括相关的课程、讲座，也包括

---

① 孟万金. 论积极心理健康教育[J]. 教育研究，2008（5）：41-45.

成长小组、体验式培训等心理活动。对大学生而言，这些心理活动既有助于学习自我调节的知识，也有助于练习自我调节的技能和方法，同时还能够通过这些活动结识性格相似、志趣相投的朋友。

第二，发展成熟的应对方式。应对方式是个体对问题和挫折的反应方式。成熟的应对方式包括求助和问题解决，而不成熟的应对方式则包括退缩、逃避、自责和幻想等。只有发展成熟的应对方式，才能真正有利于压力的缓解和问题的解决。

第三，学会管理和控制自己的情绪。良好的情绪有助于学生潜能的发挥、学习和工作效率的提高。识别自己的情绪，管理和控制自己的情绪，能够让我们更积极地面对生活、憧憬未来。对消极情绪进行适度宣泄，转移自己的注意力，对挫折和苦难进行升华，通过幽默、自嘲和帮助他人来缓解自己的痛苦等，这些都是有效的情绪管理方法。

2. 寻求社会支持

哈佛大学一项已经持续了七八十年且现在依然在继续的研究表明了这样的观点：良好的社会支持系统可以使人更健康、更快乐，是人类幸福的重要因素；长期的孤独对人是有害的。人总是处于一定的社会关系中，有效的社会关系可以构成社会支持系统。在遇到挫折时，寻找有效的社会支持，是维护和促进心理健康的重要途径。大学生的社会支持主要来自以下三个方面。

文档1-8：社会支持与心理健康

第一，家庭是社会支持系统的核心组成部分。当面临压力和挫折时，向家人求助是很多人的自然反应。来自家庭的支持和理解，能够有效减轻我们的压力，缓解焦虑情绪，帮助我们重塑信心、面向未来。

第二，同学、朋友是社会支持系统的重要组成部分。如果说家庭是先天的、无法选择的，那么同学、朋友则是后天的、可培养和选择的。同学、朋友就在我们身边，我们一起学习、活动，朝夕相处。他们能够分享我们的喜悦，分担我们的忧愁。因此，保持良好的同学关系，获得更多的朋友，巩固和改善社会支持系统，是维护心理健康、提升生活质量和幸福感的重要途径。

第三，辅导员、班主任和任课教师也是大学生社会支持系统的重要组成部分。当我们遇到问题或挫折时，可及时求助于老师。在学业或就业问题上，老师见识更广、社会阅历更丰富、解决问题的途径更多，因此，他们给出的建议往往会很有价值。

3. 求助心理咨询

心理咨询是由受过心理咨询训练的专业人员，运用心理学的知识、理论和技术，针对来访者的各种适应与发展问题，通过交谈、启发和指导等方式，帮助来访者达到自立自强、增进心理健康水平和提高社会适应能力的目的。

心理咨询的途径包括面对面咨询、团体咨询、电话咨询和网络咨询等。目前，每所大学都设有心理咨询机构，为师生提供专业化的心理咨询服务。和家人、同学、朋友或者教师相比，心理咨询师提供的帮助更专业、更有效。

如果出现严重的精神疾病，则应该到医院进行相关的心理治疗和药物治疗。和心理咨询通过谈话促进心理健康不同，医院治疗精神疾病更多的是利用药物。以抑郁症为例，现代医学已经发明了既有不错疗效又没太大副作用且费用合理的抗抑郁药。因此，在某些情况下，药物同样是帮助改善心理健康的有效途径。

文档1-9：心理咨询师能做的和不能做的

（四）实现育心与育德的统一

思考题？ 人的心理素质会对思想品德素质产生怎样的影响？请举例说明。

习近平总书记在党的二十大报告中指出："青年强，则国家强。当代中国青年生逢其时，施展才干的舞台无比广阔，实现梦想的前景无比光明。"[①] 他号召："广大青年要坚定不移听党话、跟党走，怀抱梦想又脚踏实地，敢想敢为又善作善成，立志做有理想、敢担当、能吃苦、肯奋斗的新时代好青年，让青春在全面建设社会主义现代化国家的火热实践中绽放绚丽之花。"[②]

立德树人是教育的根本任务。当代大学生是社会主义现代化强国的建设者，是中华民族伟大复兴的筑梦人。为了担负起这一使命，我们要努力使育心与育德结合起来。科学的世界观、积极的人生观、正向的价值观是维护和促进心理健康的基础。大学生要以社会主义核心价值观为指导，保持心理健康与心灵高尚的同步发展，争做新时代的好青年。

❄ 讨论与实践

1. 联系人生发展理论，制定自己大学阶段在能力、心态、学业等方面的发展目标。

2. 根据大学生心理发展特点，分析自己在认知、情感、意志等方面的优势和不足，并思考如何在各方面扬长避短。

3. 你觉得影响你当前心理状态的因素有哪些？

4. 从高中到大学，你是否遇到过适应方面的困难？如果有，你是如何克服这些困难的？

---

①② 习近平.高举中国特色社会主义伟大旗帜 为全面建设社会主义现代化国家而团结奋斗——在中国共产党第二十次全国代表大会上的报告[N].人民日报，2022-10-26（1）.

5.你觉得可以从哪些方面来提升你的心理健康水平？

6.寝室里的同学正在讨论心理健康问题。某位同学认为，人们的心理健康状况可以分为两大类：一类是心理健康的，另一类则是心理不健康的。请问，该同学的观点是否正确？你如何看待这一问题？

本章附录

AI 马老师一问一答

推荐阅读书目

在线自测

CHAPTER 2
第二章

掌握行动的钥匙
——大学生的社会认知与自我意识

> 人不是被事情本身所困扰，而是被其对事情的看法所困扰。
>
> ——古希腊哲学家爱比克泰德

认知过程是人的重要心理现象。人们不仅对客观事物和社会关系进行认知加工，还对自己进行认知加工。在不断认识事物、关系和自我的过程中，这些认知加工也深刻影响个体的身心健康。

本章概述人类的认知系统和大学生认知的一般特征，详细阐述如何通过优化大学生的社会认知和提升自我意识来促进大学生的心理健康与成长发展。

案例 2-1

大三女生小缓，一向开朗活泼。然而，一天她突然接到一位阿姨的电话，电话那头的阿姨告诉小缓，她现在的父母因为当初没有孩子，所以收养了她。"我是被收养的，他们一直在隐瞒我、欺骗我。"这样的想法瞬间占据了她的脑海。

小缓被这突如其来的事困扰了，她无法安心学习，人也变得消沉。无奈之下，小缓走进了学校心理咨询室。

心理老师在倾听小缓的故事和困扰时，做了充分的同理共情，然后给小缓讲了"移栽"的故事：我们现在的校园是新校区，原来这里是一片荒地，现在成了美丽的校园。校园里的每一棵树、每一株花都是从别的地方移栽过来的，校园之所以这么漂亮，正是因为这些树、这些花都很快适应了新的土壤和环境，它们在这里扎根、发芽、成长。校门口那几株樱花是去年才被移栽来的，历经一年就长出新叶、开出美丽的樱花……我们人也一样呢！从母亲的子宫里"移植"出来，

> 从母亲的怀里"移栽"到幼儿园,从幼儿园"移栽"到小学……长大后,若出国留学,就"移栽"到国外,结婚成家,就"移栽"出一个新家庭……每一次移栽,都会慢慢地适应,然后发展成长。我们有非凡的适应能力和无限的发展潜力,不管被"移栽"到哪儿,只要我们主动去适应、去接纳、去欣赏,就会获得滋养、获得力量、获得成长……
>
> 小缓似乎被"移栽"的故事吸引了,默默地说:我不过是在小时候被多"移栽"了一次,而且我一直长得挺好,在我的成长过程中,养父养母给了我很多的关心和爱护。现在我都这么大了,不管"移栽"到哪儿,我都会长得更好,我不必去怨恨曾经生育和养育了我的"土壤"……
>
> 小缓的生活又慢慢地恢复了往日的平静。她甚至能跟别人炫耀她有更多疼爱她的人和让她爱的人了。

在这个案例中,事实没有改变,但小缓的认知却发生了改变,她不再认为自己是"被欺骗""被抛弃"的,而是更多地关注成长过程中得到的爱及自我的收获。随之而来的是,她的情绪和行为也发生了积极的变化。

第一节 行由知引:认知与心理健康

认知是心理活动的重要组成部分,同时也是影响个体心理健康水平的关键因素。

一、个体认知过程概述

认知是指认知活动或认知过程。认知心理学将认知过程看成一个由信息的获得、编码、储存、提取和使用等一系列连续的认知操作阶段组成的、按一定程序进行信息加工的系统。

人类的认知活动是人脑对信息的加工过程,是人脑对符号的处理过程,也是问题的解决过程。人脑是信息和符号的加工器,认知活动则是人脑对信息和符号进行加工处理的过程,是个体对环境的信息进行选择、转换、操作和使用,以及利用人脑中先前的知识与经验来认识和解决当前问题的过程。这涉及人类的知识与经验是如何获得,是以何种形式与结构存储,是如何与外界环境信息相互作用,以及如何通过各种不同心智运算来达到认知目的和解决问题。如案例2-1中,心理咨询师帮助小缓通过对"收养"进行的"移栽"加工,促使小缓改变了不合理的认知,进而解决了情绪困扰。

总而言之,人的认知是一个主动地加工和处理信息与符号以及解决问题的过程,也是动态的过程。

二、认知与心理行为的关系

认知心理学认为，个体的情绪和行为是由认知过程决定或调节的，歪曲的认知往往会导致人的情绪问题和非适应性行为，而合理的认知则会促进人的心理健康发展。

（一）认知是刺激反应的中介

外界刺激首先通过个体感觉器官成为感觉材料，再经过存储在记忆中的知识经验以及人格的折射，最后由思维过程对其赋予意义，这就构成了认知过程。通过这一过程，个体可以对过去事件做出评价，对当前事件加以解释，对未来事件做出预期。这些评价、解释和预期会进一步激活个体的情绪和运动系统，从而产生各种情绪与行为。由此可见，个体并不是外部刺激的简单反应者，而是借助于认知过程的中介作用，在对刺激进行概括、选择、组织和转换后，才产生了自己的情绪和行为。

美国社会心理学家斯坦利·沙赫特（Stanley Schachter）通过实验进一步指出，认知是决定情绪性质的基本因素。之后，美国著名心理学家理查德·拉扎勒斯（Richard Lazarus）发展了沙赫特的这一观点，他指出："认知是情绪必要和足够的条件，情绪依赖于短时或持续的评价。"[①]认知心理学认为，认知在个体对外部刺激做出反应的过程中发挥着重要作用，是情绪和行为产生的直接原因和中介。

对于认知的中介作用，认知心理学用公式S—C—R进行描述。其中，S代表刺激，包括外部事件、情境、自我、他人以及人际关系等；C代表对刺激的认知；R代表情绪和行为反应。例如，不是考试没及格这个刺激本身导致大学生的情绪低落和行为回避，而是认为没及格会影响面子，会遭到父母和老师的批评等认知评价，导致了大学生负性的情绪体验和消极的行为应对。

（二）认知对情绪和行为起决定性作用

拉扎勒斯等人认为，所有的外部刺激都要通过认知的加工后，才能影响情绪状态。由于文化背景或原有经验的不同，人们对同一刺激可能产生不同的认知评价，从而引起不同的情绪反应。如大学生开网店，有的大学生认为这是浪费宝贵的学习时间，而有的大学生则认为这是锻炼自己的能力。

生活给予人们大量的信息，每个人以不同的认知方式选择、整理信息，并赋予信息不同的意义，做出不同的评价与解释，从而对同样的信息产生完全不同的情感体验及行为反应。

---

① 北京大学心理学系.当代西方心理学评述[M].沈阳：辽宁人民出版社，1991：219.

📖 阅读材料 2-1

泥土与繁星

有一个名叫塞尔玛的美国年轻妇女，她的丈夫奉命到沙漠腹地参加军事演习，留她一个人在孤零零的一间像集装箱一样的小铁皮屋子里。当时气候干燥，炎热难熬，周围只有墨西哥人和印第安人，他们不懂英语，无法进行交流。她寂寞无助，烦躁不安，于是写信给父母，想离开这个鬼地方。

父亲的回信只写了一行字："两个人同时从牢房的铁窗口望出去，一个人看到泥土，一个人看到繁星。"塞尔玛起初没有读懂其中的含义，反复读了几遍后，她才感到无比羞愧，决定留下来在沙漠中寻找自己的"繁星"。

她一改往日的消沉，积极地面对人生。她与当地人广交朋友，学习他们的语言。她付出了热情，人们也回报了她热情。她非常喜爱当地的陶器与纺织品，于是人们便将舍不得卖给观光客的陶器、纺织品送给她作为礼物。塞尔玛很受感动，求知欲也与日俱增。她十分投入地研究了让人痴迷的仙人掌和许多沙漠植物的生长情况，还掌握了有关土拨鼠的生活习性，观赏沙漠的日出日落，并饶有兴趣地寻找海螺壳……

沙漠没有变，当地的居民也没有变，只是塞尔玛的认知改变了，她的生活也随之发生了巨大的改变。原先的痛苦与沉寂消失了，代之以积极的冒险与进取，她为自己的新发现激动不已。于是她拿起了笔，一本名为《快乐的城堡》的书出版了，她最终经过自己的努力看到了"繁星"。

（三）认知歪曲易产生情绪问题

美国精神病学家、认知理论的代表人物亚伦·T. 贝克（Aaron T. Beck）将个体信息加工过程中的推理错误称为认知歪曲，并认为它是由一个人的信念决定的。信念是一个人从童年开始，对自我、他人及世界形成的一定的看法。例如，一个持有"我不能胜任"这一核心信念的人，在开始学习一项新技术的时候，很可能会过度担心自己不能学会。[1]

认知理论的另一位代表人物——美国心理学家阿尔伯特·艾里斯（Albert Ellis）认为，使人们难过和痛苦的不是事物本身，而是对事物不合理的解释和评价，即不合理信念。艾里斯总结出日常生活

文档 2-1：哭婆变笑婆

---

[1] 贝克（Judith S. Beck）. 认知疗法基础与应用 [M]. 2 版. 张怡，孙凌，王辰怡，译. 北京：中国轻工业出版社，2013：38.

中常见的不合理信念,并将其归纳和简化为绝对化要求、过分概括化以及糟糕至极三大特点。

情绪问题,尤其是抑郁等严重的情绪问题与认知歪曲、不合理信念密切相关。案例2-1中的小缓如果认为都是父母不好或是自己不好,就可能导致敌对甚至抑郁的情绪。因此,认知疗法认为,矫正认知歪曲、建立合理信念是改变负性情绪和不适应行为最为重要的途径之一(见第三章)。

> **思考题?** 不合理信念的三个特点是什么?你是否受到过这些特点的困扰?

第二节 知己知彼:大学生的社会认知及其优化

一、社会认知概述

(一)社会认知的内涵

美国心理学家杰罗姆·布鲁纳(Jerome Bruner)对社会认知给出的定义是:个体对社会客体的感知和认知过程,包括对他人、对自己和对群体的认知。

社会认知的过程可分为三个连续的阶段:社会知觉、印象形成和归因。社会知觉指个体对社会对象的感性认识,也可称为人际知觉,是社会认知活动的第一步。然后人们会根据这些感性认识对他人做出判断和评价,在头脑中形成认知对象的一个相对完整的形象,这就是社会认知活动的第二步——印象形成。与此同时,人们还会对他人的行为表现背后的原因或动机做出推论和解释,即对他人的行为进行归因,这是社会认知的第三步。

(二)大学生社会认知的特征

1. 社会认知的两极性

由于大学生受生活阅历限制,社会实践相对缺乏,因此,在社会认知上容易出现偏差,存在两极性的特点。

2. 社会认知的片面性

大学生对他人、对社会的评价易受外界评论(如媒体)的影响,易偏激片面地看问题。

(三)社会认知的影响因素

影响社会认知的因素可分为认知者的因素、认知对象的因素和认知情境的因素三方面。

1. 认知者的因素

个体的价值观念、原有经验和情感状态是影响其社会认知的主要因素。比如，在父母婚姻不和谐家庭中成长的大学生，面对恋爱总是缺乏安全感；而在和谐家庭关系中成长的大学生，对恋爱充满着美好的向往。

2. 认知对象的因素

认知对象特点的显著性、知名度等都会影响认知主体对其的认知。例如，人们更容易对那些善于表达自己优势的人产生有能力的印象；认知对象的知名度高、社会评价积极也容易使人对其产生积极的认知等。

3. 认知情境的因素

空间距离和场合背景是影响社会认知的情境因素。人们倾向于依据认知对象所处的场合背景来推理和判断他的情况。如通过一个人的成长环境推理他的个性特征；通过一个人经常出入的场合判断他的基本状态，譬如经常在学校图书馆遇到某个学生，会推断他是一个勤奋好学的好学生。

二、印象与印象管理

（一）印象的概念

印象即社会印象，是在社会知觉的基础上，对知觉到的社会刺激材料进行加工和制作后形成的。它是发生过的客体在主体大脑中的成像，是客体间接成像的过程。客体的社会表现很复杂，而人们能感知到的客体社会品质是很有限的。人们往往根据自己对客体有限的感知，把这些社会品质综合起来，并根据已有的信息推论出其他未感知到的品质，从而形成对他人的综合的、复杂的整体印象，这就是印象的综合性。

（二）印象的形成过程

在与人交往的过程中，人们从他人的言谈举止、行事为人及别人对他的评价中，可以获得许多关于他的信息资料。

美国心理学家查尔斯·埃杰顿·奥斯古德（Charles Egerton Osgood）等人的研究发现，人们基本上是从评价、力量和活动这三个角度来描述对一个人的印象的。其中，好坏评价在印象形成中最为重要，在很大程度上影响着对这个人的整体印象。一旦人们在这个维度上对他人或事物的判断确定下来了，其他两个维度的作用就不太大了。如大学生在与人交往中，最先做出的判断是这个人好不好、值不值得继续交往下去。

构成印象的各种信息资料，在实际的印象形成过程中所占的比重是不一样的，有的信息资料的重要性要显著大于其他资料，会对整个印象的形成产生较大影响。这些具有重大影响力的因素被称为核心品质。美国社会心理学家所罗门·阿希（Solomon Asch）的实验研究发现，"热情—冷酷"是决定人际吸引的核心品质。这对品质包含着更多的有关个人的内容，并和许多其他人格特点紧密相关，所以热情可以左右人们在社会交往中印象的形成。如在大学里，热情的老师能受到更多学生的喜爱。

（三）印象中的认知偏差

印象形成过程是一个社会认知的过程，会受到认知者、认知对象和认知环境等因素的影响，在印象形成中会出现各种认知偏差。

1. 首因效应

首因效应又称第一印象，是指两个素不相识的人第一次见面时所获得的印象。这种初次印象在对他人的认知中起到很大的作用，往往是交往双方今后是否继续交往的重要依据。

2. 近因效应

近因效应指的是人们对新得到的信息比对以往所得到的信息感知更加强烈，新信息会给人们留下更为深刻的印象，从而使人们"忘记"以往的信息，凭新获得的信息对他人做出判断。在与陌生人交往时，首因效应会起较大作用；在与熟人交往中，若交往对象在行为上出现新异举动，则近因效应作用明显。

3. 晕轮效应

晕轮效应又称光环作用，指的是当一个人被赋予一个肯定的、被喜欢的特征之后，那么这个人就可能被赋予许多其他好的特征；反之，如果某人被赋予了否定的特征，那么他往往会被认为具有其他坏的特征。这个效应往往导致人们对他人的认知出现偏差和偏见，对他人的评价更加主观和片面。

4. 刻板印象

刻板印象是指人们对某个社会群体形成的一种概括和固定的看法。生活在某一地区、有着相同文化或职业背景的人们常表现出许多相似性，人们在认知过程中把这种相似性的特点加以归纳、概括并固定下来，形成了刻板印象。如人们习惯认为北方人豪爽、南方人精明。

文档2-2：女生数学能力的污名效应

> **思考题** 请举一个你曾经遇到过的刻板印象的例子，并谈谈你现在的感受。

（四）大学生的印象管理

由于社会交往的需要，人们总是希望给他人留下一个好的、恰当的印象，这种试图管理他人对自己形成某种特定印象的过程，就是印象管理。人们常常运用自我表现和美化他人的策略来进行印象管理。

1. 自我表现

自我表现指的是努力凸显自己的优势，尤其是自己的核心品质，以增强对他人的吸引力。大学生恰当的言辞、积极的行动、主动的担当、坚定的信心、丰富的知识等都可以用来展现自我，给他人留下美好的印象，得到他人的赏识，从而为自己争取更好的机会和更多的资源。

2. 美化他人

在社会交往中，人们往往会采用一些策略来引发他人的积极情绪反应，以博得他人的好感。其中，最常用的美化他人的策略就是赞扬他人。大学生在社会交往中要学会积极赞扬他人的特质、业绩或努力，欣赏他人所属的群体和他人所持的观点，多征求他人的意见并表达感谢等。这样做可以让他人更喜欢自己。

三、归因和归因调适

（一）归因和归因方式

归因就是人们对他人或自己的所作所为进行分析，指出其性质或推论其原因的过程。对同样的人或事，人们的归因不同，情绪反应和行为应对也会不同。

被誉为"归因理论之父"的美国心理学家弗里茨·海德（Fritz Heider）认为，行为归因的关键在于，此种行为是源于人本身还是源于环境，即内因和外因。个人能力和努力程度属于内因，任务的难度、运气则是外因。如在期末考试中，某学生考试不及格，如果他归因于自己没努力，就是内归因；如果他归因于试卷太难，就是外归因。

美国心理学家朱利安·罗特（Julian Rotter）认为，按人的行为控制点是在内部还是外部，可以将人分为内控型和外控型两类。

内控型的人认为，个人生活中多数事情的结果取决于个体在做这些事情时的努力程度，所以他们相信自己能够对事情的发展与结果进行控制。

外控型的人认为，个人生活中的多数事情的结果是个人不能控制的各种外部力量作用所致，他们相信社会的安排、命运和机遇等因素决定了自己的状况，而个人努力是无济于事的。

（二）大学生归因偏差的调适

大学生需要有意识地调适自己在归因方面可能出现的偏差。

1. 理性分析——避免基本归因错误

人们在解释他人的行为原因时，往往会高估其内在的人格因素，而低估甚至忽略当时情境因素的影响，这种倾向被称为"基本归因错误"。

大学生在对人对己的行为归因时，容易出现"基本归因错误"，对身边的同学往往以偏概全，就事论人。如同学一次没答应自己的要求，就认为这个同学待人冷漠；自己一次考试挂科，就觉得自己不是读书的料。为避免这样的偏差和错误，大学生需要综合考虑各种信息，进行理性分析，做到就事论事。

2. 换位思考——调整当事人与旁观者的偏差

当事人与旁观者的偏差通常是指"当事人—旁观者效应"，这是一种认知偏差，指的是人们倾向于用不同的方式来解释自己和他人的行为。当事人（行为的执行者）倾向于将自己的行为归因于外部因素，而旁观者（行为的观察者）则更可能将同样的行为归因于当事人的内在特质。例如，一个人迟到了，他可能会将迟到归因于交通堵塞（外部因素），而旁观者可能会认为这个人不守时或者不尊重他人的时间（内在特质）。

换位思考的方法可以帮助大学生在归因时减少这种偏差。在对别人的行为进行归因时，设身处地地想一想如果自己处在那样的场景会怎么做；在对自己归因时，可以考虑如果换作别人处在自己的情境下，会采取什么样的措施。

3. 客观归因成败——克服自利归因偏见

对自己的成功进行"内部—本性"归因，对自己的失败进行"外部—情境"归因；对他人的成功进行"外部—情境"归因，对他人的失败进行"内部—本性"归因，这就是"自利归因偏见"。人们出于维护自尊或缓解失败造成的焦虑，往往会无意识地进行这种自利归因。因此，大学生在对成败进行归因时要客观、全面，自己成功时应感谢他人和环境，他人失败时应学会体谅和给予其帮助。

4. 觉察投射——预防虚假一致的归因偏差

人们有夸大自我行为和观点，认为他人会做出与自己一样反应的倾向，这就是"虚假一致的归因偏差"，如吸烟者会高估人群中吸烟者的比例。这可能是因为人们喜欢和与自己相似、行为一致的人为伴，也可能是人们总是希望自己的信念和行为是好的、合适的和有代表性的，以此来保持自尊。为了预防虚假一致的归因偏差，大学生在归因时可以通过不断觉察自己的投射，厘清自己和他人的不同，从而提高归因的客观性。

第三节　我心我主：大学生的自我意识及其提升

从古希腊时期开始，人类就希望"认识自己"。哲学的发展一直在寻找"自己是谁"，近代心理学也在探索"实现自己"。

一、自我意识概述

（一）自我意识的概念

自我意识是一个人在社会化过程中逐步形成和发展起来的，是对自己的身心状态及自己与客观世界关系的自我心理活动过程的总和。自我意识的内容包括生理自我、心理自我和社会自我。

生理自我是指个体对自己的身高、体重、体形、性别、容貌、年龄、健康状况等生理特质的意识。

心理自我是指个体对自己的智力、兴趣、能力、爱好、气质、性格等心理特点的意识。

社会自我是指个体对自己在群体中的地位、名望、价值，受人尊敬和被接纳的程度，拥有的家庭、亲友及其经济、政治地位和所从属的时代、国家、民族状况的意识。

（二）自我意识的结构

自我意识既是心理活动的主体，又是心理活动的客体，它涉及认知、情感、意志等过程，是多层次、多维度的心理现象。自我意识的结构表现在自我认知、自我体验和自我调控三个方面。

1. 自我认知

自我认知是自己对自己身心特征的认识，主要包括自我感觉、自我观察、自我分析、自我评价、自我批评等。自我认知主要涉及"我是一个什么样的人"的问题。

2. 自我体验

自我体验属于情绪范畴，它以情绪体验的形式表现出人对自己的态度，以自尊、自爱、自信、自卑、自怜、自弃、自傲、责任感、优越感、自我效能感等形式表现出来，它主要涉及"我接受自己吗""我喜欢自己吗"及"我对自己满意吗"等问题。

3. 自我调控

自我调控主要表现为人的意志行为，它监督、调节、控制人的行为活动，调整自己对自己的态度和对他人的态度，具体表现为自主、自立、自强、自律、自我监督、自我调节、自我控制等，它涉及"我怎样调整自己""我如何改变自己""我怎样成为理想中的自己"等问题。

以上三方面相互联系、有机结合，构成了个体自我意识结构的核心内容。

（三）自我意识与心理健康

正确认识自我和积极悦纳自我是大学生心理健康的主要标准之一，成熟的自我意识和健康的自我形象是良好的心理素质的重要标志。人的自我认识、自我评价、自我调控能力如何，直接影响其社会适应、身心健康以及发展成才。在美国社会心理学家、人本主义心理学的主要发起者亚伯拉罕·马斯洛（Abraham Maslow）的需要层次理论中，自我实现的需要是人的最高需要。美国心理学家、人本主义心理学的主要代表人物之一卡尔·罗杰斯（Carl Ransom Rogers）也曾说："我们生命的过程，就是做自己，成为自己的过程。"

大量的研究表明，大学生的自我意识与心理健康密切相关。能客观认识自我、恰当评价自我、积极悦纳自我，有较强的自尊和自信，可以调节和控制自己的行为并朝着既定目标努力的大学生，其心理是健康的、积极的。而自我认识的片面、自我评价的偏颇和对自我的不接纳以及不能有效调控自己行为的大学生往往会出现这样或那样的心理问题。

二、大学生自我意识的发展

（一）大学生自我意识发展的规律

大学阶段是个体自我意识迅速发展和趋于完善的重要时期。

1. 自我意识的分化

自我意识的发展是从明显的自我分化开始的，原来完整笼统的"我"被分化成两个"我"，即主观的"我"（I）和客观的"我"（me）。主观的"我"不断观察、审视、评价着客观的"我"，这样的分化更有利于个体以旁观者的角度来观察自己、思考自己并完善自己。伴随主观的"我"与客观的"我"的分化，理想的"我"与现实的"我"也开始分化。

自我意识的分化越来越精确和丰富，这也是大学生自我意识发展走向成熟的标志。它使大学生更主动、更自觉地关注自己的内心世界，并渴望被理解。与此同时，当不同的"我"之间出现较大的矛盾和差距时，这些分化也会给大学生带来更多的激动、不安和焦虑情绪。

2. 自我意识的矛盾

随着自我的分化，不可避免地会出现自我意识的矛盾，表现出明显的内心冲突，甚至会有很大的内心痛苦和强烈的不安。大学生自我意识的矛盾主要体现在以下几个方面。

（1）主观"我"与客观"我"的矛盾

大学生生活阅历相对有限，对自我的认识参照点较少，局限性较大，而社会对大学生的期望较高，使大学生在自我认识中对客观的"我"有较高的、理想化的要求，但现实生活中的"我"却没有那么好，这种差距给大学生带来了苦恼和不满。

（2）理想"我"与现实"我"的矛盾

大学生的理想"我"与现实"我"之间总是存在矛盾和距离的。适当的距离能给人以遐想的空间，但是距离太大则会使人感到无助。

（3）独立意向与依附心理的矛盾

进入大学后，大学生的独立意向迅速发展，他们希望能在经济、生活、学习、情感、思想等方面独立，希望摆脱成人和规章制度的控制与约束，强烈要求独立自主。但当他们面对具体的现实问题时却常常力不从心，缺乏独立解决问题的能力，无法摆脱依赖。这种独立与依附的矛盾常常使他们感到苦恼。

（4）交往需要与自我闭锁的矛盾

大学生有强烈的交往需要，他们渴望友谊、爱情，需要被理解和关注，不断寻求归属和爱。同时，他们又具有过度珍藏自己的秘密、戒备他人的用心、保持较远的距离且不擅长与人建立和保持稳定亲密关系的自我闭锁倾向。这种渴望交往与自我闭锁的矛盾让很多大学生感到压抑。

3. 自我意识的统一

自我意识的分化与矛盾所带来的苦恼不断促使大学生寻求方法以实现自我的统一，即自我同一性。自我同一性是指主观"我"与客观"我"的统一、理想"我"与现实"我"的统一、自我与环境的统一，也表现为自我认识、自我体验和自我调控等方面的和谐统一。大学生可以通过自我探索、人际交流、课程学习、心理咨询等途径促成自我的和谐统一，走向心理健康和成熟。

（二）大学生自我意识的偏差及调适

1. 自负与自卑

自负是指个体自我扩张，高估自己，对自己的肯定评价超出自身实际状况的一种体验；自卑则与之相反，是指个体自我贬低，低估自己，对自己的否定评价超过自身实际情况的一种体验。自负和自卑都是自我意识的偏差，对大学生的自我发展和健康成长不利。

自负的人拿放大镜看自己的长处，认为自己能力很强，各方面都很优秀，甚至把自己的缺点也看成优点。他们的人际交往模式是"我行，你不行""我好，你不好"，不善反省，喜欢抱怨别人，甚至愤世嫉俗。人际关系不好时，还认为自己曲高和寡、鹤立鸡群、怀才不遇。

自卑的人的表现与之相反，总是用放大镜看自己的缺点，看不到自己的优点，认为自己各方面都很差，都不如别人，常常情绪低落，心情沮丧。他们的人际交往模式是"我不行，你行""我不好，你好"。自卑的同学习惯自责、抱怨、否定，甚至厌恶自己，动力缺乏、进取困难、行为退缩。

自负和自卑都需要主动调适。自负的同学要看到自己的不足，看到他人的长处，欣赏同学的独特性，学习与他人合作交往，以开放的心态接纳他人的反馈和建议。自卑的同学要看到自己的长处，欣赏自己的独特性，接纳自己的局限，学会客观、全面归因，确立恰当的目标，积极暗示自己，主动采取行动，及时鼓励奖赏自己，自觉在团体里锻炼自己。

文档2-3：自信衰竭的狗

2. 自我中心与从众

自我中心是指过度关注自我，而不考虑他人的需要和感受；从众心理是指忽视自己的想法，压制自己的观点，丧失自我而跟随大流。

自我中心的学生凡事都从自我角度出发，无视他人的存在，习惯颐指气使、盛气凌人，把自己放在家长、老师、领导或先知的位置上，对别人指手画脚，把自己的意志强加于人。

从众心理的同学往往认为"大流"是对的，自己难以顶住"大流"的压力，不管自己适合与否，都盲目跟随。

克服自我中心的方法是摆正自己的位置，平等客观地对待自己和他人，自觉地把自己的需要和利益与别人的需要和利益结合起来，实事求是、恰如其分地评估自己和他人，不妄自尊大，学会换位思考，如在批评指责别人时，想想自己被别人指责时的心情。

从众心理有积极的一面，如主流意识、集体观念等。大学生要克服的是消极的、不符合自己实际情况的、违背自我意识的从众心理，努力培养和提高自己独立思考与明辨是非的能力，遇事考虑自己的实际情况和自我需要，参考他人的意见，做出全面的分析，尊重自己的独特性，实现自我价值。

3. 过度追求完美

过度追求完美是指苛求自己，自我期待过高，在不必要的小事和细节上投入过多的时间和精力，从而造成紧张、焦虑等负性情绪体验。

追求完美的大学生对自己的要求很高，期望自己的每门课都能学好，什么事情都能做得让自己和他人满意。他们容不得自己"不完美"。为了追求完美，他们总在强迫自己不停地努力，让自己承受沉重的负担。

过度追求完美是一种自我意识的偏差。此偏差常常披着"积极""向上""优秀"等外衣，把很多大学生折磨得痛苦不堪。

要矫正这种自我意识的偏差，首先要学习接纳自己的不完美，接纳自己的局限，接纳自己的独特性，接受自己可能会失误、会出错，学习在不完美的情况下如何灵活应对，如何自在生活。其次是确立合理的目标、选择恰当的参照系，在充分了解自己的基础上确立恰当的目标，过高的、难以实现的目标往往会让人产生更多的挫折感和低效能感，不恰当的参照系也会给自己带来过大的压力，从而影响实际的效率。

三、大学生自我意识的完善

德国著名思想家约翰·沃尔夫冈·冯·歌德（Johann Wolfgang von Goethe）曾说："一个人能达到的最高境地，是意识到自己的情绪和思想，是认识他自己。"自我意识的形成和健康发展是个体人格形成和健全发展的核心，人的认知、情感、意志和行为的发展等都受到自我意识的影响。自我意识的完善和提升是促进个体心理健康发展的重要途径。

大学生可以通过以下途径和方法来培养良好的自我意识，不断地提升自我、完善自我和实现自我。

（一）深入认识自我

现代人动一动鼠标、敲一敲键盘就可以了解外部世界的任何知识，但认识自我仍然要依赖传统的方法。

1. 比较法——从我与他人的关系中认识自我

个体的自我是在关系中形成和发展起来的，在关系中完善和提升自我是大学生认识自我的一条主要途径。在关系中，大学生会不断地与周围人进行比较，如在宿舍、班级、社团等群体中，与他人比较会发现自己的独特优势，确定自己的能力，提高自信心；与他人比较也可以找到自己的差距，激发动力，挖掘潜能。在这些关系中，通过他人的真诚反馈，大学生还可以发现未知的自我，减少盲目的自我认识，从而更全面、更深刻地了解自己。

2. 经验法——从我与事的关系中认识自我

人是最善于从经验中学习的物种，大学生通过自己所取得的成绩、成功和社会效应来分析自身优势、认识自身能力和提高自身价值。在成功中总结经验、积累方法、提高能力；在失败挫折中吸取教训、改变策略、锻炼自我。

大学生可以通过总结自己成长发展过程中记忆最深刻的成功事件和挫折事件，系统地认识自己的优势和局限、特性与特长，并在未来发展中扬长避短；还可以借鉴学习别人的经验，从多角度认识自我、丰富自我、完善自我。如大学生在团队合作中，与队友分享成功的经验，吸取失败教训，相互取长补短，共同发展进步。

3. 内省法——从我与己的关系中认识自我

大学生可以通过经常反省来探索自我、认知自己和发展自己，如问自己这些问题："我是个什么样的人""我喜欢自己吗""我能接纳自己的局限吗""我希望自己成为怎样的人""我最近怎么样""跟以往相比，我有哪些变化，我做了哪些努力""我的目标是什么""现在这样的生活能不能实现我的目标"等。通过这样的自我反省，大学生可以更深入地认识自己、更全面地评价自己，从而能更好地塑造自己、完善自己。

（二）积极悦纳自我

悦纳自我是个体对现实自我的接纳、肯定、认同和欣赏的态度。悦纳自我是心理健康的一个重要标准，也是发展健全自我的核心和关键。

悦纳自我，首先是无条件地接受自己的一切，如好的和坏的、成功的和失败的，既要欣赏自己的优点和长处，也要接纳自己的缺点和局限。其次是喜欢自己、爱自己，肯定自己的价值，觉得自己有价值感、自豪感、满足感，认为自己的存在是有意义的。再次是接纳自己的局限和失败，承认自己在某些方面存在的不足和限制，这既是自信的表现，也是自我完善的起点。一个人只有认识到自己的局限和不足，才能更好地发展自己。最后要欣赏和珍惜自己的独特性，树立符合自身实际的目标，不盲目地跟别人攀比，不为讨好别人或超过别人而去努力，而是尊重自己的内心需求，欣赏自己的独特价值，做最好的自己，创造有价值的人生。

文档2-4：石头的价值

文档2-5：良好的心理状态——自尊自立

（三）有效调控自我

自我调控是个体主动改变自己的心理品质、特征及行为的心理过程，也是大学生健全自我意识、完善自我的根本途径。认识自我和悦纳自我最终都要落实到调控自我的行动上。大学生应根据自身的实际情况和社会需要，考虑自己的能力、特长、爱好、价值观和人格特点，确立合适的理想目标，培养良好的意志品质，调控自己的情绪和行为，制订具体的行动计划，警惕惰性，克服困难，抵制诱惑，迎接挑战，通过自我奋斗和坚持不懈的努力，最终实现自我价值，走向成功。

有效的自我调控是建立在清晰的自我认识基础上的，大学生可以通过多种方法来全面清晰地认识自我，也可以寻求专业的心理咨询来加深和拓展对自我的认识。目前，越来越多的大学生为进一步探索自我、发展自我而寻求发展性咨询。发展性咨询可以帮助大学生深入探索自己的个性、能力、价值观和目标，这些探索可以帮助大学生提高自我调控的动力和效率。

除此之外，同学、朋友之间的相互督促和鼓励对大学生克服惰性、调控自我也是非常有效的。

（四）不断超越自我

无数的事例证明，人的潜力是巨大的。人的积极暗示和开放心态可以促使人们不断超越自身的局限性，使自我提升到更高的层次，从而让自我越来越完善。大学生可以通过大量阅读、广泛交往、主动实践、专业咨询等方式，不断扩大和加深自我认识，拓展和超越自我局限，发现和挖掘自我潜力，使自我越来越丰富圆润，越来越健康完善。

首先，大学生对自我认识得越全面、越清晰，就越能欣赏自己的优势，接纳自己的不足；在超越自我的过程中，能突破自我的限制，有勇气和信心去改变自己和超越自己。

其次，是对自我的积极暗示，"相信自己能做到往往比做更重要！"相信自己有不断完善自我、超越自我的能力，相信自己的独特性。通过更多的实践尝试发现自己的潜能，坚持不懈地在自己擅长的领域不断进步。"知道自己该往哪里去，整个世界将为你让路"。

最后，要学会以开放的心态面对一切，包括在自我超越过程中的挫折和艰辛。"喜欢的去学习，不喜欢的能容纳"，多读书，多做事，多交往。广纳百川，不断地学习新知识，获得新体验，不断地从"小我"走向"大我"，从"现实我"走向"理想我"，从而不断地提升自我、超越自我、完善自我。

文档2-6："肥胖"的折磨

测试2-1：气质类型测试

测试2-2：自我评价自测

💠 讨论与实践

1.请举例说明社会认知与自我的关系。

2.小文失恋了，愤懑痛苦，三个星期过去了，他仍然无法正常学习，不愿与同学来往。你认为小文在失恋这个刺激与愤懑、无法正常学习和交往的情绪行为反应之间，可能做了哪些认知加工？如果你是小文的朋友，你会给他哪些建议来调整自己呢？

3.印象形成中的认知偏差是如何产生的？该怎样调适？

4.请结合近期自己遇到的一次生活事件，分析自己的归因方式和调整策略。

5.自我意识的偏差有哪些？该如何调适？

6.请结合自己的情况，谈谈如何塑造健康完善的自我。

本章附录

AI 马老师一问一答　　　推荐阅读书目　　　在线自测

CHAPTER 3
第三章

擦亮心灵的窗户
——大学生的情绪及其管理

> 如果你对周围的任何事物感到不舒服,那是你的感受所造成的,并非事物本身如此。借着感受的调整,可在任何时刻都振奋起来。
>
> ——奥雷柳斯

所谓"人非草木,孰能无情",生活中,总会有各种情绪伴随在人们左右,有时焦虑不安,有时开心,有时恐惧,有时悲伤,有时气愤,有时憎恶,有时又是羡慕甚至嫉妒……就像下面案例中大学生小西的一天,情绪就像空气一样围绕着她,成为她思考、行动的心理背景。

案例 3-1

大学生小西在日记中写道:

好不容易盼到一个双休日,本想着可以回家了,心中满是期待。又恰好查到计算机考试成绩,虽然成绩只是刚刚过了及格线而已,但对我来讲已经非常好了。于是满心喜悦,看到成绩的那一刻甚至有些手舞足蹈。

过了一会儿,小旋兴高采烈地跑来跟我说,她计算机考试得了80多分。不知道为什么,本来还无比喜悦的心情一下子低落了不少,甚至有些小烦躁。本来想叫她一起去听讲座的,但这个时候一点都不想把讲座的消息告诉她了,有些奇怪……本来小旋跟我感情是很好的呀,怎么小旋考得好,我的心情却这么低落呢?

刚才又接到通知,要为二年级的一个活动帮忙。心情郁闷,跌至谷底。不能回家了……

> 爸爸打电话来说大狗球球生病死了，话音刚落，我的眼泪就流了出来。球球一直陪伴我度过了10年的时光，它已经像我的家人一样重要。感觉自己的心好像被抽掉了一块一样，很痛，很难过……
>
> 今天的情绪，无处安放。

情绪对于人的生活甚至生存都具有重要意义。认识情绪、了解情绪、合理调节和管理情绪是个体一生都要学习的课题。

本章着重讲述大学生的情绪以及情绪管理。

文档3-1：500个描述情绪的词

第一节　赤橙黄绿青蓝紫：大学生情绪的内涵与特点

一、大学生情绪的内涵

不同的情绪就像信号兵，它们会不断地将我们对自己及外界的看法、感受等传达给我们。从案例3-1中小西的心情变化可以看到，情绪体验是如何产生和改变的。当客观事物符合人的主观需要（计算机考试过关了）时，人就会对该事物采取肯定的态度，产生满意、愉快等内心体验（满心喜悦）；反之，如果客观事物没有符合人的主观需要（临时被通知要为一个活动帮忙，不能回家了），人对之则持否定的态度，产生不满、愤怒甚至憎恶等内心体验（心情跌至谷底）。

由此可见，情绪是人对客观事物是否符合自身需要而产生的态度体验，反映的是一种主客体的关系，是作为主体的人的需要和客观事物之间的关系。

美国著名的研究心理学家卡罗尔·伊扎德（Carroll Ellis Izard）认为，情绪包括生理层面上的生理唤醒、认知层面上的主观体验和表达层面上的外部表现。当情绪产生时，这三个层面共同活动，构成一个完整的情绪体验过程。

（一）生理唤醒

心理学家发现，当人们产生情绪体验的时候，身体内部也会发生相应的生理反应。例如，心脏和脑血管系统对情绪反应极为敏感。当人抑郁时，心率减慢，心搏出量减少，血流速度减缓；当人紧张时，呼吸急促，心跳加快，血压升高，交感神经处于兴奋状态，肾上腺素分泌增加……由于这些生理唤醒是由神经系统支配的，所以一般不受人意识的控制。中医有"怒伤肝、喜伤心、思伤脾、忧伤肺、恐伤肾"之说，就是对情绪生理唤醒特点的描述。

21世纪初，随着功能性磁共振成像（functional magnetic resonance imaging，fMRI）等神经成像技术的发展，科学家开始探索情绪感染的大脑基础。相关研究结果显示，大脑中的镜像神经元系统可能在情绪感染中起关键性的作用。

（二）主观体验

在案例3-1中，小西在一天里经历了从期待到满心喜悦再到心情跌至谷底的情绪变化过程，这就是人的主观感受。情绪有许多主观感受，比如喜、怒、哀、乐、爱、恶、惧等，这些情绪体验还存在强弱之分。

当客观事物满足人的需要时，人就会产生开心、喜悦等积极体验；反之，则会产生烦恼、厌恶等消极体验。对于同样的事物，不同的人因为需要的不同，也会产生不同的主观体验。

（三）外部表现

情绪经常通过外部表现反映出来，这些外部表现包括面部表情、肢体语言和言语表情等。小西在得知计算机考试过关后，兴奋喜悦得手舞足蹈，这就是情绪的外部表现。

一个完整的情绪过程包括生理唤醒、主观体验和外部表现三个部分，这三者是同时活动、同时存在的。一个假装愤怒的人，只有愤怒的外在行为，却没有真正的内在主观体验和生理唤醒，就不构成真正的愤怒。不仅如此，情绪的三个部分还是一一对应的，也就是说，某种情绪，比如愤怒，其生理唤醒、主观体验和外在表现具有一致性。

文档3-2：锻造心情

二、大学生情绪的特点

处于成年早期的大学阶段是情绪发展和成熟的重要阶段。总体而言，大学生的情绪带有以下四个鲜明的特征。

（一）情绪内容丰富

随着自我意识的不断发展和各种兴趣、需要等的扩展，大学生情绪体验的内容也开始变得更加丰富、细腻和深刻。

（二）情绪波动性大

虽然大学生的认知水平已经有了很大的提高，对自身的情绪也具备了一定的控制能力，情绪趋于稳定，但仍然相对敏感，情绪带有明显的波动性。如小西的情绪在短短的一天内就从满心喜悦到心情跌至谷底，波动很大。

（三）情绪冲动性强

大学生因一时气盛而引发的冲突在校园中或各类报道里常常可见。这一时期的青年人这种动摇的、起伏的、带有很大冲动性的情绪特征，被心理学家霍尔用"狂风暴雨"来形容。这也是大学生面临的现实挑战之一，只有对情绪行为后果有清晰的认知并增强法律意识，才能避免因情绪失控而导致的违法行为。

（四）情绪具有阶段性

在大学阶段，每个年级的学生面临的目标和重点不同，这些差异让他们的情绪表现出不同的阶段性和层次性。

大一新生面临的主要问题是环境的适应、学习方法的改变、新的人际关系的建立等，因此，大一新生的情绪体验是多样的、复杂的。

大二、大三的学生经过一年或两年的适应，这一阶段的情绪体验更多的是来自专业学习、社团活动、实践、恋爱等，是大学阶段情绪体验最丰富多彩的一个时期。

面临毕业的大学生的情绪体验则更多地来自对单位实习、完成毕业论文（设计）的焦虑、择业的不安等情感的处理，压力感强烈，情绪波动较大，消极体验也较多。

三、大学生常见情绪体验

心理学上把快乐、愤怒、恐惧和悲伤定义为人类的四种基本情绪。在这四种基本情绪的基础上，会派生出众多复杂情绪，比如羡慕、嫉妒、羞愧、沮丧、失望、得意等。大学生的情绪是丰富且饱满的。下面对大学生常见的四种情绪进行描述。

（一）快乐

快乐是愿望达成之后所感受到的紧张解除时的情绪体验。快乐的程度取决于达成的愿望对于个体的满足程度，可以从满意、喜悦一直到大喜、狂喜，这是一种正性的愉悦体验。

除去简单的"快乐"这个基本情绪之外，这种喜悦放松的心情还有很多派生情绪，比如幸福、满意、振奋、得意、骄傲（自豪）、感激等情绪体验。

文档3-3：学"幸福方法"

（二）愤怒

当人的愿望和目标无法达成，尤其是所遇到的挫折是不合理、不公平或是由他人恶意造成时，愤怒这种情绪就产生了。也正因如此，愤怒让人学会捍卫自己的领土，促使人们去改善不公。从心理学角度来看，愤怒可被划分为不同层次，如不满、生气、愠怒、激愤、暴怒等，这些层次能够清晰地描述出愤怒程度由轻到重的变化。

愤怒除了会让人的身体变得紧张、反应速度变快外，还容易诱发胃溃疡、高血压、冠心病、肝病、脑出血、神经衰弱等症状，盛怒之下人还可能会出现昏厥乃至猝死。

愤怒对人身心健康的影响不容小觑。在日常学习和生活中，适当地表达自己的不满和气愤，是非常必要的。但在生活中人们往往会忽略一些小的情绪，比如不满。当不满这种微弱的情绪积累到一定程度时，一个小小的、本来只能引起"不满"情绪的事件，可能引发一场愤怒情绪的大爆发。这种爆发常常会让人出现"意识狭隘"状况，把一个理性的人变得不理性，甚至有些不可理喻……所以，学会及时、恰当地疏导和宣泄诸如"不满"这类的小情绪，对一个人来讲是非常重要的功课。运动、找人倾诉、适当的宣泄和表达等都是很好的排解方式。

> **思考题？** 当你愤怒时，是怎样的状态？你是如何处理愤怒情绪的？

（三）嫉妒

嫉妒是指与他人比较后发现自己在才能、名誉、地位或境遇等方面不如别人而产生的一种由羞愧、愤怒、怨恨等组成的复杂的情绪状态。

案例3-1中小西在听到小旋的成绩后，表现出的情绪低落、烦躁等，其实就是嫉妒。英国诗人威廉·莎士比亚（William Shakespeare）曾经用"绿眼的妖魔"来形容"嫉妒"，因为嫉妒会扭曲人的心灵，影响人与人之间真诚的交往。

案例 3-2

某高校女生马佩（化名）和同班同学王丽（化名）一起申请美国学校。王丽收到了美国明尼苏达大学教授发来的电子邮件，邀请她入读并提供全额奖学金。马佩得知此事后，以王丽的名义向该教授发邮件，拒绝了对方的邀请，并同时推荐自己。这一风波引起了校内上万学生的讨论，有学生发表致校领导的联名公开信，要求严惩马佩。而这场风波的始作俑者是一种情绪——嫉妒。

从心理学的角度来讲，嫉妒情绪是一种自我防御机制。因为不如人，却又接受不了自己弱于他人的感受，就产生了一种针对他人的贬低或者攻击，其目的不是伤害什么人，而是让自己处于劣势中还能快乐。所以，嫉妒这种情绪归根结底是在保护自己。那么，如何应对嫉妒呢？一方面，当大学生觉察到自己对别人有这种情绪时，最需要做的不是否认或者压抑，而是学着辨认和接纳：是自己真的不如人吗？同时还应学会将嫉妒情绪转化为提升自己的动力和欣赏他人的态度。另一方面，当自己感受到别人对自己的嫉妒情绪时，也要学会宽容别人。这种宽容也是帮助对方将嫉妒之情转化为欣赏的"良方"。

（四）焦虑

焦虑是个体主观预料将会有某种不良后果发生时所产生的不安的情绪体验，这是一种交织着紧张、害怕、担忧、焦急等情绪的复杂情绪体验。心理学上将焦虑分为两种，即状态性焦虑和特质性焦虑。

状态性焦虑是因客观环境对个体造成的威胁而引起的焦虑，是人在应激状态下的正常反应。比如，在面临升学、考试、择业等状况的时候，人会下意识地处于一种紧张和焦虑的状态。一般来说，时过境迁，焦虑就会下降乃至消失。

特质性焦虑与个体的人格特点有着密切的关系，在相同的情境中，特质性焦虑个体情绪反应的频度和强度会比普通人要强烈一些。当这种焦虑的严重程度与客观事件或处境明显不符，且持续时间过长时，就会变成病理性焦虑，从而影响个体正常的生活和学习。

每一个个体都会经历焦虑。适当的焦虑可以唤醒人的警觉，让人注意力集中，激发斗志。但过度焦虑常常会影响工作效率和人的健康，这就需要关注和调适。

第二节　阳光心情我做主：大学生情绪管理的理论与方法

一、大学生情绪与身心健康

> **思考题？** 情绪会对你的身心健康产生哪些影响？

情绪在自我保护、信息传递和人际交往等方面都起着重要的作用。同时，情绪协调、心境良好也是心理健康的重要标准。

（一）情绪对身体健康的影响

有人说，身体是"情绪的地图"，为情绪提供了一个可以表现出来的窗口。情绪能够通过影响机体的免疫力、改变内分泌和神经系统功能等方式对身体健康产生影响。与情绪相伴而生的生理唤醒、强烈的情绪体验、长期的不良情绪等都会对人的身体健康产生影响，一些不良影响甚至会引发严重的身体疾病。在不良情绪中，愤怒、忧虑、大喜、大悲等都是健康的大敌。

情绪对身体健康的影响在长期的纵向研究中也得到了验证。一项持续30年的关于情绪与健康关系的追踪研究发现，年轻时较为压抑情绪、有焦虑和愤怒情绪的人，患肺结核、心脏病和癌症的比例是性情沉稳者的4倍。英国心理学家研究发现，在250名癌症患者中，有150人是经受过严重的精神打击以及长期受负面情绪的刺激所致。因此，得出一项重要结论：不良情绪是癌细胞的催化剂。同时，研究者也发现喜悦、愉快等正性情绪可以加快伤口愈合、促进疾病痊愈。可见，保持轻松、愉快、平衡的情绪状态对身体健康具有积极作用。

（二）情绪对心理健康的影响

现在人们所说的情绪价值，是指情绪体验对个体的主观意义和重要性，反映了情绪状态如何影响个体的认知、行为、决策以及整体的生活质量。情绪与人的心理健康有着密不可分的联系，具体表现在以下几个方面。

1. 情绪对人际关系的影响

> **阅读材料 3-1**
>
> **情绪传染**
>
> 美国洛杉矶大学医学院的心理学家加利·斯梅尔（Gary Small）做了一个实验，他将一个乐观开朗的人和一个整天愁眉苦脸、抑郁难解的人放在一起，不到半个小时，这个乐观的人也变得郁郁寡欢。加利·斯梅尔随后又做了一系列实验，他证明只要20分钟，一个人就可以受到他人低落情绪的传染。
>
> 在人际交往中，情绪会通过你的姿态、表情、语言传达给对方一些信息，并且在不知不觉中感染对方。当你与陌生人打交道时，如果你的情绪比较低落，就可能引发对方的情绪也变得低落，这种低落情绪的传染有可能使你在对方心中留下的第一印象受到负面影响。这也是有些人虽然掌握了很好的人际交往技巧，却因无法保持良好的情绪状态而在人际交往中难以获得良好结果的原因。

从阅读材料3-1中可以看到情绪是会传染并影响人际交往的。如果一个人能常常保持良好的情绪状态，那么，他也更容易将这种平和、愉悦传递到人际交往中。温暖的微笑、诚挚的眼神、友好的动作，这些都是增进友谊的重要因素。

2. 情绪对能力发挥的影响

《庄子》中记载了这样一个故事：一个赌徒拿着瓦砾去赌博，几乎是逢赌必赢，而当他拿着万两黄金去赌时，却输得一败涂地。在日常学习和生活中也会有类似的现象，例如，越是重视某一次考试或者比赛，结果反倒发挥不出正常水平。这个效应在心理学上被称为"目的颤抖"，意思是当一个人做事过度用力或意念过于集中时，反而会把平常可以轻松完成的事情搞砸。

目的颤抖的原因在于，当一个人对某件事过于关注时，很容易产生紧张情绪。此时，人会出现心跳加速、焦虑、精力分散等不良反应。如果这些不良反应过于强烈，就会直接影响一个人能力的正常发挥。心理学研究表明，中等程度的焦虑有利于人更好地发挥自己的能力和水平，而过高或过低的焦虑水平都不利于个人能力的发挥。

同时，恐惧、紧张、烦躁、不安等不良情绪不仅会阻碍问题解决的速度，还会造成对于某一问题"总是"无法解决的负性暗示，使人陷入一个恶性循环之中。而乐观平静的积极情绪更有助于冷静思考和解决问题，所谓"心宁则智生，智生则事成"。可见，情绪对一个人能力的发挥有着重要影响。

> **思考题？** 回顾自己的生活，情绪状态对你的学业有何影响？请分别列举一个情绪状态对学业产生积极影响和消极影响的案例，谈谈从中你受到了什么启发？

二、大学生情绪管理及相关理论

研究发现，许多情绪上的困扰往往是情绪管理不当引起的。苹果公司联合创始人之一史蒂夫·乔布斯（Steven Paul Jobs）曾说："人都是被自己打败的，而且首先是被自己的情绪打败。"情绪管理是通过一定的策略和机制，促使情绪在生理唤醒、主观体验、外部表现等方面发生一定的变化，从而使自己的情绪保持在一个相对平衡的状态。

视频3-1：情绪ABC理论

下面介绍两个情绪调节的理论。

（一）情绪调节 ABC 理论

阅读材料 3-2

美国著名心理学家艾里斯曾讲过这样一个故事：

有一位青年失恋了，他觉得自己付出很多，却还是被对方抛弃了，感觉自己太不幸了。他越想越悲伤，无法解开心结，于是去求助心理医生。

心理医生问了他一个问题："如果有一天，你在公园的长凳上休息，你身边放着一本心爱的书，来了一个人，把你的书坐坏了，你会怎么想？"

青年说："我会愤怒，并朝他发火，怎么那么不小心？坐下的时候，难道不先看一看吗？"

心理医生问："如果，坐坏你书的人，是个盲人呢？"

青年马上改变了态度，说："那我会原谅他，他肯定不是故意的，他看不见也挺可怜的，我会非常同情他。"

心理医生开导青年说："同样一件事，你的感受之所以会有这么大的差别，并非因为事件本身，而是源于你对事情的看法。"

最后，心理医生对青年说："如果你对自己说，这么不懂珍惜的人，幸亏她早早离开了，否则我受的伤害会更大。那你就不会那么悲伤，而是会以更好的心情面对以后的日子。"

情绪调节 ABC 理论是 20 世纪 50 年代美国心理学家阿尔伯特·艾里斯提出的。该理论认为，情绪本身并不是由诱发事件所直接引起的，而是由经历这一事件的个体对该事件的解释和评价引起的。也就是说，事件 A（activating event）和其所引发的情绪或行为后果 C（consequence）之间存在一个中间变量，即个体对诱发事件的解释和评价 B（belief）。换言之，一个人的负面情绪和行为产生的后果，并非由这件事直接引发，而是由我们对它不正确的认知和评价间接引起的。

艾里斯认为，要想改变自己的情绪只需要改变自己的信念和认知 B，也就是说，人可以通过重新解读诱发事件 A，从而得到新的 C。

文档 3-4：11 种非理性信念

（二）詹姆斯—兰格情绪理论

美国心理学家威廉·詹姆斯（William James）和丹麦生理学家卡尔·兰格（Carl Lange）几乎同时提出了情绪生理机制的观点。

通常，人们会认为是因为人感觉到害怕，然后才会逃跑；是因为感觉到难过，所以才会流泪；是因为开心，所以才会笑；是因为恐惧，所以才会发抖……但他们认为，实际情况并非如此，而是人先逃跑，然后才生成了害怕情绪，害怕是因为逃跑的行为；难过是因为哭的行为；快乐是因为笑的行为；恐惧是因为发抖的行为……

仔细体会可发现，这种观点是有道理的。我们可能有过这样的经验：当自己昂首挺胸、面带微笑、步伐坚定的时候，会有一种很自信的感觉，心情也会随之变好；当紧张害怕的时候，做几次深呼吸，情绪就会平稳一些……有时候，只要改变自己的行为，就能调节自己的情绪。

文档3-5：巴瑞特的情绪建构论

三、大学生情绪管理的方法

> **思考题？** 请列举三个自己常用的管理情绪的办法，并仔细体会使用后的效果。另外，还有更好的办法可以尝试吗？

在忙碌紧凑的现代生活中，大家难免会神经紧张、倍感压力、烦躁不安……这个时候的情绪就像一只野兽，任由它撒野，不仅会伤人，也会害己。所以，如果说发脾气是本能，那么控制脾气就是本事。我们要学习和情绪做朋友，觉知它、接纳它、掌控它。

（一）学会觉知情绪

对情绪的觉知本身就是对个体内在世界的认知。通过对情绪的觉知，可以帮助一个人进入自己的内心世界。对情绪的觉知也是情绪管理的第一步。[①]当一个人能自如觉察自己的各种复杂情绪和状态时，其实也是在启动自己的理性成分，即潜在地找到了如何管理情绪的方法。那么，如何觉知自己的情绪呢？

第一步，停下来，看一看自己的情绪。

每一种情绪都包括生理唤醒、主观体验和外部表现。所以当一个人被某种情绪击中的时候，先不要着急停下来，多去感受一下这份情绪的内容：现在感觉自己的身体在发生怎样的变化？感受到了怎样的心情？用怎样的方式来表达情绪？心理学工作者武志红说，当你被情绪控制时，你要做的就是慢下来，去感受这份情绪。比如你要被一件事、一个人气炸了，那么应该做的不是冲出去理论、发泄一通，而是先坐下来，用身体感受一下为什么会生气，不要试图控制生气的想法，要让它自由流动，相信会有不错的效果。

[①] 孙瑞雪.完整的成长：儿童生命的自我创造[M].北京：世界图书出版公司，2010：33-34.

比如在案例3-1中，小西听到大狗球球生病死去的消息时，感受到的是心很痛，一种巨大的丧失感，再也见不到球球了，她用眼泪来表达自己的这种情绪。这就是小西这种悲伤情绪发生的全部内容。当一个人开始去细细体味这个情绪过程的时候，他已经在为这种情绪找一个合适的表达和疏导方式了。

第二步，为自己的情绪命名。

为自己的情绪命名，就好像是牙牙学语的时候，父母指着香蕉说"香蕉"，然后孩子就知道了，那种弯弯黄黄的东西叫作"香蕉"。通过为自己的情绪命名，我们可以了解自己内在的情感世界，从而更易于疏导情绪。

命名自己的情绪状态，首先要了解人类常见的情绪，然后才能更准确地对自己的情绪进行觉知和命名。阅读材料3-3中的词语即是用来命名情绪的常见词语。

阅读材料 3-3

命名情绪的常见词语

快乐	悲哀	害怕	恐惧	失望	紧张
羡慕	迷惑	无奈	惭愧	担心	嫉妒
敬畏	感激	惊讶	焦虑	震撼	厌恶
释然	不满	感动	为难	尴尬	沮丧
狂喜	愤怒	难为情	挫败	懊悔	反感
欣慰	屈辱	焦躁	心慌	恐慌	愤慨
骄傲	兴奋	嫌恶	轻蔑	羞耻	怨恨
欢欣鼓舞	希望	绝望	鄙视	畏缩	自责

第三步，练习觉察情绪的技巧。

觉察自己的情绪有一些方法和技巧。例如"鱼缸技巧"，即想象自己把某一次情绪体验的情境放进一个鱼缸里，并后退一步，从鱼缸外客观地观察自己当时的情绪体验。

这种方法可以帮助一个人用旁观者的眼光来客观地观察自己的情绪状态，看看处在情绪状态中的自己生理上有些怎样的反应，正在说些什么，语音、语调是怎样的，声音的强度、快慢是怎样的，语气是怎样的，又有些怎样的肢体语言。当一个人这样去观察自己的情绪状态时，会对当时的情境有一个更客观的了解，对自己当时的情绪反应也会有更客观的认识。

🧠 **体验性活动**：放松大脑，稳定情绪——正念跟练之呼吸练习

正念跟练视频

（二）从认知角度管理情绪

著名的费斯汀格法则指出：生活中的10%是由发生在你身上的事情组成，而另外的90%则是由你对所发生的事情如何反应所决定。也就是说，在生活中，有10%的事情我们无法控制，另外的90%则可以被改变。根据情绪调节ABC理论，只要改变人的认知，就可以改变人对同一件事情的情绪反应。从这个理论出发，可以按照下面的方法管理情绪。

1. 省察引发情绪背后的信念和认知

每种情绪的产生，都是因为人们内心有一种对事件或者情境的认知在起作用。

在案例3-1中，当小旋告诉小西自己计算机考试得了80多分的时候，如果小西认为小旋是在向自己炫耀好成绩，那么她内心感受到的不悦和烦躁就是很正常的反应；而如果小西将小旋的行为解读为小旋是在向好朋友分享取得好成绩的快乐和兴奋，那么小西体会到的可能更多的是开心，而不是不悦。

这就是情绪背后认知的作用。当觉察到自己的情绪之后，先不要急于为这个情绪去做些什么，而是先试着去省察一下引起这个情绪的认知是什么，然后和客观实际对照一下，看看自己这种认知是真实可信的，还是自己臆断出来的。这样一来，对事物的判断就会越来越客观，而自己也不会那么容易被情绪控制了。

2. 试着改变对故事的解读

在后现代主义思潮背景下诞生的叙事心理治疗，是一种通过帮助来访者用积极的方式重新建构对自己生命的解读，以此来促使来访者改变的治疗方法。

大学生小揽因为从小到大父母都不让他干家务活，并且父母还送给他一个"爱称"——"懒惰鬼"。久而久之，他也认同和接纳了自己的懒惰。上大学后，因为懒惰，小揽在寝室的人际关系中出现了问题。小揽来学校心理咨询室咨询的时候，他告诉心理咨询师："反正我是一个很懒惰的人，要改变别人的看法是很难的。"心理咨询师询问他，"之前从来没有主动做过事情吗""这样做过以后同学是如何看待你的"等问题。小揽发现，其实自己有时也会想去干活，但总担心自己做得不好会被别人笑话，并且认识到自己其实并不总是懒惰的，每次主动干活之后同学也没有嘲笑他。这种方式让

小揽重新诠释了对自己和对他人的认识。

当然，并不是所有引起负面情绪的事件都会有新的解读。有时候确实会感受到别人的嘲笑或者炫耀，从而产生嫉妒和愤恨等情绪。在哈佛"幸福课"的课堂上，美国心理学家、哈佛幸福课创始人泰勒·本－沙哈尔（Tal Ben-Shahar）这样回答自己的学生："所谓积极并不是不会感觉到痛苦、失望、愤怒、恐惧和羞耻。积极者和消极者不同的是，他们知道这个世界不会事事如愿，但我们可以扭转坏事情。可能需要一点时间才能看到曙光，可能过一段时间才能忘记羞耻、痛苦和失望，但一切不好的事情都会过去。也就是说，积极者会允许自己有这些消极的负性情绪，包括允许自己去体验这些情绪，允许自己失败。"

3. 转换关注点重构认知

不良情绪的产生，往往是个体不理性的信念、认知在作祟。这些不理性的信念、认知就像一个模型框，把个体锁在了里面，人＋□＝囚，所以，人不少时候是被自己不理性的信念和认知框住了。

换框法要求我们把注意力从障碍（不可能的想法）转移到价值（我们要的目标）或可能性上。比如：消极的表达是"非洲没有人穿鞋，所以我们的鞋在那边没有市场"（看到不可能，看到障碍）。换成积极的表达是"非洲还没有人穿鞋子，也就是说那是一个很大的还没开发的空白市场"（看到价值，看到可能性）。消极的表达是"参赛的人这么多，我肯定赢不了"（看到障碍）。积极的表达是"参赛的人这么多，但只要我更努力、更认真准备，赢的概率也就大了"（看到可能性）。换框法还要求我们用关注到的不同、关注有什么可以学习的思考来代替所碰到的坏情况。比如，消极的表达是"这么好的天气居然下雨了，我没带雨伞，我怎么这么倒霉啊"（关注坏情况）。积极的表达是"今天下雨了，看来下次再遇到这样的天气我得记得带雨伞"（关注有什么可以学习的），"现在哪里可以避雨呢"（关注可能性）。

总之，不理性的信念、认知对情绪的影响非常大。我们应该充分认识到这一点，用理智的力量来调整自己的情绪，以保持身心健康，愉快地学习、工作和生活。

（三）用行动调节情绪

有一个想学禅的人去找大师学禅。入座后，大师为他倒茶，水已经溢出茶碗，可大师还在往里倒。这个人就说："大师，水已经满了，怎么您还往里倒？"大师言："是呵，一个装满旧水的杯子，怎么能再倒进新水呢！"这个人听了后立刻开悟了。

人总会体验到一些诸如痛苦、失望、愤怒、恐惧的负性情绪。如果说这些负性情绪是水，而人的心是那个杯子的话，那么如果负性情绪一直只是被倒进杯子而没有从出口出来，人内心那个接纳幸福、快乐等正性情绪的空间就会越来越小。所以，当人体验到一些负性情绪的时候，不是去否认和压抑这些负性情绪，而是要找一些途径让它们从心里流淌出来，这样才能留出更多的空间盛放那些让自己感觉美好幸福的情绪。那么，怎样才能把负面情绪"倒出来"呢？我们可以试试以下方法。

1. 静下来

人在体验强烈情绪时通常都是处于紧张状态的，尤其是负性情绪。所以，如果想要让自己恢复到一个比较平衡的情绪状态，可以先尝试让自己的身和心都"静下来"。静下来的方法有很多，常用的有深呼吸、冥想放松、听舒缓的音乐、看一些美丽的图画等。相关研究表明，正念冥想作为一种情绪调节策略，已被证明可以减少焦虑和抑郁情绪，提高情绪健康水平。

文档3-6：安静

2. 动起来

运动能促使大脑产生更多让人兴奋和快乐的物质——内啡肽，所以运动是对抗焦虑和抑郁的"良药"。同时，运动还可以将自己内心积压的很多诸如愤怒一类的负性情绪通过肢体的活动宣泄出来。总之，运动是释放内心情绪的有效途径。

"动起来"不仅仅是指"运动起来"，还指要行动起来，去做些相应的事情，让自己不要沉溺于某一种情绪的深渊中。"动起来"还有另外一层含义，正如詹姆斯—兰格学派所说的那样，可以通过行为的改变来改变情绪：沮丧时，引吭高歌；悲伤时，开怀大笑；自卑时，昂首挺胸；不安时，提高嗓音……

视频3-2：无知的傲慢

第三节　心灵智慧照前程：大学生情商的培养与发展

一、大学生的情商

（一）情商的含义

美国心理学家彼得·萨洛维（Peter Salovey）和约翰·梅耶（John Mayer）认为，情商包含准确地觉察、评价和表达情绪的能力，接近产生感情以促进思维的能力，理解情绪及情绪知识的能力，调节情绪以助情绪和智力发展的能力。从该定义出发，大学生的情商主要包括以下几个元素：

（1）解读自己情绪的能力，即可以觉知自己的情绪状态，并对其进行准确的命名；

会区分复杂情绪，能够解读情绪背后的思维。

（2）管理自己情绪的能力，即不会被自己的情绪状态所控制，可以很好地管理自己的情绪，理智地应对面临的各种情境。

（3）自我激励，即自我感觉良好，不容易受外界控制，能按捺住自己的冲动，以乐观积极的态度应对人生，达成自己的目标。

（4）解读别人情绪的能力，即可以敏感地觉察到人际交往中别人的情绪状态，能感受别人的感受，了解别人基本的情感和态度。

（5）人际关系的管理，即能体谅他人的感受，与他人进行有效沟通，从而与他人建立正面良好的人际关系。

总结起来，所谓高情商，就是能觉察自己和别人的情绪状态，很好地管理自己的情绪，发挥积极情绪的作用，并且能恰当地运用情绪来管理自己的行为。

（二）情商的功能

美国心理学家丹尼尔·戈尔曼（Daniel Goleman）认为，对于当代人来讲，其成功的20%取决于智商，而其余80%则是由情商决定的。

良好的情绪是顶级的人格魅力。通常，情商高的人能够客观地看待自己和他人，懂得理性思考，强在内心，外表却谦和从容，更懂得如何"化干戈为玉帛"。在生活中，那些受欢迎的人往往都有高超的情绪管理能力。相反，智商高但情商不足的人，虽然聪明，但是性格孤僻，人际关系欠佳，心理承受能力较差，难以取得成功。因此，戈尔曼指出："真正决定一个人成功与否的关键是情商而非智商。"

心理学家研究发现，情商高的人有更好的社会适应性。因此，他们在将来会更加从容，更易取得成功，也更有幸福感。他们的优势主要表现在以下几方面：

（1）能够和孩子及成人建立更好的关系。

（2）是好的听众，更善解人意、宽容，且能够理解并控制自己的情绪。

（3）更为放松、合作，善于处理冲突。

（4）较少有攻击性，不那么冲动，既能处理恐惧、焦虑和伤心等情绪，也能表达高兴和幸福的感觉。

（5）更负责任，在学校的成绩也更出色。

（6）有较好的自尊、健康的好奇心，而且更能集中注意力。

因此，培养和发展情商，对大学生的成长和成才是非常重要的。

> **思考题？** 你认为情商和智商有关吗？情商对人的健康、快乐和成功有什么作用？

二、大学生情商的培养和发展

情商并非先天就有，在更大程度上是靠后天培养的。从大学生情商所包含的元素来看，培养和发展情商可以从解读和管理自己的情绪、解读别人的情绪、人际关系管理、自我激励等方面着手。

（一）解读和管理自己的情绪

培养和发展自我对情绪的解读和管理能力，首先要培养的是觉察自己的情绪、区分各种复杂的情绪并为之命名的能力。这一部分，在情绪管理一节中已经有较详细的介绍，本节着重讨论以下两点。

1. 接纳自己的情绪

任何情绪，无论是正性的还是负性的，都有其存在的意义与价值。接纳情绪，就是接纳情绪存在的意义。高情商的人在面对自己每一种情绪时，既不会否认，也不会压抑，而是选择去面对和接纳。

2. 表达自己的情绪

情绪是需要被疏解的而不是被压抑的，所以，合理地表达自己的情绪就显得非常重要。情绪本身没有绝对的好坏之分，但是情绪的表达方式却有优劣之分。

阅读材料 3-4

父子对话

在韩剧《鹊桥兄弟们》中，有一个小孩子因为皮肤太黑而被其他小孩欺负，他们说他是非洲人。这个小孩非常生气，于是就把欺负自己的小孩打了一顿。孩子的爸爸是这样处理这件事情的。

爸爸：我知道你这样做一定有自己的原因，说说看。

儿子：他们说我是非洲人……（很惊恐地望着爸爸，生怕自己做错了事）

爸爸：被人这么嘲笑确实让人气愤，如果是爸爸，爸爸也会和你一样做。

儿子：（惊讶地望着爸爸）

爸爸：可是，儿子，你发现打人之后问题解决了吗？（儿子摇头）打人并没有解决问题，这个问题仍然存在。如果下次你再遇到这种事情，你就要抬头挺胸地对他们说："我是韩栽植的儿子，是堂堂正正的韩国人！"

在这段简单的父子对话中，父亲一方面很好地为孩子的情绪做了命名——气愤，并告诉孩子，他的这种情绪是很真实且正常的，不用惊恐、负疚，帮助儿子接受自己的情绪。接受儿子的情绪并不意味着同意他的行为，所以父亲并没有到此为止，而是继续告诉儿子，在愤怒的情绪下，除了打人，还有哪些更好、更有建设性的表达方式。

建设性地表达自己的情绪，是在接纳和尊重自己情绪的基础上，学着用建设性的方式去表达，其目标是既表达了自己的情绪，又能解决该情绪引起的冲突。要做到这一点，往往离不了共情能力。

文档3-7：杨绛和钱锺书

（二）解读别人的情绪

高情商的人具有能很好地解读别人情绪世界的能力。这种能力可以让一个人学会站在对方的角度理解问题，将心比心，更好地了解对方为什么会那么想，从而更能理解对方的做法，减少误会和冲突。这就是心理学上说的共情能力。

共情（empathy，也称同理心），是指能设身处地从别人的角度去体会并理解别人的感受、需要、情绪和想法的一种个人特质。将自己换成对方，能设身处地去感受他人的感受，并加以体谅。共情是处理生活中的人际关系、进行沟通和解决问题的基础。

（三）人际关系管理

"夫运筹帷幄之中，决胜千里之外，吾不如子房（张良）；镇国家，抚百姓，给饷馈，不绝粮道，吾不如萧何；连百万之众，战必胜，攻必取，吾不如韩信。"这是汉高祖刘邦对自己的评价。偏偏是这个有各种"不如人"之处的领导带领一帮能者成就了一番大事业。有学者指出，这就是"为君之道"——是一瓢"本身无色无味，却又能中和五味"的清水。这瓢清水之所以能"中和五味"，并不是因为他有比其他人更强的能力，而是因为他能更好地管理人际关系，并且能在这种关系中很好地达成双赢。

良好的人际关系管理能力是高情商的一个重要指标。高情商的人通常因为能体谅他人的感受并能与他人有效沟通，从而更容易与他人建立正面良好的人际关系。所以，在人际沟通中，尤其是当遇到意见不合甚至产生冲突时，最重要的并不是先去争辩谁有理，而是先学会感受自己现在的心情，同时也试着去感受对方此时的心情，先将彼此内心的情绪消化掉，之后再用理智的方式处理事情。

（四）自我激励

美国心理学家曾经做过一个软糖实验。在实验中，能够控制自己的冲动，为了更好的目标而忍受诱惑的小孩，在12~14年后，表现出较强的社会竞争性、较高的自信心，能较好地应对生活中的挫折。这就是高情商对自我的激励作用。高情商的人除了能够忍受住诱惑、更好地调控自己的行为外，还有很重要的一点：他们能对自己的情绪负责。我们每个人都是自己情绪的主人。善于管理情绪的人，通常更能把握生活，也更能获得快乐和成功。

❄ 讨论与实践

1.请描述进入大学后一次印象深刻的情绪体验过程，并学着为它命名。

2.莉莉在大学时学习成绩并不出色，不过让大家意外的是，她在工作中可谓一帆风顺，不仅工作表现出色，还顺利升迁到公司的重要岗位，并且和同事相处融洽，也深得领导的信任和赏识。请结合情商的知识，分析莉莉如此"幸运"的原因。

3.结合自己实际，记录一次运用情绪ABC理论调整情绪的情况。

4.了解什么是踢猫效应，并以小组的形式进行头脑风暴：情绪会在什么情况下出现？如何做才能更好地调节情绪？

本章附录

| AI马老师一问一答 | 推荐阅读书目 | 在线自测 |

CHAPTER 4
第四章

缔造精神的美丽
——大学生的健康人格及其塑造

> 播下一种行为，收获一种习惯；播下一种习惯，收获一种性格；播下一种性格，收获一种命运。
>
> ——威廉·詹姆斯

案例 4-1

小刘，某高校二年级男生。他从小被父母当作"小皇帝"，在学校里，老师和同学也都很喜欢他。在上大学前从没住过校，现在与同寝室同学的人际关系非常糟糕，同寝室同学坚决要求他搬出寝室，他自己也想换寝室。他多次找辅导员调解未果，在辅导员的陪同下来做心理咨询。

据辅导员介绍，他已经关注小刘同学一年多了，觉得该同学性格固执、多疑又敏感，情绪不稳定，心胸狭窄，自我评价很高，平时在班级里有些飞扬跋扈，不愿接受不同意见。在日常生活和学习过程中，遇到困难总是抱怨、责备别的同学，把责任推卸给别人，常与人发生摩擦，几乎与所有室友都有过冲突和矛盾。辅导员多次找他谈话、做思想工作，均无明显效果。

在心理咨询中，小刘自述如下：

"我确实比较敏感，对很多人都抱有一种提防心理，包括我的辅导员和同学，甚至对父母也持怀疑和敌对的态度。我看着不对劲的人或事就总爱挑衅，脾气暴躁。我也做过一些努力，比如为了减少矛盾和冲突，我尽量不与别的同学多来往，但这些都没用。我尽力躲开他们，可是同一个寝室、同一个班级的，总是要在一起生活、学习，所以还是难免与同学闹矛盾。"

案例中小刘的心理问题突出表现在人际关系处理不好，情绪稳定性差，生活和学习一团糟。小刘的问题表面上是人际关系问题，但根本的问题是他的人格偏差，比如他性格固执、敏感多疑、心胸狭窄、狂妄自负，这些都是导致他出现心理问题的根源。

经过多次面谈咨询，小刘认同了心理咨询师对他人格的分析，意识到自己人格中存在的问题。在咨询结束后，小刘开始努力改变自己的认知观念，练习控制自己的暴躁脾气，与人相处时尽量顾及别人的感受，以减少矛盾冲突。一个学期后，小刘的人际关系有了明显改善，积极情绪逐渐成了日常情绪的主旋律，他也变得更成熟了。

第一节　人格万花筒：人格概观

生活中，我们经常可以看到人们各具特色的样子：有的人热情奔放，有的人冷淡孤僻；有的人聪慧敏捷，有的人反应迟缓；有的人顽强果断，有的人优柔寡断；有的人多愁善感，有的人笑口常开……这些不同的特征，反映的就是不同个体之间人格的差异。那么，究竟什么是人格？

一、人格概述

人格是个古老的概念，在不同学科领域有不同的含义。道德意义上的人格，是指一个人的品德和操守；法律意义上的人格，是指享有法律地位的人。那么，心理学意义上的人格是指什么呢？

（一）人格的定义

人格也称个性，源于希腊语persona，原来主要是指演员在舞台上戴的面具，类似于中国京剧中的脸谱，后来心理学借用这个术语来说明：在人生的大舞台上，人会根据社会角色的不同来换面具，这些面具就是人格的外在表现。面具后面是一个人真实的自我，即人格的内在特征，它和外在的面具可能一致，也可能截然不同。

视频 4-1：认识人格

不同心理学家由于研究取向不同，对人格的看法有很大差异。

美国心理学家L. A. 珀文（Lawrence A. Pervin）对人格的定义具有代表性，他认为："人格是认知、情感和行为的复杂组织，它赋予个人生活的倾向和模式（一致性）。人格包含结构和过程，并且反映着天性（基因）和教养（经验）。"[1]

中国著名心理学家黄希庭认为："人格是一个人的才智、情绪、愿望、价值观和

---

[1] 珀文. 人格科学[M]. 周榕，等译. 上海：华东师范大学出版社，2004：467.

习惯性行为方式的有机整合，它赋予个体适应环境的独特模式。这种知情意行的复杂组织是遗传与环境交互作用的结果，包含着个体受过去的影响以及对现在和未来的建构。"①

我国第一部《心理学大词典》认为："人格是指一个人的整个精神面貌，即具有一定倾向性的心理特征的总和。人格结构是多层次、多侧面的，由复杂的心理特征的独特结合构成的整体。这些特征不是孤立存在的，而是错综复杂交互联系，有机结合成一个整体，对人的行为进行调节和控制。"②

综合东西方学者的观点，我们认为：人格是由多种成分构成的、具有一定倾向性的、独特的心理特征的总和，它反映了一个人总的精神风貌，体现了人和人之间心理活动和行为模式的差异。

视频4-2：人格理论

（二）人格的结构

人格是一个多层次的复杂结构系统，主要包括人格倾向性和人格心理特征两大部分。

1. 人格倾向性

人格倾向性是人心理活动的基本动力，是人格结构中最活跃的因素。它既决定着人对现实的态度，又决定着人对心理活动对象的趋向和选择。

人格倾向性主要包括需要、动机、兴趣、理想、信念、价值观、世界观等。其中，需要是人格倾向性乃至整个人格的源泉，只有在需要的推动下，人格才能形成和发展。动机、兴趣、理想和信念等都是需要的不同表现形式。世界观居于人格倾向性的最高层次，它制约着一个人的心理倾向和整个心理面貌，是人们言论和行动的总动力。人格倾向性是以人的需要为基础的动力系统。

2. 人格心理特征

人格心理特征是指一个人身上经常地、稳定地表现出来的心理特点。它是人格结构中比较稳定的心理成分，主要包括能力、气质和性格。一般来讲，我们所说的人格，是相对狭义的概念，主要包括气质和性格两部分。

（1）气质

气质是指人心理活动的稳定的动力特征，主要是指心理过程的强度（例如，情绪体验的强度、意志努力的程度）、速度和稳定性（例如，知觉的速度、思维的灵活程度、注意力集中时间的长短）、指向性（倾向于外部事物或是来自与压力有关的内心世界）

---

① 黄希庭.心理学与人生[M].广州：暨南大学出版社，2005：235.
② 朱智贤.心理学大词典[M].北京：北京师范大学出版社，1989：225.

等方面的特点。

气质是一种心理特征，一般认为，高级神经活动过程与特点是其生理基础。俄国生理学家伊万·彼得罗维奇·巴甫洛夫（Ivan Pavlov）经过多年的实验和观察，发现大脑皮层有兴奋和抑制两种最基本的神经过程，这两种基本神经过程具有强度、平衡性和灵活性三种属性。

根据神经系统基本属性的不同组合把人的高级神经活动分为四种基本类型：强而不平衡型（兴奋型：兴奋过程强于抑制过程，易兴奋，不易约束，不可遏止）；强、平衡、灵活型（活泼型：兴奋和抑制都较强，且容易相互转化，反应灵敏、活泼、能很快适应变化）；强、平衡、不灵活型（安静型：兴奋和抑制都较强，但两者不易转化，易形成条件反射，但不易改造，坚韧而行动迟缓）；弱型（抑制型：兴奋和抑制都很弱，难以形成条件反射，容易疲劳）。

人的四种高级神经活动类型分别对应着古罗马时期著名的医学大师克劳迪亚斯·盖伦（Claudius Galenus）根据古希腊著名的医生希波克拉底（Hippocrates）的"体液说"提出的四种气质类型：兴奋型对应胆汁质，活泼型对应多血质，安静型对应黏液质，抑制型对应抑郁质。

视频4-3：认识气质类型

阅读材料 4-1

四种气质类型的典型表现

胆汁质：直率，精力旺盛，脾气暴躁，易冲动，反应迅速，情绪反应强烈，外倾性明显。

多血质：活泼好动，反应迅速，对一切事物都能做出兴致勃勃的反应。行动敏捷，有高度的可塑性、灵活性，容易适应新环境，善于结交新朋友。情绪既易于发生也易于改变，表情生动，言语的鼓动性比较强。

黏液质：心理反应速度慢，动作迟缓，态度稳重，沉默寡言，善于克制、忍耐，具有实干精神，情绪不易发生，也不易外露。

抑郁质：感受性较高，情绪体验深刻、细腻，易多愁善感，不善交际，反应迟缓。

思考题？ 根据上面四种气质类型的典型表现，你认为自己属于哪种气质类型？请分析自己的气质特点，并思考如何扬长避短。

在现实生活中，只有少数人具有某种气质类型的典型特征，多数人属于不同气质类型的混合型。人的气质没有好坏之分，每一种气质类型既有优势，也有不足：胆汁质的人直率、精力旺盛，但任性、脾气暴躁，容易冲动；多血质的人反应灵活，容易适应新环境，但兴趣容易转移，注意力不集中；黏液质的人沉着稳重，但反应迟缓；抑郁质的人耐受力差，容易疲劳，但感情细腻、观察力敏锐，审慎小心。

气质不具有道德评价的意义。任何气质类型的人既可以成为品德高尚、有益于社会的人，也可能成为道德败坏、有害于社会的人。

气质不能决定一个人的成就大小。任何气质类型的人都可以在不同的实践领域取得成就，也可能成为平庸无为的人。

气质可作为一个人职业选择的依据之一。一个人的气质类型为其从事相应的职业提供了相对有利的条件，但不是必备条件。在一些特殊职业中，如飞行员、潜水员等，对人的气质有特定的要求，必须经过严格的选拔和训练才能胜任。

（2）性格

性格是指一个人对现实的稳定态度和习惯化了的行为方式。人的性格主要表现在两方面——"做什么"和"怎么做"。"做什么"反映了人对现实的态度，表明一个人追求什么、拒绝什么；"怎么做"反映了人的行为方式，表明一个人如何去追求他所要得到的东西，如何去拒绝他所要回避的东西。

一般来说，人对现实的稳定态度决定着他的行为方式，而人习惯了的行为方式又体现了他对现实的态度，这两者是统一的。

文档4-1：
人格类型：
外倾与内倾

阅读材料 4-2

性格的特征

性格主要有四个方面的特征。

第一，性格的态度特征。

人对现实的稳定态度是性格的重要组成部分。人对现实的态度主要包含对社会、集体、他人的态度，对学习、生活和劳动的态度，对自己的态度三方面。

对社会、集体、他人的积极态度特征表现为关心社会，热爱集体，具有社会责任感、乐于助人、待人诚恳、正直等；消极特征表现为不关心社会与集体，甚至没有社会公德，为人冷漠、自私、虚伪等。

对学习、生活和劳动的积极态度特征表现为认真细心、勤劳节俭等；消极特征表现为马虎粗心、奢侈浪费等。

对自己的积极态度特征表现为严于律己、谦虚谨慎、自强自尊等；消极特征表现为放任自己、骄傲自大、自卑等。

第二，性格的意志特征。

性格的意志特征是指一个人在自觉调节自己行为的方式和水平上表现出来的心理特征。主要表现为：对行为目的明确程度的特征，如独立性或冲动性，目的性或盲目性等；对行为自觉控制的意志特征，如自制或放任；对自己做出决定并贯彻执行方面的特征，如有恒心与毅力、坚韧不拔或见异思迁、半途而废等；在紧急或困难情况下表现出的意志特征，如勇敢或胆小，果断或优柔寡断，镇定或紧张等。

第三，性格的情绪特征。

性格的情绪特征是指一个人在情绪活动中经常表现出来的强度、稳定性、持久性以及主导心境等方面的特征。

情绪强度方面的特征，主要表现为人的情绪对工作和生活的影响程度和人的情绪受意志控制的程度。有人情绪反应强烈、明显、易受感染；有人情绪反应微弱、隐晦、不易受感染。

情绪稳定性方面的特征，主要表现为情绪的起伏和波动程度。

情绪持久性方面的特征，主要指情绪对人身心各方面影响的时间长短。如有的人情绪产生后很难平息，有的人情绪虽来势凶猛但转瞬即逝。

主导心境方面的特征，指主体经常性的情绪状态。如有的人每天精神饱满、乐观开朗；而有的人却整日愁眉苦脸、烦闷悲观等。

第四，性格的理智特征。

人们在感知、思维、记忆、想象等认知过程中表现出来的个别差异就是性格的理智特征。

在感知方面，有的人观察精细，有的人观察疏略；有的人观察敏锐，有的人观察迟钝。

在思维方面，有的人善于独立思考，有的人喜欢人云亦云；有的人善于分析、抽象，有的人善于综合、概括。

在记忆方面，有的人记忆敏捷，过目成诵，有的人记忆较慢，需反复记忆方能记住；有的人记忆牢固且难以遗忘，有的人记忆不牢且遗忘迅速等。

在想象方面，有的人想象丰富、奇特、主动，有的人想象贫乏、狭窄、被动等。

以上性格结构的四个方面的特征不是独立存在的，而是相互联系、相互影响的，构成一个统一体存在于每个人身上。要了解一个人，就应对其性格的各个方面做全面分析。

> **思考题** 结合阅读材料4-2中四个方面的性格特征，逐一分析自己的性格特点。

性格是一个人生活经历的反映，它不是与生俱来的，而是在先天遗传素质的基础上，经过后天环境的作用形成和发展起来的。家庭对一个人的性格形成和发展具有重要且深远的影响，被认为是"制造人类性格的工厂"。学校教育、实践活动、社会风气等也是影响一个人性格形成的重要因素。一个人只有在社会实践活动中、在从事的职业活动中反复扮演不同的社会角色，才能最终形成各自不同的性格。

虽然环境对人的性格形成和发展起着决定性作用，但任何环境都不能直接决定人的性格，它们必须通过人已有的心理发展水平才能发生作用。社会环境的各种影响只有为个人所理解和接受，才能转化为个体的需要和动机，才能推动他去行动。个体已有的心理发展水平对性格形成的作用，随着年龄的增大而日益增强，个体已有的理想、信念和世界观等对接受社会影响有决定性作用。性格是不断发展和完善的，一切外来的影响都要通过个体的自我调节才起作用。从这个意义上说，每个人都在通过自己的行为塑造着自己的性格。

（三）人格的特征

人格是一个具有丰富内涵的概念，反映了人的多种心理品质和典型特征。概括起来，人格具有如下特征。

1. 独特性与共同性

人格是先天和后天的"合金"，不同的遗传条件、生活及教育环境，形成了个体独特的人格特点。先天遗传因素与后天环境的交互作用，使人与人之间在稳定的心理和行为特征上表现出千差万别的特点。"人心不同，各如其面"，个体之间没有完全相同的人格特点。

但是，人格的独特性并不意味着人与人之间毫无相同之处，人格既包括个体之间不同的心理特点，也包括人与人之间在精神面貌、行为风格等的相同特征方面，即人格的共同性，如每个民族、阶级和地区的人都有其共同的人格特点。

2. 稳定性与可塑性

人格具有相对稳定性。人格一旦形成，就会以个体独特的风格保持相对稳定，"江山易改，本性难移"，即是人格稳定性的体现。

但人格也有可塑性的一面。在人的一生中，人格并不是一成不变的。随着个体经历的丰富，外界环境的变化，人格也会随之发生变化。所谓"士别三日，当刮目相看"，正是体现了人格的可塑性。

3. 整体性与统一性

人格是由多种成分和特质组成的，这些特质之间密切联系并综合形成一个有机整体，这就是人格的整体性。人格的各种成分具有内在一致性，受自我意识的调控，这就是人格的统一性。正常人要有健全统一的人格，其所思、所言、所行协调一致，其人格结构的各要素才能保持完整统一。

4. 社会性与功能性

人既有自然属性，也有社会属性，但人的本质特征是其社会性。人格既是社会化的对象，也是社会化的结果。每个人都在社会化的过程中形成自己稳定的行为风格，并在社会实践中形成个体独特的人格特征，这就是人格的社会性。

人格决定一个人的行为方式，会影响一个人的生活质量、专业成就，甚至还会影响一个人的命运。因而人格在一定程度上也会影响人生的成败，当面对挫折与失败时，坚强者能愈挫愈勇，懦弱者则一蹶不振，这就是人格的功能性。

阅读材料 4-3

卡特尔的人格特质论

美国心理学家雷蒙德·卡特尔（Raymond B. Cattell）用因素分析方法编制了"卡特尔16种人格因素测验"（简称16PF）。卡特尔认为，每个人身上都具备这16种特质，只是在不同人身上的表现程度有所差异。因此，人格差异主要表现在量的差异上，从而可以对人格进行量化分析。

表4-1中某同学16PF测试报告剖面图中的人格因素即为卡特尔提出的16种根源特质。

表4-1 某同学16PF测试报告

人格因素	原始分	标准分	低分者特征	标准分 1 2 3 4 5 6 7 8 9 10	高分者特征
乐群性A	10	5	缄默孤独		乐群、向外
聪慧性B	9	6	迟钝、学识浅薄		聪慧、富有才识
稳定性C	18	7	情绪激动		情绪稳定
恃强性E	10	4	谦逊顺从		好强固执
兴奋性F	18	7	严肃审核		轻松兴奋
有恒性G	14	7	权宜敷衍		有恒负责

续表

人格因素	原始分	标准分	低分者特征	标准分 1 2 3 4 5 6 7 8 9 10	高分者特征
敢为性H	12	6	畏怯退缩		冒险勇敢
敏感性I	14	7	理智、着重实际		敏感、感情用事
怀疑性L	6	3	依赖随和		怀疑、刚愎
幻想性M	14	6	现实、合乎常规		幻想、放荡不羁
世故性N	8	4	坦白直率、天真		精明能干、世故
忧虑性O	8	5	安详沉着、有自信心		忧虑抑郁、烦恼多端
实验性Q1	12	5	保守、服从传统		自由、批评激进
独立性Q2	13	6	依赖、随群附众		自理、当机立断
自律性Q3	17	8	矛盾冲突、不明大体		知己知彼、自律严谨
紧张性Q4	8	4	心平气和		紧张困扰

二、人格的形成与发展

人格是在遗传与环境的交互作用下逐渐形成并发展的。通常在智力、气质这些与生物因素相关度较大的特质上，遗传因素的作用较重要；而在价值观、信念、性格等与社会因素关系密切的特质上，后天环境的作用可能更重要。

文档4-2：你有没有勇气，变成另外一个人？

（一）生物遗传因素

遗传素质是人们与生俱来的生理特点，是人格形成和发展的自然前提和物质基础。遗传是通过由DNA构成的基因结构起作用的，而基因对人格形成与发展的影响程度是通过身体的生理机能起作用的。子女与父母之间往往不只是容貌、体形相似，在智力、天赋特长、气质等方面也有某些相似之处。这主要是受遗传因素的影响。

一个人的大脑神经系统、身体机能等对人格的形成与发展也有重要影响。大脑的局部病变或受伤会影响人格，如果个体的大脑神经系统、心血管系统、内分泌系统等生理机能有障碍，可能会引起个体人格的变化。

此外，个体神经递质和激素含量的改变（如多巴胺、去甲肾上腺素等的增减）会引起情绪和行为的变化，进而影响个体的人格发展。

（二）环境因素

环境对人格的形成和发展具有重要的作用。一个自然人，只有在社会环境中通过与人、事、物的交互作用，才能逐渐学会认识自己、了解别人，进而学会如何待人处事。

1. 家庭环境

家庭环境对人格的影响，从发生时间上看，开始最早，持续最久；从作用上看，范围最大，内容最广。家庭气氛近乎无形，却能从各种不同角度向孩子传递信息，对其人格发展起着潜移默化的作用。此外，父母是孩子的第一任老师，他们的心理状态、言谈举止、教养方式、品质修养和文化素质等，直接影响子女对所经历事件的认知与行为反应，进而影响子女人格的形成。

2. 学校环境

自从进入学校，个体的主要社会角色便是学生。学校对人格形成和定型有深远影响。如果学生在学校的体验主要是轻松、愉悦和正性的，那么他的心理状态就会倾向于积极良好，有利于人格的健康发展。

校园风气也会影响人格的形成，良好的校风、班风能促使学生养成勤奋好学、追求上进和自觉遵守纪律等良好的人格特征。

教师是学生的一面镜子，也是学生学习的榜样。教师的高尚品格、渊博知识、强烈事业心和责任感等，都会对学生人格的形成与发展产生潜移默化的积极作用。

3. 社会环境

社会诸因素之间相互联系、相互影响，构成一个统一整体，共同发挥作用，促使个体人格得以形成。在社会诸因素中，经济和文化是影响一个人人格形成与发展的两大重要因素。

文档4-3：精明能干 机灵过人

> **思考题**：试分析哪些因素对自己人格发展有重要影响？请举例说明。

三、人格与健康

人格体现了个体在社会生活中一贯表现出来的思维、情绪和行为模式。在相同的情境下，具有不同人格特征的个体表现出的行为千差万别，甚至完全不同，其认知观点、情绪体验和意志行动等也各有不同。因此，人格会影响人的心理和行为，从而在不同程度上影响一个人的身心健康。

（一）人格与情绪健康

人类基本的情绪过程及情绪调节中的个体差异对一个人的身心健康有重要影响，这种情绪反应风格或模式的差异就是人格不同特征的体现。

在情绪反应过程中，一些个体比其他个体更易于体验到某些特定的情绪，如神经质及焦虑特质的个体易于体验到负性情绪，易焦虑；而外向型的个体可能更容易感受到正性情绪。

在情绪表达过程中，外向型和冲动特质的个体会较为明显地表达自己的情绪，喜怒哀乐常常不加掩饰；而内向型和严谨型的个体在情绪表达上则倾向于内敛，较少出现冲动的反应。[1]这说明人格的不同特征一方面会影响一个人的情绪反应和情绪表达，进而影响个体的情绪稳定和心理健康水平。另一方面，个体的情绪反应特点和情绪表达方式也会影响其心理过程和人格的功能。因此，情绪健康对人格的发展和完善具有重要作用。

（二）人格与身心疾病

人格与健康以及疾病的关系一直是人们关注的热点问题。人格特质与健康保持、疾病发生发展均有一定的关系。经过多年研究，人格与健康的关系模型已趋于成熟，该模型突出了人与环境的交互作用，强调自我调节理念，并提倡将认知—社会取向中与健康有关的个人因素加以整合。有学者提出了人格与健康及疾病的四种可能性关系：疾病导致人格变化；人格通过不良的行为习惯影响健康；人格直接导致疾病；人格通过生理变量影响健康。

积极心理学家认为：通过识别、挖掘、激发和调动处于困境中的人自身的力量，就可以实现有效预防心理疾患的效果。[2]积极心理学家们已发现的许多积极人格力量可以成为抵御和减轻心理疾病的缓冲器，如勇气、信心、乐观、责任感、希望、忠诚、毅力、洞察力等。[3]

文档4-4：人格与心血管疾病

（三）人格与压力应对

当生活中遇到压力挫折时，有些人能很好地应对，将压力转化为挑战和机会，而有些人却会一蹶不振。这两种截然相反的表现源自与压力有关的人格特质的归因方式，所谓归因方式是指以一种倾向性的方式来解释压力事件的原因。

---

[1] 王伟.人格心理学[M].北京：人民卫生出版社，2014：105-107.
[2] 罗艳红，蔡太生，张斌.积极人格的研究进展[J].医学与哲学（人文社会医学版），2011，32（1）：39-40.
[3] 江雪华，申荷永.美国积极临床心理学的研究现状[J].中国健康心理学杂志，2006（4）：463.

美国的心理学家克里斯托弗·皮特森（Christopher Peterson）提出用"乐观主义"一词来描述归因风格的个体差异。乐观主义/悲观主义被看成区分不同个体特质的一个维度。乐观主义通常可以预测个体具有良好的健康状况。此外，乐观还与一系列积极的健康行为有关，如定期锻炼、规律饮食、对疾病采取恰当的应对措施等。[①]

乐观、坚强等积极人格特质能缓冲压力对身心健康的不良影响。面对压力时，乐观、坚强的个体会更倾向于采用积极、有效的应对策略，积极寻找社会支持，从而有效缓解压力。

总之，人格较为健全的人在面对压力事件时能较好地应对，而人格不健全的人在面对压力时则易产生更多的生理和心理症状，最终可能引发身心疾病。

文档4-5：压力抵抗者的人格特征

第二节 人格风向标：大学生健康人格的塑造

健康人格是个体心理充分发展所能达到的一种境界。具有健康人格的人，其显著特点是：能够有意识地控制自己的生活，掌握自己的命运；能够正视过去，面对现实，注重未来，渴望迎接生活中的挑战，在实践中充分发挥自己的潜能并实现自我价值。

一、健康人格的含义与特征

一般来讲，健康人格是相对于现实人格和病态人格而言的，是个体人格发展的典范，也是人格所能达到的最高境界。

不同学派的心理学家对健康人格有着不同的理解。奥地利心理学家西格蒙德·弗洛伊德（Sigmund Freud）认为，健康人格是本我、自我和超我的和谐统一；罗杰斯认为，健康人格是主动、独特的，能充分实现其潜在能力；马斯洛认为，健康人格就是迎接挑战，充分发挥潜能，从而获得自我实现；积极心理学家认为，健康人格即积极人格，主要包括自我决定、积极心理防御和乐观等方面。

《心理学大辞典》对健康人格的定义为：健康人格是指个体需要得到满足，内在感到协调，社会适应良好，并在意识、能力、情感等方面获得较好发展的行为模式和思维方式。[②]

文档4-6：马斯洛自我实现者的人格特征

各学派心理学家对健康人格的强调各有侧重且相互补充，每一种理论都提供了一

---

① 拉森, 巴斯. 人格障碍与调适[M]. 郭永玉, 刘娅, 译. 北京：人民邮电出版社, 2013：71-75.
② 林崇德, 杨治良, 黄希庭. 心理学大辞典[M]. 上海：上海教育出版社, 2003：589.

种理解健康人格的独特视角。综合各种观点来看，我们认为，健康人格是个体人格不断发展与完善，渐臻成熟与完美的一种人格境界。健康人格者能实现自我与环境的和谐相处，充分发挥人格功能。

二、大学生健康人格的特征

黄希庭教授在大学生中开展了一次开放式问卷调查，根据调查结果并查阅大量典籍后，归纳出健康人格的特征包括以下几方面：

（1）对世界抱开放态度，乐于学习和工作，不断吸取新经验；
（2）以积极的眼光看待他人，拥有良好的人际关系和团队精神；
（3）以积极的态度看待自己，能自知、自尊、自我悦纳；
（4）以积极的态度看待过去、现在和未来，追求现实而高尚的生活目标；
（5）以积极的态度对待困难和挫折，能调控情绪，心境良好。[1]

当代大学生正处于人格完善与定型的关键阶段，在同伴、家庭、学校和社会等方面的影响下，人格发展总体呈现积极态势，如自我意识逐渐成熟，但并不完善；情绪日趋稳定，但仍有大起大落、动荡不安的时候；意志品质表现得更为成熟，但仍有一定的惰性、依赖性、冲动性和波动性；社会适应性得到进一步发展和完善，并随着年级上升而提高。[2]如果能在这一关键期积极塑造健康人格，将有助于其更好地适应社会，在未来的人生各阶段取得事业的成功和生活的幸福。

总之，拥有健康人格的人能以辩证的态度对待世界、他人、自己、过去、现在和未来、顺境和逆境，是自立、自信、自尊、自强、幸福的进取者。

案例4-1中的小刘自我评价很高，自认为聪明。在班级里，他自以为是、固执己见，总认为自己是正确的，还经常不顾忌别人的感受。这些都是小刘人格不健康的表现。小刘和很多同学一样，在读大学以前没有太多人际交往的成功经验。进入大学后，由于他的人格弱点而适应不了新的人际关系，无法与人和谐相处，也不能很好地适应大学生活，所幸的是，在心理咨询师和辅导员的帮助下，他及时做了调整。

文档4-7：健康人格的十个标准

> **思考题?** 根据大学生健康人格的特征，你认为自己符合几条？如果不完全符合，你认为在以后的生活和学习中该如何改进？

---

[1] 费尔德曼，黄希庭.心理学与我们[M].北京：人民邮电出版社，2008：225.
[2] 俞国良，张亚利.大中小幼心理健康教育一体化：人格的视角[J].教育研究，2020，41(6)：125-133.

三、大学生健康人格的塑造

大学时代是人格发展、完善的最佳时期，也是人格定型的关键阶段。因此，大学生应把握机遇，加强自我修养，通过持续不懈的努力，塑造健康人格。

（一）构建理性认知

认知是心理活动的首要过程，个体认知风格和认知方式的差异也是其人格特征的重要表现。理性认知是一个人人格健康的重要标志。因此，大学生塑造健康人格要从构建理性认知开始。

首先，要正确认识自我。清楚自己的优点和缺点，了解自己的潜能和局限，去芜存菁，不断加强自己人格中健康和积极的一面，如正直、乐观、坚强、富有爱心等；改变人格中的不足与缺陷，如自卑、虚荣、悲观、怨天尤人等。

其次，要正确认识社会、集体和他人，积极处理人际关系。人格不断发展的过程是个体与他人、集体、社会相互作用的过程，离不开人际关系的影响。积极融入社会、集体，和谐与他人的关系，进而更好地认识和了解自己，善于向他人学习、取长补短，学习正确地待人处事，对于塑造健康人格是非常必要的。

（二）培育积极情感

心理学研究表明，个体价值的实现能带来积极的情感体验，而积极的情感体验有助于人的积极潜能的开发和积极人格的发展。大学生应注重提升自己的需求层次，努力追求更高层次需要的满足，以获得更多积极的情感体验，培养健康、积极的人格特质；应学会情绪管理，让自己的情绪经常保持轻松、愉悦、积极的状态，这是保持心理健康的重要步骤，也是塑造健康人格的必经之路。案例4-1中的小刘容易情绪失控，因此，像小刘这样容易情绪失控的学生，在平时的生活中要不断地提高自己的情绪调控能力。

文档4-8：别做内心不安的人

（三）磨砺顽强意志

意志顽强的人能根据目标的要求，在长时间内集中注意力，专注地保持身心紧张状态。在任何情况下，他们都能坚持不懈，直至达到目的。遇到困难时，他们能激励自己树立起克服困难的信心，始终如一地完成意志行动。所谓"锲而不舍，金石可镂"，正是顽强意志品质的表现。凡有成就的人都有极顽强的意志品质。顽强的意志品质是大学生健康人格的重要标志。大学生需要在实践过程中

文档4-9：不畏挫折，持之以恒

经常进行自我分析、自我调整、自我鼓舞、自我监督等，坚持到底，磨砺顽强的意志品质。

大学生在磨炼意志时，对自己要求要高，决心要大。每个人在接受社会的筛选和考验时，如果能因自己某方面的才能、成绩受到赞美并成为发展的契机，就会更努力地促进自己人格的完善，这是塑造健康人格的积极行为。但是，当一个人面临失败时，如果不能正确对待挫折和困境，逐渐形成不求进取、安于现状的心理，放弃促进人格成熟的主观努力，那就是人格发展过程中的消极行为。因此，无论成功还是失败，大学生都需要"胜不骄，败不馁"，用积极的行为塑造健康人格。

（四）养成良好习惯

人格的核心成分是性格，而性格的本质就是习惯化的行为模式。生活中的各种习惯一旦养成，便打下了一个人的性格基础。因此，习惯决定性格，在大学生活中养成良好的习惯就等于塑造了自己的健康人格。

为了养成良好的习惯，大学生必须制定合理的目标和切实可行的计划，并要求自己严格遵守。只有目标而没有监管，多数计划会难以付诸实践。某个积极的行为经过多次强化，就可以养成良好的行为习惯。良好习惯养成了，良好性格也就形成了，健康人格也就塑造成功了。

一个人的一言一行往往是其人格的外化，反过来，一个人日常言行积淀成习惯就是其人格的特征。例如，某个人有刷牙、梳头、洗手、勤换衣服、常剪指甲等习惯，就反映了他具有"整洁"这一人格特质。因此，塑造健康人格要从身边的小事做起，无数良好的小事可"聚沙成塔"，最终构建成优良的人格"大厦"。

（五）掌握适度原则

人格发展和表现的"度"是十分重要的，人格塑造过程中应把握好度，否则就会适得其反。大学生应做到：自信却不自负，自谦但不自卑，勇敢而不鲁莽，果断且不冒失，稳重又不犹豫，谨慎而不怯懦，好强却不逞强，活泼而不轻浮，机敏且不多疑，忠厚却不愚昧，等等。

人格塑造是一个长远的过程，大学生只要意识到健康人格的意义和价值，用心感受，积极行动，脚踏实地，就能拥有健康的人格。

第三节　人格调色板：大学生人格偏差的调适

大学生正处于人格发展与完善的关键期。很多大学生表现出了积极、乐观、自信、自强等健康人格特征。然而，也有一些学生在人格发展中呈现出了诸如懒惰拖拉、狭隘虚荣、偏执自恋、回避依赖、意志薄弱等人格偏差，个别学生甚至还存在人格障碍。对此，大学生应当引起重视，积极调适人格偏差。

文档4-10：讨好型人格：一种不健康行为模式

一、懒惰拖拉

懒惰是影响大学生积极进取、张扬青春活力的天敌。处于懒惰状态的大学生往往想得多而做得少，缺乏毅力。拖拉是指可以完成的事却不及时完成，今天推明天，明天推后天，明日复明日。

懒惰拖拉不仅会影响自己的生活状况，还会让自己错失很多机遇。如果不改变，就会对自己未来的发展造成严重的不良影响，因此，必须努力加以矫正。

文档4-11：关于拖延症的几个问题

第一，要找到自己拖拉的根源。如果因为懒惰而拖拉，那么所有的事情都有可能拖着不完成，这是需要高度重视的首要因素。如果是因为目标不明确，那就要先思考清楚自己的目标是什么，以及实现这些目标的意义在哪里。如果是因为逃避困难，那就要提高自己面对困难挫折时的应对能力。

视频4-4：拖延症的四步解决法

第二，必须学会管理时间。首先，要按照轻重缓急的原则对要完成的任务进行分类。其次，要制订周密、详细的时间计划表，并且保持任务完成的连贯性。再次，每次或每天只计划完成一件或几件事情，不能贪多。最后，要在阶段性任务结束后，仔细回顾计划的合理性，按时完成后要及时给予自己肯定和激励。

> **案例 4-2**
>
> 小张，某高校大四男生。大学四年的茫然无措，让原本就懒散的他变得更加懒散，自控力也下降了许多。小张现在面临的情况就是，手头上事情一大堆，心急如焚，却一点开始做事的动作都没有，仿佛总能听见心里有个声音在慢吞吞地说："再等一下吧，还有时间，再玩一会就开始做事了。"不知道这样的情况在小

张的一天中会出现多少次,但他知道现在的状态非常不好。

小张的懒散让他的大学生活毫无生趣。在面临毕业就业的困扰后,他终于意识到了自己欠下的任务已经堆积如山,这种拖拉懒散的习惯真的太可怕了!于是,小张找到了心理咨询师,希望改变自己拖拉的习惯。心理咨询师指导他每日制订合理的行动计划表,肯定他已经有了改变的意识和自觉,鼓励他只要坚持不懈地行动,养成勤奋、自觉的良好习惯,他拖拉懒散的毛病就会随之改变。

二、狭隘虚荣

狭隘即常说的"小心眼",主要表现为心胸狭窄、容不得人,凡事斤斤计较、耿耿于怀、爱挑剔、善嫉妒。狭隘是一种有百害而无一利的人格特征,它并不是与生俱来的,而是后天习得的。大学生如果有狭隘的人格特点,那么看问题就容易出现管状思维,如同"一叶障目,不见泰山"。

要克服狭隘的人格,需做到以下两点:

第一,学会宽容。生活中能做到"宰相肚里能撑船",正确对待生活中出现的矛盾冲突,处理问题时对事不对人。

第二,开阔心胸和视野。

案例4-1中的小刘在与同学相处中,心胸狭窄,遇事喜欢挑剔、抱怨,为此他很烦恼,既影响了情绪,又伤害了同学感情,直接导致了他的人际关系非常紧张。小刘在大家的帮助下,学会了控制情绪,逐步改善了自己在同学中的形象,建立了和谐的人际关系。

虚荣在当代大学生身上具有普遍性。虚荣心强的大学生一般情感脆弱,多愁善感,过分介意别人的评论与批评,与人交往时总有一种防御心理,常常千方百计地抬高自己的形象,虚夸真实自我的魅力。

文档4-12:宽广的胸怀

案例 4-3

小王,大二女生,在沿海发达城市读书,家境一般。为了买一件外套,她不惜花去了一个月的生活费。有人问起或故意引导别人问起这件衣服时,她总会炫耀地说:"我这件衣服可是名牌的哦!"表情很骄傲。平时买点东西,总喜欢把价格报给别人听,还时不时地把价格报高点。小王平时精打细算,非常节俭,恨不得一元辦成一百元花。她没什么宽裕的钱，却总是热衷于做一些"打肿脸充胖子"的事，认为这样才有面子。结果，这让她的大学生活很累，反而被同学瞧不起。

在吃尽虚荣的苦头后，小王开始思考真正的自尊应该是什么，她的大学生活应该怎样有意义地度过。这种反思使她改变了很多。她开始踏踏实实地做人，认认真真地做事，从而赢得了同学们的好感。

要克服虚荣的人格，需做到以下三点：

第一，必须清楚认识虚荣心带来的危害。就像小品《有事您说话》里的郭冬临，为了显示自己比别人强，吹嘘自己有本事买到火车票，最终弄得自己狼狈不堪，这就是虚荣心导致的不良后果。

第二，要分清自尊和虚荣的界限。自尊是对自身的尊严和价值的肯定与维护，而虚荣则是追求表面的、虚假的自尊，是不顾实际地博取他人对自己的较高评价，两者之间存在本质区别。

第三，要以正确的态度对待名利，正视自己的优势和劣势。不把名利作为支配自己行为的内在动力，不做"打肿脸充胖子"的事，要树立积极健康的荣誉心，正确、合理、恰当地表现自己，做到不卑不亢、落落大方。

三、自卑怯懦

自卑是自我认识不合理、自我评价过低、自我体验比较消极以及自我调控能力较弱导致的一种人格偏差。主要表现为对自我没有准确定位、心理承受能力弱、经不起强烈刺激、容易多愁善感。

怯懦主要表现为缺乏勇气和信心，害怕可能面临的困难和挫折，在挫折、困难面前常常畏难而退，甚至不战而败。有些大学生过去经历一帆风顺，因而特别害怕失败；有些大学生因胆怯而不敢与人讲话、不敢出头露面，也不敢表明自己的态度；有些大学生因软弱而不敢冒风险、不敢担重任、不敢坚持自己正确的观点。

自卑怯懦从根本上讲，都是自我弱小的表现。因此，要克服自卑怯懦，需要大学生努力培养自信心，提高自尊，增强自我的力量，不断自我成长。这是个长期的过程，需要大学生在自我成长的道路上有持久的恒心和毅力，不能期待立竿见影的效果。

文档4-13：学习认知技术，增强自信心

案例 4-4

小吴，大二男生。自进入大学后，因家境贫寒，他一直很自卑。以前在中学时，小吴成绩拔尖，深受老师和同学的喜爱，那时的他好像忘记了家庭的贫困。进入大学后，小吴想尽办法掩饰自己的贫困和普通。他尝试了许多办法来提升自己的素质，比如参加社团、看书、看展览会、考证等，但结果都不尽如人意，没有达到预期的效果。长此以往，小吴认为自己无论怎么努力都难以摆脱贫穷，走不出社会的底层，也不会有好的前途，要在大城市成家立业更是比登天还难。

小吴接受了心理咨询。老师充分肯定了他渴望通过努力改变现状，尤其是提升自己素质的积极举动。同时，老师和他一起分析了某些不合理认知，并帮助他运用认知技术建立自信。

走出咨询室，小吴开始思考、总结自己两年的大学生活经验教训，努力发现自己的长处，逐步建立起自信。他慢慢确立了合理的人生目标，决心让自己的大学生活变得美好而有意义。

四、自我中心

以自我为中心的人在与人交往中常常只顾自己表现，处处以自我为中心，不管对方感受如何；他们不会关心他人，也不愿意去了解别人，只要求他人给自己提供方便，并且喜欢颐指气使，盛气凌人，因而难以建立良好的人际关系。案例4-1中的小刘就是典型代表。

要矫正自我中心这种人格偏差，可以从以下几点入手：

第一，增强同理心，学会换位思考。同理心也称"共情"，指对他人的情绪、情感和思想能设身处地地理解并具有感同身受的能力。自我中心的人在遇到问题的时候先试着进行换位思考，看看站在对方的角度会怎么想，自己的想法、做法会对别人产生什么影响。只有努力了解他人的感受，顾及别人的情绪，才能使自己言行得当。

视频4-5：同理心

第二，摆正位置，既重视自己也不贬抑他人。实事求是、恰如其分地评估自己，自觉地把自己和他人、集体结合起来，走出自我的小天地，多从他人的角度思考问题，尊重他人、关心他人。

第三，学会倾听。自我中心的人往往只能听到符合自己需要的话，而有意无意地忽略别人的意见和建议。在与人相处的过程中，要努力养成先倾听、再发言的习惯。

五、回避依赖

回避是一种防御机制,几乎每个人都有过回避的经历,其根本原因在于,恐惧失败而逃避尝试。具有回避型人格的大学生,在情感、行为和认知上均存在一定的回避倾向,主要表现出以下特点:尽量回避需要亲密接触的交往;在亲密关系中容易受到限制;担心在社交情境中被拒绝或被批评;与他人相比,常常觉得自己无能;在新的社交情境中容易感到害羞,不愿意冒险去参与新的社交或找一份新工作。[①]

每个人都有依赖感,适度依赖是健康的。但是,当一个人因害怕危险、逃避责任等而不得不依赖的时候,就会变成过度依赖,甚至发展成依赖型人格障碍。具有依赖型人格的大学生,主要表现为:过度依赖别人的支持、指导、照顾和保护,往往缺乏自信心和独立性。

案例 4-5

小芳,19岁,是一名大学新生。从小到大,她都是父母眼中的乖乖女,小学到高中一直住家里,除了读书学习之外,生活方面的一切事都由父母打理。因此,小芳在上大学前过着"衣来伸手饭来张口"的日子。到了大学,父母不能陪读,小芳又缺少了父母的照顾,很多事情一筹莫展。她觉得自己很无能,从而产生了很强的压抑感。老师和父母稍微说点批评的话,她就受不了,情感特别脆弱,还经常默默流泪。课堂上也无法集中注意力听讲,总是开小差,想到跟父母生活在一起的日子。后来,在老师、父母和同学的关心、帮助下,小芳的自立能力逐渐增强,慢慢适应了大学的生活。

小芳是典型的依赖型人格。回避和依赖的共同点是,自信心和自尊水平低,害怕独立承担责任或逃避责任,并且需要获得他人的支持,尤其是情感上的支持。大学生如果要克服过度依赖或回避的人格偏差,可以从以下方面进行积极调适。

文档4-14:做当今时代的"高适"

第一,提高自信心,让自己变得外向一些,努力尝试建立一些新的关系,以便更加舒服地和别人相处;开始有计划地行动,比如在学习或实践中主动承担一些工作;对自己所做的事情给予更多的信心。

第二,尝试挑战无助的信念,让自己变得独立自主。挑战无助信念最好的方法就

[①] 美国精神医学学会.理解DSM-5®精神障碍[M].夏雅俐,张道龙,译.北京:北京大学出版社,2016:244-245.

是收集具体的、能证明自己个人能力的证据。可以针对自己最无助或最恐惧的情境或事件，努力让自己逐步自主地完成一些挑战，积累让自己感到自豪且有能力的证据。如能长期坚持，不断积累独立自主的经验，就能改变过度依赖或回避的人格偏差。

大学生健康人格的塑造离不开正确的价值导向。培养大学生的健康人格，需以社会主义核心价值观为引领，使爱国、敬业、诚信、友善成为大学生人格塑造的基石。在面临人生抉择之际，当代青年应以国家利益为重，以奉献社会为责，凭借坚定的信念、高尚的品德和强烈的社会责任感，去追寻卓越人生，为实现中华民族伟大复兴的中国梦贡献自身力量。

文档 4-15：命运以痛吻我，我却报之以歌

讨论与实践

1. 心理学意义上的人格概念，其内涵和外延是指什么？
2. 请结合自己的成长经历，分析自己的人格是怎样形成与发展的。
3. 实践练习：请运用合适的测评工具，完成一份气质类型测试、卡特尔16种人格因素测验（简称16PF）或艾森克人格测试（简称EPQ），并根据测评报告，结合本章知识，试着分析自己的气质类型和人格特征。同时，结合实际情况，制定一份塑造健康人格的行动方案。
4. 案例分析：小李是外语系二年级学生。自大一入学以来，她就经常跟室友因一些琐事而争吵。小李自恃聪明，固执己见，很难接受别人的意见，认为世界上没有可以相信的人，只能相信自己。她嫉妒同寝室其他几人经常在一起说笑且相互帮助，又怀疑她们专门孤立自己。对室友获得一等奖学金，她怒火中烧，不是寻衅争吵，就是在背后说风凉话，或公开抱怨和指责室友在寝室影响自己学习。就这样吵吵闹闹地过了两年，现在她与寝室同学的关系非常紧张。近两个月以来，小李经常失眠，上课注意力不集中，成绩下降，甚至不想参加期末考试，还要求休学。

你认为小李有哪些人格偏差？请提出对策帮助她调适自己的人格偏差。

本章附录

AI 马老师一问一答　　　　推荐阅读书目　　　　在线自测

CHAPTER 5
第五章

开启人生的航程
——大学生的生涯规划及其实践

本章要点　配套课件

> 如果我们选择了最能为人类而工作的职业，那么，重担就不能把我们压倒，因为这是为大家作出的牺牲；那时我们所享受的就不是可怜的、有限的、自私的乐趣，我们的幸福将属于千百万人，我们的事业将悄然无声地存在下去，但是它会永远发挥作用，而面对我们的骨灰，高尚的人们将洒下热泪。
>
> ——马克思

案例 5-1

小陈是机械专业的毕业生，顺利与江苏某著名汽车有限公司签约。许多同学羡慕他能幸运地找到一份好工作，可小陈却坦诚地说："只有我自己知道，我所经历的一切都不是用简单的'幸运'两字能概括的。那是我大学五年坚持不懈、执着追求的结果，是我用青春、刻苦和毅力诠释的自立、自强和自信，更得益于我给自己制订的一份职业生涯规划。五年来，我一直坚定地走着自己选择的路。"当年小陈高考失利，进入专科院校学习机电一体化专业，从此开始了他"寻梦—追梦—圆梦"三部曲。

小陈根据自己所学专业和兴趣爱好，将未来的职业目标锁定汽车行业。"从自身看，刚进入专科学校时，我的成绩在班级只是中等偏上水平，要实现我的职业目标，必须具备科学、合理的知识结构，那就必须'升本'！"于是，"升本"成为他在专科阶段的重要目标，并为之付出了不懈努力。

小陈除学好专业课外，还广泛学习和了解国内外机械专业最新研究成果和发展动态，并阅读了大量管理学、经济学和心理学等方面的书，不断完善自己的知识结构。在专科三年里，他的学科成绩连续夺得全专业第一，被评为"校三好学生""校学习优秀奖""校优秀毕业生"等，最终顺利升本。

进入本科后，小陈及时调整了自己的职业生涯规划，开始注重全面提高综合素质和能力，力争做到懂技术、会管理、善理财，一专多能。"我深知，当今社会对未来人才的综合素质要求更高，它要求大学生既能很好地适应社会需要，又能充分体现个人特色；既能满足专业要求，又要有良好的人文素养；既能发挥团队精神，又能展示个人专长。"小陈选择加入学生会以锻炼组织协调能力；积极申请入党并光荣地加入了党组织；不断学习、深造，努力提高自己的专业素养和竞争力，并且非常注重实践以培养自己的动手能力和创新意识。

由于扎实的专业知识和丰富的实践经验，小陈代表学校参加了第十届全国大学生机器人电视大赛，并取得了优异成绩。"这次参赛，可以说既是我大学生活中最难忘的经历，更是我职业生涯规划中最亮丽的一笔。"

小陈最终带着三个学士学位（除本专业外，他还获得人力资源管理专业和财务管理专业两个学位）、五项职业资格证书和所有参加过的国家级、省级和校级科技创新活动的资料参加机械专业专场招聘会。前后大概有四五家企业对小陈抛出了橄榄枝。几经对比，他最终选择了江苏某著名汽车有限公司，并顺利签约。签约时，小陈并未仅仅考虑工资待遇。"我看中了这家企业对人才的重视和培养，虽然它的待遇不是最高的，但是它给员工提供了广阔的发展空间和人才培训远景规划，这和我当初的职业生涯规划是相一致的。更重要的是，它的企业理念给我拼搏的脚步注入了新的动力！"

每个人都在漫漫人生路上前行，然而，有的人目标坚定，有的人则随遇而安；有的人轻装在途，有的人则举步维艰；有的人做生命的主人，在人生路上追寻生命的意义，而有的人却随波逐流，逐渐迷失了前行的方向。案例5-1中的小陈，一直在用心规划着自己的生涯发展，并用实际行动践行着自己的生涯规划。

风华正茂的大学生是否充分认识到了生涯规划的重要性呢？每个大学生又该如何规划属于自己的独特人生呢？

第一节 人生重在规划：了解大学生生涯规划意蕴

大学生正处在人生的关键阶段，他们不仅与未来有约，而且从现在起就要真诚地生活、努力地学习、积极地创造。为了更好地安排大学生活，合理规划未来生涯，大学生有必要了解生涯规划的基本意蕴，认识生涯规划对自己的重要意义。

一、"生涯"的基本内涵与特征

"生涯"一词出自《庄子》,原句是:"吾生也有涯,而知也无涯。以有涯随无涯,殆已!已而为知者,殆而已矣!为善无近名,为恶无近刑,缘督以为经,可以保身,可以全生,可以养亲,可以尽年。"

生涯是由两个端点组成的一个过程。"生涯"一词在英文中称为career,本意为"疯狂竞争精神",使用"生涯"一词就如同在赛马场上驰骋竞技,隐含未知、冒险等精神。[①]后来,"生涯"引申为道路,有人生经历、生活道路和职业、专业、事业等内涵。美国职业生涯发展理论专家唐纳德·萨帕(Donald E. Super)认为:生涯,就是终其一生,不同时期不同角色的组合。美国生涯发展协会对生涯也给出了类似定义:"生涯是个人通过从事工作所创造出的一个有目的的、延续一定时间的生活模式。"

可见,生涯统合了人一生中的各种职业和生活角色,是生活中各种事态的演进方向和历程,并由此表现出个人独特的自我发展形态。一般来说,生涯具有以下四个主要特征。

(一)终身性

生涯在本质上是持续一生的过程,需要终身学习和发展。它受内在和外在力量影响,是个人与他人、个人与环境、个人与社会互动的结果。

"吾十有五而志于学,三十而立,四十而不惑,五十而知天命,六十而耳顺,七十而从心所欲不逾矩",反映了孔子一生的发展与境界的不断提升。

"恰同学少年,风华正茂;书生意气,挥斥方遒。指点江山,激扬文字,粪土当年万户侯",反映了青年人的神采飞扬、才华横溢、意气风发、热情奔放。

"老骥伏枥,志在千里"则反映了人生晚期在职业生涯方面的英雄气概。

对于大学生来说,虽然择业是其生涯规划的重要内容,但生涯规划不能简单等同于"如何找到一份好工作",而应该将其放在终身发展的角度,并与生活意义、生命价值等结合起来进行考量。

(二)独特性

生涯是个人依据其人生规划与人生目标,为自我实现而展开的独特生命历程。这种独特性的形成具有某种内在规定性,如"性格决定命运";也有某种外在环境制约性或偶然性,如"生命的玩笑""意外之喜";又具有人生的辩证性或戏剧性,如"祸兮福所倚,福兮祸所伏"。

---

① 金树人.生涯咨商与辅导[M].北京:高等教育出版社,2007:6.

生涯是一个人的主观愿望与客观实际之间、理想和现实之间权衡和协调的产物。对于大学生来说，没有"完美"的生涯道路，却有最适合其发展的生涯路径；没有"成功"或"失败"的生涯判定，而有能够促使他们的生命充分绽放、生活更加丰富的生涯体验。

（三）发展性

生涯是动态变化且不断发展的，不同阶段有着不同的生涯规划与发展任务。一般来说，大一新生在适应中成长，感受大学生活、结交新朋友、转变学习方式；大二、大三学生在探索中前行，持续丰富知识、提升能力；大四学生在前行中决策，面临着考研、就业、择业或创业的选择。

当然，不同阶段并不是割裂开来的，大一也有决策，大四也需适应。"凡事预则立，不预则废"，生涯不是偶然发生或应运出现的，它在人生发展的不同阶段呈现出不同的形态和特点，并且随着个人成长、经验积累以及社会发展而变化，因而需要进行规划、思考、制定和执行。

（四）综合性

生涯不仅仅是一个人的职业或工作，它与一个人所有的生活角色相互作用，包括职业角色、家庭角色、社会角色等。这意味着我们如何整合与安排这些角色至关重要，因为生命是一个有机整体，并不能简单地还原为若干构成要素。

对于在校大学生来说，如何更好地整合自己的学习、工作和生活是一个需要认真思考的问题；对于即将走向工作岗位的大学生来说，如何在自己职业生涯道路上统合其他各角色，让自己更加健康地生活、高效地工作，使自己成为"自由而全面发展的人"而避免沦为"单面人"，同样也是需要认真思考的问题。

文档 5-1：白龙马与小毛驴

二、职业生涯规划的基本内涵

思考题？ 要做好职业生涯规划，应该考虑哪些因素？

职业生涯规划，是指个人与组织相结合，在对一个人职业生涯的主客观条件进行测定、分析、总结的基础上，对自己的兴趣、爱好、能力、特点进行综合分析与权衡，结合时代特点，根据自己的职业倾向，确定最佳的职业奋斗目标，并为实现这一目标做出行之有效的安排。

经典的生涯规划理论注重"人职匹配"。如特质—因素理论的代表人物美国职业指导专家弗兰克·帕森斯（Frank Parsons）认为：人们要仔细运用逻辑和推理技能来决定哪种职业选择最佳。一个人如果缺乏对自己和职业的信息的了解，或者推理技能不足，那么他可能有做出不适宜职业选择的风险。

文档5-2：生命鱼骨图

20世纪50年代起，生涯规划领域将目光拓展为把生涯问题与决策看作各种事件和选择在一生中的发展过程，开始关注个人的决策模式、风格和生活情境等，尤其强调学习如何正确理解生涯发展过程和良好的决策制定过程，而不是任何特定选择的结果。发展取向理论代表人物唐纳德·萨帕从个人的自我概念、年龄和生活角色的角度来强调生涯发展，指出生涯规划包括彻底分析我们自身和我们在生活中所扮演的所有角色。

按照时间的维度，职业生涯规划可划分为短期规划、中期规划、长期规划和人生规划四种类型。①短期规划：一般为2年以内，主要是指近期目标，规划近期应完成的任务。②中期规划：一般为3～5年，涵盖职业目标和任务，是最常见的职业生涯规划。③长期规划：一般为6～10年，主要设定较长远的目标，以及为实现此目标应采取的具体措施。④人生规划：指整个职业生涯的规划，时间长达40年左右，设定整个人生的职业发展目标和阶梯。

从短期到中期、长期直至整个人生规划，个人职业生涯规划需要逐步发展。在实际操作中，跨度时间太长的规划由于环境和个人自身的变化难以把握，而时间跨度过短的规划意义不大，所以，一般把职业规划的重点放在3～5年内的中期规划，这样既便于根据实际情况设定可行目标，又便于随时根据现实的反馈进行调整和修正。

第二节　真知源于实践：提升大学生生涯规划素养

大学生生涯规划重在实践。唯有通过不断实践，大学生才能更好地动态把握自己的生涯规划；也唯有不断实践，大学生才能突破局限，踏上更为宽广的人生之路。

一、增强自我探索能力

自我探索有助于大学生了解自己的价值观、兴趣爱好、知识能力、气质性格等内容，这在生涯规划中具有极其重要的作用。

（一）探索价值观

> 思考题？你在选择职业时，最看重哪几个因素？并根据重要性进行排序。

价值观就是我们在生活和工作中所看重的原则、标准或品质。它指向我们一生中最重要的东西,因此也是一套自我激励机制。[1]职业价值观则是个体价值观在职业问题上的反映。

美国管理心理学家埃德加·H. 施恩（Edgar H. Schein）提出"职业锚"概念,指的是当一个人不得不做出选择的时候,他无论如何都不会放弃的职业中的至关重要的东西或价值观。

施恩根据自己多年的研究,提出了八种基本的职业锚类型:技术或功能型职业锚、管理型职业锚、创造型职业锚、自主与独立型职业锚、挑战型职业锚、生活型职业锚、服务型职业锚以及安全型职业锚。其实,这就是八种不同的职业价值观。

文档5-3：价值观探索

（二）发掘兴趣爱好

兴趣是人们力求认识某种事物和从事某项活动的意识倾向。它表现为人们对某件事物、某项活动的选择性态度和积极的情绪反应。

由于兴趣爱好不同,人的职业兴趣也有很大差异。有人喜欢具体明确、需要动手操作的工作,例如,机械维修、室内装修、美容美发等；有人喜欢销售管理、与人交流的工作,例如,公关代表、经理人、律师等。兴趣是职业选择的重要依据,它可以使人集中精力去获取喜欢的职业知识,启迪智慧并创造性地开展工作。具有特定兴趣类型的人更倾向于寻找与之有关的职业,特别是在外界环境限制较小时,会更倾向于选择自己感兴趣的职业。兴趣还是保证职业稳定的重要因素,可以提高工作效率,充分发挥个人才能。对某一职业有浓厚的兴趣,是智力开发的"孵化器"。兴趣是工作动力的主要源泉之一,对于一个人来说,对工作感兴趣,就愿意钻研,容易出成就,这正是兴趣的作用所在。兴趣还可以增强个人的职业适应性,多方面的兴趣可以使人灵活应对多变的环境。

爱好是具有浓厚兴趣并积极参加的活动,时间长了可能成为生活习惯。微软公司创始人比尔·盖茨（Bill Gates）曾说:"每天清晨当我醒来的时候,都会为技术进步给人类生活带来的发展和改进而激动不已。"从这句话中,我们可以看到他成就伟大事业背后的兴趣和激情。股神沃伦·巴菲特（Warren Buffett）道出了自己成功的秘诀:"我和你们当中的每个人其实没有什么不一样,如果你们和我有任何不同的话,那就是我每天起床后都有机会做我最爱做的事。如果你要我给你忠告,这就是我能给你的最好忠告了。"

文档5-4：霍兰德的职业兴趣类型理论

---

[1] 钟谷兰,杨开.大学生职业生涯发展与规划[M].2版.上海:华东师范大学出版社,2016:65.

生涯规划中，大学生要注重探索自己的兴趣爱好。"知之者不如好之者，好之者不如乐之者"，如果大学生未来能够从事自己所"好"甚至所"乐"的职业，那将是一件幸福并能充分激发自我潜能的事情。

（三）梳理知识能力

知识是人类认识自然、社会以及自身所形成的理论成果。大学生要了解自己所具备的知识，并完善知识结构，努力将自己训练成为"T"形人才。"T"形人才形象地用字母"T"来表示知识结构特点："—"表示广博的知识面，"丨"表示知识的深度。两者的结合，表明既有较深的专业知识，又有广博的知识面，这是集深与博于一身的人才。这种人才结构不仅在横向上具备比较广泛的一般性知识修养，而且在纵向的专业知识上具有较深的理解力和独到见解。这类人才往往是社会最需要的。从其他角度看，大学生还需要在增强科学素质的同时培养人文精神，在增强自己专业学习的同时拓宽自己的政治、经济、文化视野等。

文档5-5：撰写成就故事

能力是指那些顺利完成某一活动所必需的、直接影响活动效率的个性心理特征。一般认为，择业时大学生应具备七种基本能力：学习能力、适应能力、人际交往能力、表达沟通能力、开拓创新能力、动手能力和组织管理能力。[①]

（四）明晰气质性格

气质是指人们的心理活动在速度、强度、稳定性和灵活性等方面的心理特征，通常分为胆汁质、多血质、黏液质和抑郁质四种类型。人的气质类型本身并无好坏之分，但当考虑到气质与职业的匹配时，就会产生合适与否的问题。合适的匹配会让人在职场中如鱼得水，不合适的匹配则会让人在职场中捉襟见肘。

性格与职业的联系极为密切。美国心理学家威廉·詹姆士（William James）说："播下一个行动，收获一种习惯；播下一种习惯，收获一种性格；播下一种性格，收获一种命运。"性格会影响一个人对职业的适应性，一定的性格适合从事一定的职业，同时，不同的职业对人也有不同的性格要求。

迈尔斯-布里格斯类型指标（Myers-Briggs type indicator，MBTI）是一种自我报告式的性格评估工具，用于衡量和描述人们在获取信息、做出决策、对待生活等方面的心理活动规律和性格类型。它以瑞士心理学家卡尔·荣格（Carl Jung）的性格理论为基础，由美国的凯瑟琳·库克·布里格斯（Katherine C. Briggs）和伊莎贝尔·布里格斯·迈尔斯（Isabel Briggs Myers）母女共同研制开发。

---

① 马建青.大学生心理健康[M].北京：人民出版社，2011：251.

MBTI从四个维度考察个人的偏好倾向,以区分人与人之间的差异,这四个维度为:

1. 精力支配: extroversion（E） vs. introversion（I）
   外向 内向
2. 接受信息: sensing（S） vs. intuition（N）
   感觉 直觉
3. 判断事物: thinking（T） vs. feeling（F）
   思考 情感
4. 行动方式: judging（J） vs. perceiving（P）
   判断 知觉

二、了解外在职业世界

了解外在职业世界,主要包括职业评估和环境评估两部分内容。

（一）职业评估

职业评估主要包括对教育资源和职业资源的探索和评价。

大学生应对自己所学的专业有充分的认识,了解专业特色和内容、通过专业学习能形成怎样的知识结构、专业与未来目标职业的内在联系、专业在未来择业中的优势及其局限性等。

案例5-1中的小陈,专科学习的是机电一体化专业,这和他打算从事的汽车行业正对口。他说:"大一、大二那两年,除了学好专业课,课余时间我几乎全部泡在图书馆,查阅、学习国内外机械专业的最新研究成果和发展动态。同时,我还阅读了大量的管理学、经济学和心理学等方面的书。"可见,小陈也不仅仅是"为了升本而升本",而是在职业目标导向下,充分认识到自己专业的"能"与"不能",自觉地完善其知识结构。小陈在"升本"后,在学好机械专业的基础上又额外拿到了"人力资源管理专业"和"财务管理专业"两个本科学位。小陈的行为就是建立在对自己专业的充分评估基础上的。

对于职业资源的评估,一方面,大学生需主动把握宏观工作世界的现状,主要包括对劳动力供求关系的分析、各地区各行业的需求分布、职业生涯的理念等。另一方面,大学生需了解更为细致的微观工作世界信息,如公司文化和规范,工作内容和职责,工作要求的知识、技能和素质,工作要求的资历和资格,工作时间、地点和环境,工作的可发展空间,薪酬待遇和福利等。[1]

---

[1] 钟谷兰,杨开.大学生职业发展与规划[M].2版.上海:华东师范大学出版社,2016:8.

（二）环境评估

大学生除了对教育和职业资料的探索和评价外，还需对身处的环境进行评估，包括对家庭、学校和社会三方面的评估以及对生涯目标可能产生的助力和阻力的评估。

文档5-6：我的家族职业树

三、培养生涯决策能力

在自我探索和环境评估基础上，大学生需要进行生涯决策以确定职业定位，设置职业目标，并对其目标进行近期、中期和远期规划。

（一）善用SWOT分析

SWOT分析（又称态势分析）就是综合分析自身的优势和弱势、外在的机遇和挑战，进而做出自己的生涯决策的过程，见表5-1。[①]

表5-1　SWOT分析法

内部个人因素	优势优点（strength）：你可以控制并且可以利用的内在积极因素。 • 你最优秀的品质是什么？ • 你的能力体现在哪里？ • 你曾经学习了什么？ • 你曾做过什么？ • 最成功的方面是什么？ • ……	弱势缺点（weakness）：你可以控制并努力改善的内在消极因素。 • 你的性格有什么弱点？ • 经验或者经历上还有哪些缺点？ • 最失败的是什么？ • ……
外在环境因素	发展机会（opportunity）：你不可以控制但可以利用的外部积极因素。 • 社会环境对你发展目标的支持； • 地理位置优越； • 专业发展带来的机会； • 就业机会增加； • ……	阻碍威胁（threat）：你不可以控制但可以弱化的外部消极因素。 • 名校毕业的竞争者； • 同专业的大学生带来的竞争； • ……
你自己最大的价值是：		
总体鉴定：（评估你制定的职业发展目标）		

在SWOT分析中，内部优势分析和弱势分析是建立在充分的自我探索基础之上的，

[①] 马建青.大学生心理健康[M].北京：人民出版社，2011：262.

而发展机会和阻碍威胁则是建立在环境评估基础之上的,每个环节看似简单,整个分析似乎很快就能完成,实则不然,每个环节的分析都需要足够的经验和智慧。

美国盖洛普公司出版的畅销书《现在,发现你的优势》中提到:"什么是优势?它是做某件事的持续的近乎完美的表现,即一个人做一件事,不费力,却比别人做得好。优势是才干、知识和技能的综合。其中,才干是你油然而生并贯穿始终的思维、感觉或行为模式(包括品德、言行和习惯);知识,由所学的事实和课程构成;技能,则是做一件事情的步骤。"[1]

在发展机会分析中,大学生首先要培养自己发现机会的能力。其次,要主动去寻找甚至创造机会。法国小说家奥诺雷·德·巴尔扎克(Honoré de Balzac)曾经说过:"机会的获得是极不容易的,需具备三大条件,那就是,有像鹿一般会跑的腿、有逛马路的闲工夫和有犹太人那样的耐性。"最后,要找到并利用能够充分发挥自身优势的机会。正如美国管理学家和社会科学家赫伯特·亚历山大·西蒙(Herbert Alexander Simon)所说:"机会对于不能利用它的人又有什么用呢?正如风只对于能利用它的人才是动力。"

在阻碍威胁分析中,大学生首先要勇于竞争,提高竞争能力;其次要勇于面对挑战,在挑战中成长;最后要提升风险意识,增强风险管理能力。

(二)运用决策平衡单

生涯决策平衡单能帮助大学生全面思考决策所涉及的各方面因素,主要集中在四个主题上,即自我物质方面的得失、他人物质方面的得失、自我精神方面的得失与他人精神方面的得失。

在具体操作中,大学生可按以上四个主题列出个人所有的重要价值观并按其重要程度赋予权重(分为1~5五个等级,5为最高权重,表示"非常重要";3代表"一般";1代表"最不重要"),将这些价值观作为评判的标准,逐项对所有的选择进行加权记分,最后按总分进行排序。

测试5-1:生涯决策平衡单

四、开展有效行动实践

(一)合理设置目标

大学生在学习和生活过程中,合理设置目标是非常重要的。大学生可以根据自己的实际情况,参照SMART原则来设计自己不同时期的目标,即目标必须是具体的(specific)、可以衡量的(measurable)、可行的(attainable)、和其他目标有相关性的(relevant)、及时的(time-based)。

视频5-1:大学的目标

---

[1] 白金汉,克利夫顿.现在,发现你的优势[M].方晓光,译.北京:中国青年出版社,2002:5.

> 阅读材料 5-1

凭智慧战胜对手

1984年，在东京国际马拉松邀请赛中，名不见经传的选手山田本一出人意料地夺得了世界冠军。两年后，在意大利国际马拉松邀请赛上，山田本一又获得了冠军。两次夺冠后在答记者问时，山田本一都说了同一句话：凭智慧战胜对手！

十年后，这个谜团终于被解开了，山田本一在他的自传中这样写道："每次比赛前，我都要乘车把比赛的线路仔细看一遍，并把沿途比较醒目的标志画下来，比如，第一个标志是银行，第二个标志是一棵大树，第三个标志是一座红房子，就这样一直画到赛程的终点。比赛开始后，我就以百米冲刺的速度奋力向第一个目标冲去，等到达第一个目标，我又以同样的速度向第二个目标冲去。四十几公里的赛程，就被我分解成这么几个小目标轻松地跑完了。起初，我并不懂这样的道理，我把我的目标定在四十几公里处的终点线上，结果我跑到十几公里时就疲惫不堪了，我被前面那段遥远的路程给吓倒了。"

（二）开展时间管理

大学生在学习、工作以及生涯规划中可借鉴"6点优先工作制"。这一方法要求把每天所要做的事情按重要性进行排序，分别从"1"到"6"标出6件最重要的事情。一般情况下，如果一个人每天都能全力以赴地完成这6件最重要的大事，那么，他一定是一位高效率人士。

大学生也可以根据重要性和紧迫性，将所有的事件分成A、B、C、D四类，如表5-2所示。

表 5-2 时间管理分类

	重要	
不紧迫	B类（第二象限）："重要但不紧迫"的事件 防患于未然的改善、建立人际关系网络、发展新机会、长期工作规划、有效地休闲	A类（第一象限）："重要且紧迫"的事件 处理危机、完成有期限压力的工作等
	C类（第三象限）："不重要且不紧迫"的事件或者是"浪费时间"的事件 阅读令人上瘾的无聊小说、收看毫无价值的电视节目等	D类（第四象限）："不重要但紧迫"的事件 不速之客、某些电话、会议、信件	紧迫
	不重要	

C类事件的舍弃和D类事件的收缩是众所周知的时间管理方式,但在A类事件和B类事件的处理上,人们却往往不那么明智——很多人更关注于A类事件。这会使人长期处于高压工作状态,经常忙于收拾残局和处理危机,很容易让人精疲力竭。长此以往,既不利于个人,也不利于工作。其实,B类事件才是我们最需要投入精力去关注的。这主要是因为B类事件与A类事件本来就是互通的。B类事件的扩大会使A类事件减少,而且处理B类事件时,由于时间比较充足,效果会明显提升。

(三)提升行动力

案例5-1中的小陈,就是一个在生涯目标指引下的坚定行动者。其总体行动框架分为寻梦、追梦、圆梦三部分。在专升本过程中,他不断完善知识结构,并取得了一系列成绩,如连续夺得全专业第一,被评为"校三好学生""校学习优秀奖""校优秀毕业生"等。在本科阶段,他着重培养自己的综合素质:选择加入学生会以锻炼组织协调能力;光荣地加入了党组织;不断学习、深造,努力提高自己的专业素养和竞争能力,并且非常注重实践以培养动手能力和创新意识。这样的行动力同样给小陈带来一系列成绩:成为一名优秀的学生会干部,光荣地加入中国共产党,获得3个本科学位,代表学校参加第十届全国大学生机器人电视大赛并取得良好成绩等。在求职过程中,"带着3个学士学位、5项职业资格证书和所有参加的国家级、省级和校级科技创新活动的资料"来到招聘会现场,满怀自信、有针对性地主动出击,积极自我推荐并顺利签约。

大学生中"语言的巨人,行动的矮子"其实不在少数。在合理设置目标并掌握时间管理方法后,大学生接下来需要做的就是提升行动力,以促使目标的实现。

视频5-2:像经营企业一样经营自己

案例 5-2

小李的"忙"和"茫"

小李是大二的学生。在大学里,小李内心充满激情,渴望成为一名优秀的大学生。但回首已经过去的大一生活,他却感到非常"忙"和"茫"。小李参加了很多社团,每天忙于完成各项活动和任务。大学里充斥着各种人生观和价值观,小李常常会感觉到认同上的冲突。另外,小李对自己的专业还缺乏认识,也谈不上喜欢,对大学生活感到茫然。

思考:你怎么看小李的"忙"和"茫"?你认为在大学里,应该如何过一种"建设性"和"创造性"的生活?

五、评估调整生涯规划

> **思考题？** 你曾经的职业理想是什么？现在有变化吗？

大学生的生涯规划并不是一成不变的，而是始终处于变化之中的。因此，大学生要对其进行动态管理，增强自身的评估与反馈能力。

评估可以从多个角度展开，如仔细考察生涯规划中"天时""地利""人和"等因素，以及对目标和手段的评估等。仔细体察在通向目标过程中的情绪反应，有利于大学生更深入地评估自己的选择。如果大学生的特质与专业或职业相符，那么他们就会有成就感、满足感、幸福感等；如果在践行生涯规划的过程中，大学生总是有疲劳感、厌倦感和挫败感，那么就要认真反思自己的选择，并且考虑是否要修正生涯规划。

反馈时要仔细思考如下问题：我目前正在做的事情是我最想做的吗？我能够如期实现短期、中期、长期目标吗？我真的适合目前这个专业或职业吗？我是否将学习、工作或生活的重心放在最重要的地方？

文档 5-7：绘制生命之花

只有经过不断地评估和反馈，并动态地管理自己的职业生涯，大学生才能够更加坚定而灵活地行走在生涯之路上，而且越走越精彩。

第三节 心态决定未来：培养大学生健康择业心理

生涯规划贯穿人的一生，而"择业"则是其人生路上的一个关键路口，同时也是整个生涯规划中的重大事件。

一、常见不良择业心理的调适

（一）焦虑心理的调适

面对激烈的择业竞争，很多大学生容易出现不同程度的焦虑心理。大学生可以采取一些有效措施进行调适。

1. 开阔视野

择业焦虑会使人的思维变得狭窄，就好像进入一条高高长长的"窄巷"，只能在其中习惯性、被动性地前行，很难有回旋的余地或拓展的空间。这时，大学生需要"停下来，静一静"，看看自己是否"钻了牛角尖"或"进了死胡同"；需要"动起来，找一找"，不是一意孤行地寻找既定的工作，而是要扩大工作选择范围。只有大学生的择业视野开阔了，才能跳出"窄巷"，走向广阔天地。

2. 增强自信

自信心最主要的来源是平时一点一滴的积累以及久而久之形成的实力，就像案例5-1中的小陈，大学里一直在规划生涯、充实自己。此外，每个人都有自己的独特性，寻找"适合自己的工作"会有效提升自信心。同时，大学生在求职面试前进行积极的自我暗示和想象成功的情景，也会增强其自信心，减轻择业焦虑。

3. 学会放松

事实表明，精神高度紧张之后的有效放松，往往会收到意想不到的效果，正所谓"踏破铁鞋无觅处，得来全不费工夫"。大学生在面对择业焦虑时，要学会放松，例如进行腹式深呼吸练习、参加体育运动、静静聆听一段美妙的音乐……这些行为都是为了让自己学会"放下"，因为只有"放下"了，才能更加有力地"拿起"。

文档5-8：当我开始真正爱自己

（二）功利心理的调适

案例 5-3

> 小张家境不错，从小学习成绩优异，后来成为村里为数不多的考取本科的大学生。大学期间，他充分领略到城市的繁华与便利，强烈的优越感让小张的择业目标相当明确，非京、沪、深不去，月薪低于8000元免谈，经常出差的工作略过。
>
> 然而，择业过程超乎小张想象，甚至与之背道而驰。小张发现很难实现自己拟定的择业目标，可这个目标却像"主人"一样，指挥着他四处求职。虽然小张在他人面前表现得自信满满，但内心却愈发虚弱。当初意气风发的小张从来没有像现在这样矛盾过。家乡小镇有份不错的工作在等着他，然而小张却不愿去。他觉得好不容易考出来了，再回去太"跌份儿"。身边的同学陆续都签约了，而自己却还在花家里的钱。小张觉得自己"高不成低不就"，无奈之下，他只好在网络游戏中寻求解脱，得过且过。

案例5-3中的小张"非京、沪、深不去，月薪低于8000元免谈，经常出差的工作略过"，这就是典型的功利心理的体现。小张生活状态的变化与思想的转变，也代表了很多存在功利心理择业者的心路历程：择业前意气风发，择业时连遭打击，失败后逃避现实，到最后得过且过。

针对择业中的功利心理，大学生可从如下三个方面进行调适。

1. 避免盲目攀比

功利心理的形成往往来自攀比心态，其背后还涉及"面子问题"。正如俗话所说，"这山望着那山高"，越攀比越没有尽头，越没有尽头就会越功利，从而形成恶性循环。

大学生在择业过程中应客观地去评价和判断自身的能力、兴趣、性格、发展方向以及外在环境等方面的因素，既不好高骛远，也不妄自菲薄。同时，大学生在择业过程中既要考虑"面子"，更要注重"里子"，避免表面光鲜亮丽，背后却身心疲惫。

2. 懂得知足者富

道家有云，"知足者富""祸莫大于不知足"。俗话也说："知足者，常乐。"这些话都是在告诫人们要懂得"知足"。较之外在的物质表现，人们的富有与贫乏更多地取决于其内心是否"知足"。知足者富，不知足者即使外在富有，其内心依然贫乏。

当然，这并不是让大学生在择业中不思进取、得过且过。相反，懂得"知足"的大学生能够更好地活在当下，而这恰恰有利于他们的身心健康，也使他们更有可能找到适合自己的工作。

3. 重视人生发展

案例 5-1 中的小陈，在顺利择业后说道："我看中了这家企业对人才的重视和培养。虽然它的待遇不是最高的，但是它却给员工提供了广阔的发展空间和人才培训远景规划，这一点和我当初的职业生涯规划是相一致的。更重要的是，它的企业理念给我拼搏的脚步注入了新的动力！""心有多大，舞台就有多大"，井底之蛙看到的只是巴掌大的一片天地，而鲲鹏展翅却能"水击三千里，抟扶摇而上者九万里"。

重视人生发展，这既是一种心态，又是一种行动。大学生如果重视自己人生的整体发展，就不会只为当前的一些功利蒙蔽双眼，而是能够"风物长宜放眼量"。在此过程中，大学生的心胸也会随之开阔。

（三）自卑心理的调适

有些大学生在择业过程中存在自卑心理，虽然原因各种各样，但实质都是没有正确看待自己的不足和问题。因此，要改变自卑心理，最为重要的是能够纠正过低的自我评价，正确认识自己、客观评价自己。

1. 关注自身优势，人职匹配

大学生要知道，目标职业或具体岗位并不会对他们提出面面俱到的要求。如软件开发岗位，并不要求他们的身高和口才，而是注重其知识结构和开发能力；销售岗位未必看重他们的专业，或许更重视其沟通能力和说服力等。大学生在择业中要关注自身优势，并善于将其与职业相契合。

2. 认清自身不足，勇于突破

美国人际关系学大师戴尔·卡耐基（Dale Carnegie）在《人性的弱点》一书中说："大胆地去做自己害怕的事情，并力争得到一个成功的记录。"如果大学生敢于去做自己畏惧的事情并获得成功，那么对于其他事情就更敢去尝试了。因此，一个口才不好的大学生可以不断加强演讲训练，一个相貌平平的大学生可以不断提升自己的内在气质。例如，因"胆怯、害羞"而自卑的大学生，可在日常生活中勇敢地与他人交流，强化自己的成功经验。

3. 乐观面对挫折，增强自信

大学生在择业中遇到挫折是很正常的事，切不可因此而自卑、消极退缩。要克服自卑，就需要大学生乐观面对挫折，增强自信。常言道：世上无难事，只怕有心人。没有翻不过的山，也没有蹚不过的河。大学生在求职遇到挫折后，应放下心理包袱，仔细寻找原因，看是主观努力不够还是客观要求太高？然后，调整好目标，脚踏实地前进，争取新的机会。

文档5-9：自信的状态

（四）自负心理的调适

为避免择业过程中自负心理的产生，大学生可从以下几方面做好心理调适。

1. 认清形势，合理定位

当前，一些大学生对日益严峻的就业形势把握不清，对就业环境、就业政策等缺乏全面的认识，存在"自以为是"的情况，觉得自己理应找到一份理想的工作。正是这种错误判断，使得一些大学生在择业时眼光过高，造成"高不成低不就"的局面。在当前的就业形势下，大学生要学会合理定位自己，客观认识自身的优点和缺点、优势和劣势等。

2. 虚心请教，空杯心态

在择业过程中，有自负心理的大学生应学会虚心接受他人的意见和建议，如老师的教诲、家长的意见、同学的建议、用人单位的反馈等。"三人行，必有我师焉"，有自负心理的大学生往往由于自以为是而找不到解决问题的方法，这时就要学会向他人请教；即使在工作以后，也要以"空杯心态"投入职场，虚心向他人学习。

3. 调整差距，努力争取

大学生的自我意识发展还不完善，强烈的自尊心以及过于理想化的追求，往往致使他们对理想自我的标准设定得太高，从而造成理想自我与现实自我或别人的评价存在一定的差距。正确认识自我，合理定位职业，能够及时调整择业中的期望值，抓住每一个机会并努力争取,这将大大增加他们找到如意工作的可能性。

(五)受挫心理的调适

案例 5-4

自进入大学以来,小卢一直勤奋刻苦,她相信凭借自己的努力一定可以考上研究生。然而,实际情况是她以几分之差与理想院校擦肩而过。于是,她学着其他同学的样子做了择业的第一份简历,在各种求职网站上注册,并在招聘季加入了浩浩荡荡的求职大军。但在最初的半个月里,她没有接到任何一家单位的面试通知,一种从未有过的巨大挫败感紧紧包围着她。她没有心情和大家讨论毕业旅行计划,也不想参加各类聚会,甚至开始怀疑自己在大学里所做的一切都是徒劳。听着周围同学一个个传来好消息,她愈发着急,觉得自己看不见未来的模样,于是整日缩在寝室里不愿见人。小卢从小一直生活得顺风顺水,这些挫折给了她沉重的打击,让她不知道自己的未来该何去何从……

在择业过程中,大学生连续碰壁几次之后就容易产生受挫心理。案例5-4中的小卢,一直以来过着"顺风顺水"的生活,在接二连三的挫折面前,她措手不及,出现了焦虑、退缩和逃避等挫折反应。

面对择业中的挫折,大学生可做如下心理调适。

1. 反思挫折的原因

挫折既可以让人一蹶不振,也可以让人越挫越勇;既可以让人停滞甚至退缩,也可以让人成长与成熟。除了挫折具有的双重效应外,择业中的挫折还可以给人更多的反思:我是否足够了解用人单位的需要、自己的需要以及这两种需要是否相符?在求职过程中,我是否使用着一成不变的策略,而这种策略往往容易导致挫折?我是否一直在孤军作战而忘记了同学间的相互鼓励、老师的耐心指导、家人的情感支持?正确认识择业中的挫折,需要我们冷静思考诸如此类的问题,并有效调整行动策略。这样,我们或许能在挫折中发现更多的机会。

2. 改变不合理信念

引起大学生在择业过程中产生挫折感的,与其说是求职不成功、面试失败,不如说是大学生面对这些事件的看法、所采取的态度以及归因方式。典型的不合理信念有三种:绝对化、以偏概全和糟糕至极。如"我非要应聘这家公司不可""这家公司拒绝了我,其他的公司也不会聘用我""如果我应聘不上这家公司,那我以后的日子就没法过了"等,这些其实都是不合理信念,大学生要学会建立合理信念。

3. 增强挫折耐受力

增强挫折耐受力，关键在于主动培养自信乐观、自强不息、宽容豁达、开拓创新等良好的人格品质。当面临择业过程中的挫折时，自信乐观者能够积极改变现实、勇于克服困难，看到挫折背后的希望，立足现实相信明天会更好；自强不息者能够把挫折变为前进的动力，有力地应对挫折，越挫越勇；宽容豁达者能够以更开放的心态看待挫折，用更加长远的生涯规划看待当前面临的困难和失利；开拓创新者则总是积极地寻找新的出路，能够灵活柔韧地应对挫折。

（六）从众心理的调适

> **案例 5-5**
>
> 大三下学期，看着很多同学都在准备考研，小吴也不自觉地加入了这个队伍。其实，小吴很擅长编写程序，曾在一家不错的软件公司实习过，公司对他的表现也很满意，有意招聘他加盟。但小吴放弃了这样的工作机会，认为自己还是应该像大多数同学一样去考研。可现实比较残酷，小吴最终考研失利。回想起在考研日子里放弃了很多就业机会，如今又得重新踏上求职征程。在很长的一段时间里，他痛苦、迷惘，觉得自己一无是处。
>
> 偶然有一次，室友之间展开了关于"随大流"话题的讨论，这给了小吴很多启示。他突然意识到，虽然考研在大学生中非常流行，但并不是要求每个人都这样做。况且研究生毕业后，目标还是择业，如果现在就能发挥自己的优势，找到一家适合自己的公司，又有何不可？小吴开始重新规划自己的生涯。不久后的一天，他终于找到了一份适合发挥自己特长的工作。

在择业过程中，大学生从众现象比较普遍，往往缺乏在充分了解自我和所处环境基础上的独立而明确的职业生涯规划。

案例5-5中的小吴没有认真思考未来，只是看到周围同学都在忙着考研等，自己便不自觉地随大流。适当从众确实能使个人获得安全感并起到自我保护的作用，但过分从众则会消解自己的独立判断，使大学生的职业生涯变得盲目。

如何在择业过程中避免盲目从众，大学生可从以下几点着手。

1. 提升战略思考能力

战略思考要求大学生从宏观上把握自己的人生方向、职业方向，这有赖于大学生在整个大学阶段不断提升生涯规划的意识和能力。

案例5-1中的小陈，在上专科时就能够根据自己所学专业和兴趣爱好，将未来的职业目标锁定在汽车行业，从而在升本过程中完善自己的知识结构，在本科学习过程中提升自己的综合素质，在择业中不盲目跟风，而是锁定目标行业，并特别看重公司提供给自己的"发展空间"。小陈正是因为具有战略思考能力，才不会在专科阶段随波逐流，不会在本科阶段一味倾向考研，更不会在择业的过程中只看重"工资待遇"。

2. 培养独立自主意识

大学生要充分认识到自己的主体性和独特性，在择业过程中，应根据应聘单位的具体情况，结合自身的价值观、兴趣爱好、优势与弱势等进行独立思考。在择业或自己的职业生涯中也要敢于开拓，而这更需要培养自身的独立精神。独立精神并不代表刻意地标新立异，也不代表盲目的特立独行。具有独立精神的大学生往往更重视"兼听则明"，而盲目从众的大学生恰恰容易导致"偏信则暗"。

3. 了解时事把握趋势

大学生在择业过程中要了解时事，把握趋势。这就要求考研的同学以动态发展的目光看待所考专业，择业的同学以动态发展的目光看待应聘单位和目标行业。正所谓"万物皆流，无物常驻""时势造英雄"，在不断变化的环境中，唯有审时度势，大学生才能做出正确的决策而不至于盲目从众。

以上是大学生在择业过程中的几种典型的不良心理，其实还有其他一些不良择业心理存在，如依赖心理、逃避心理、嫉妒心理、虚荣心理等，这些不良心理都应该及时调适。以上所给出的调适方法，既具有针对性又具有一定的相通性，如"改变不合理信念""增强自信心"等几乎适合所有不良择业心理。当然，每一种不良择业心理的调适方法也不仅仅局限于此，大学生要根据自己的实际情况，做到具体问题具体分析。

文档5-10：战略统帅的四大"品格"特征

二、提升大学生择业心理素质

大学生除了要掌握一定的心理调适方法以有效克服不良择业心理外，更重要的是提升择业心理素质。这样，无论遇到怎样的择业环境，他们都可以从容面对，有的放矢。

（一）树立正确观念

树立正确的职业价值观，大学生需要特别处理好如下重要关系。

1. 职业与名利的关系

大学生应谨防因秉持"工作就是为了赚钱"这一观念而忽视自我成长和自我发展。

儒家传统中有著名的义利之辩，"君子喻于义，小人喻于利"，这句话深刻地教导我们在面临"义"与"利"的价值取舍时，"义"重于"利"。当然，这并不意味着儒家不讲利、不求利，而是强调要做到"君子爱财，取之有道"。

大学生以合理、合法、公正、公平的方式获取名利，在一定程度上对个人和社会都会有益，但这需要把握一定的度，该知足时知足，该进取时进取。

2. 职业与自身兴趣特长的关系

大学生在择业时，一定要考虑这份工作是否与自己的兴趣和特长相适应。据调查，如果一个人长期从事自己不喜欢的工作，不仅心情压抑，更难以在职业上获得成功；而如果选择了自己喜欢的工作，则可以充分调动人的潜能，获得职业发展的原动力。

3. 价值观与职业选择的关系

职业价值观是个体人生目标和人生态度在职业选择这一情境下的具体映射。这种特定的价值观念对职业选择有着深刻的影响。就大学生群体而言，他们可以对自身的职业价值观进行优先级排序。同时也要认识到，每一种特定职业通常只能满足部分价值目标，无法面面俱到。因此，拥有正确的职业价值观以及贴合实际的职业期望，对大学生而言意义重大。这不仅有助于大学生在职业选择过程中保持理性，而且会为其整个职业生涯的发展奠定积极的基调，促进职业生涯朝着良性方向发展。

4. 个人与社会的关系

人不能离开社会而独立存在，个人只有在工作中为社会做贡献，才能实现自己的职业价值。当然，这并不是说要忽略择业中的个人需求因素，只去尽社会责任，而是说大学生在生涯发展中不能仅仅考虑个人因素。"心底无私天地宽"，一个具有社会使命感的大学生更有可能获得更多、更大的成就。

（二）培养良好品德

在第二节的"自我探索"部分，我们重点分析了价值观、兴趣爱好、知识能力、气质性格等内容，以便更好地进行人职匹配。这种探索侧重于考查大学生"能否走在正确的道路上"。而大学生在整个生涯发展过程中，更需注重培养良好的道德品质，因为这决定了我们"在这条正确的道路上能够走多远"。

良好的道德品质包括诚实正直、忠诚度、责任感、进取心等。其培养需要大学生从日常生活的点滴小事做起，牢记"勿以恶小而为之，勿以善小而不为"，做到做人诚实正直、做事诚信负责、做学问踏实严谨。我国传统文化中对良知的反躬自省和道德修养中的"慎独"等，都有助于大学生培养良好的道德品质。

阅读材料 5-2

人品的价值

李开复在《给中国学生的一封信：从诚信谈起》中提到：我在苹果公司工作时，曾有一位刚被我提拔的经理，由于受到下属的批评而非常沮丧，要我再找一个人来接替他。我问他："你认为你的长处是什么？"他回答："我觉得自己是一个非常正直的人。"我告诉他："当初提拔你做经理，就是因为你是一个公正无私的人。管理经验和沟通能力是可以在日后的工作中学习，但一颗正直的心是无价的。"我支持他继续干下去，并在管理技巧和沟通技巧方面给予他很多指点和帮助。最终，他不负众望，成为一个出色的管理人才。现在，他已经是一个颇为成功的公司的首席技术官。

与之相反，我曾面试过一位求职者。此人在技术、管理方面都相当出色。但是，在交谈之余，他表示，如果我录用他，他甚至可以把在原来公司工作时的一项发明带过来。随后，他似乎觉察到这样说有些不妥，特作声明：那些工作是他在下班之后做的，他的老板并不知道。这一番谈话之后，对我而言，不论他的能力和工作水平怎样，我都不会录用他，原因是，他缺乏最基本的处世准则和最起码的职业道德——"诚实"和"讲信用"。如果录用这样的人，谁能保证他不会在这里工作一段时间后，再把在这里的成果也当作所谓"业余之作"而变成向其他公司讨好的"贡品"呢？这说明：一个人品不完善的人是不可能成为一个真正有所作为的人的。

（三）保持学习心态

聪明的人大多善于学习，牛顿的成就来自他"站在巨人的肩膀之上"。社会学习论者更是提出"观察学习"的概念，即在观察别人（榜样）的行为过程中学会某种行为。

文档 5-11：
生涯人物访谈

大学生可以自觉地阅读有助于生涯规划的杂志、图书，可以自觉地搜索互联网上对生涯规划有所启示的人和事、政策和信息；大学生可以观察学习并体认那些善于生涯规划且有所成就者的成长历程，还有身边那些有思想、有梦想、有规划、有行动力的优秀大学生的学习生活轨迹。

大学生只要抱着谦虚、开放的态度，再加上自己的进取心和行动力，便能处处主动寻求到生涯规划的指导，提升择业心理素质，并在此过程中不断调整、完善自己的生涯规划，最终增强生涯规划能力。

（四）寻求社会支持

首先，要充分运用好家庭支持系统。大学生在择业过程中不应完全依赖家庭，但可以充分运用好家庭支持系统。当求职遇到挫折时，可向家人倾诉，以获得情感支持；当生涯规划遇到困惑时，可向家人寻求参考意见；当谋求到称心如意的职位时，要与家人分享喜悦，从而增强前进的动力。

其次，要充分运用好学校支持系统。很多高校都设有就业指导、生涯规划类课程或者与之相关的心理健康课程、素质拓展类课程。大学生要积极踊跃地学习这些课程，以增强自己生涯规划的能力，提升自己生涯规划的行动力。同时，很多高校非常重视大学生社会实践能力的培养，提供了很多供大学生工作、实习的岗位和机会。大学生要主动把握这些岗位和机会，在实习过程中思考并完善自己的生涯规划。

最后，要充分运用好朋辈支持系统。朋辈之间的相互鼓励和支持，可以让大学生在求职过程中获得更多心灵的温暖和力量；朋辈之间的信息提供和共享，可以让大学生在求职的过程中有更多选择的机会；朋辈之间的出谋划策和建议，可以让大学生在求职的过程中有更多决策可供参考。

（五）注重生活实践

大学生生涯规划的过程实际上是更为主动、更为自觉地生活实践的过程。大学生若能活在当下，认认真真地过好每一天，细心观察生活、体验生活、建构生活，享受生活的乐趣，迎接生活的挑战，那么就能在真真切切的生活之中灵动洒脱地规划自己的生涯。

视频5-3：兼职的历练

（六）不断自我超越

需要指出的是，大学生生涯规划并不是一个直线前进的过程，而是一个不断自我超越的过程。

大学生既要不断地进行自我探索，又要在探索过程中不断修正、拓展和丰富对自我的认识，从认识自我到悦纳自我，进而走向实现自我。

大学生既要积极探索自身所处的环境，又要在环境探索过程中能动地作用于环境；既要重视客观制约性的规定，又要发挥主观能动性的作用。

大学生既要学会生涯决策的"框架和流程"，又要在每一件"大事""小事"的决策过程中反思自己的决策风格、决策模式，进而提升生涯决策能力。

大学生既要学会合理设置目标、开展时间管理、提升行动力，又要在"人与环境互动"的过程中反思目标设置，洞察时间乃至生命的

文档5-12：打造个人品牌

意义。

大学生要在整个生涯规划过程中将思想与行动相结合，做到知行合一，践行"读万卷书，行万里路"。

讨论与实践

1.如何理解生涯和生涯规划？生涯规划对大学生有哪些重要意义？

2.在日常生活中，有哪些不良择业心理？你觉得怎么做才能提升择业心理素质？

3.完成以下实践题：

我的生涯我做主

请拿出笔，准备写下你大学期间的整体规划，或者你的大学生涯的理想与目标。注意，不必考虑这些理想与目标该用什么方式实现，先尽量写，不做任何限制。内容可以是关乎你未来的工作、家庭、交友、情绪、健康、生活等，涵盖面越广越好。

下面是大学目标规划九宫图，供参考。

学习	专业	人际交往
情感	身心健康	休闲
自我成长	社会工作	兼职工作

选出在这一年里对你最为重要的三个目标。从你所列的目标中，选出你最愿意投入、最能令你获得满足感的三件事，并把它们记录下来。

_____

_____

现在请写下，如果你要实现这些目标，需要具备什么样的条件或资源，包括人脉、财物、专业背景、知识能力等。同时，指出你已经具备了哪些资源条件。

_____

_____

_____

针对你的三个重要目标，问问自己：第一步我应该怎么做？要实现该目标需要哪些必要的步骤？目前有哪些因素妨碍我前进？我该如何改变自己？我每天都应该做什么？

本章附录

AI 马老师一问一答　　　　推荐阅读书目　　　　在线自测

CHAPTER 6
第六章

驰骋知识的海洋

——大学生的学习心理与创新

> 学习这件事不在于有没有人教你，最重要的是在你自己有没有觉悟和恒心。
>
> ——法布尔

案例 6-1

老师发现小A旷课时，他正躺在寝室里睡觉。被老师叫起来去了课堂后，他又在课堂上睡觉，接下来还旷课。如此几次后，老师干脆直接跑去宿舍找他谈话："为什么不去上课？"他说："不想去，没意思。"老师闻之愕然，因为小A是以优异的高考成绩进入大学的。

小A，大一新生，来自一所重点中学。高中时，学校紧抓学习成绩，同学之间学习上互相竞争，在这种浓厚而激烈的学习氛围中，小A成绩一直不错。进入大学后，小A突然感觉那种浓厚而激烈的学习氛围消失了，自己的学习没有了压力，生活没有了目标，上课打不起精神，觉得无聊。空闲时间多了，他就去上网聊天、打游戏，以消磨无聊的时光。老师批评教育他，他也觉得有道理，想想辛苦劳作供养自己上大学的爸爸妈妈，他也恨自己不争气，很想用功学习。可是，他认为自己不是不想学习，实在是觉得课程没意思、没乐趣，学习没动力。

在老师的建议下，小A来到学校心理咨询中心。通过心理咨询，小A明白了学习虽然会受外在环境影响，但终归取决于自己的主动性。于是，小A积极调整心态，主动探索学习的有效方法，成绩取得了可喜的进步。

《论语》开篇就说："学而时习之，不亦说乎？"孔子并未提及学习是为了什么，也未阐述学习有什么宏大的目标与不凡的意义，因为在孔子看来，学习本身就是快乐的。可是，当我们看到小A的情况时，不禁要问，究竟是什么让我们失去了学习的乐趣？大学阶段又该如何学习呢？

第一节　适应学习：调适学习心理困扰

在大学阶段，学习依然是大学生的主要任务。大学时期与中学时期不同，是人的才能增长从"求学期"向"创造期"过渡的关键时期。此时，学习不是单纯地为了学习成绩而学习，而是为了兴趣、志向、成长而学习。

一、大学学习的特点及意义

学习非常重要，古往今来，人们对学习的讨论众多。孔子就强调说："学而不思则罔，思而不学则殆。"这显示出古人对通过学习以开启心智、不断成长有着清晰的认知。当今社会，学习已经成为人们的一种生活方式和内容，"活到老，学到老"的终身学习理念已经成为共识。

学习是终身之事，而大学阶段是人生中最重要的学习时期。这个阶段的学习既不同于儿童的学习，也不同于成人的继续教育，它有自己的特点。这一阶段是人智力发展的高峰期，记忆力、观察力、逻辑思维能力都会得到很大的发展。

视频 6-1：学习的变化

（一）大学学习的特点

1. 自主性

在中学阶段，学生对老师的依赖比较大，课程一般按照学校规定安排，学生无法自主选课，老师督促检查也比较多。而在大学阶段，外来的干涉减少，大学生学习的自主性增强。主要表现为学习意识趋于成熟，学习动机不断深化，更加注重广泛吸取各领域知识，提高自身综合素质，锻炼自身能力。同时，在某一领域有所探索、有所开拓并为社会做贡献等富有社会意义的动机明显增强。

2. 探索性

大学生学习自主性凸显，随之而来的是学习探索性的增强。大学生学习不只是掌握知识，更在于探究知识的形成过程和科学的研究方法，了解学科发展前沿、存在的问题和解决的思路。大学生需要学会独立自主获取知识，培养自我管理能力和自我探索能力。同时，学习的批判性思维增强，逐渐学会以批判的态度对待知识的汲取。

阅读材料 6-1

什么时间思考问题呢？

英国科学家欧内斯特·卢瑟福（Ernest Rutherford）被公认为20世纪最伟大的实验物理学家，他在放射性和原子结构等方面做出了重大的贡献。他十分重视读书和思考。有一天深夜，卢瑟福看到实验室仍然亮着灯，就推门进去，看见一个学生在那里，他就问道："这么晚了，你还在干什么？"学生回答："我在工作。"当他得知学生从早到晚都在工作时，很不满意地反问："那你在什么时间思考问题呢？"

3. 多元性

当今时代，课本与教师不再是知识的唯一来源。大学开放式的学习氛围与教学方式为大学生探索知识创造了更为有利的条件，使得大学生的学习呈现出多元性特征。这种多元性主要表现为知识储备的多元性和学习范畴的多元性。前者指大学生在进行专业学习的基础上，不断拓展学习领域与学习范围，进而丰富和调整自己的知识结构与综合素质。后者指学习途径的多元性（大学生不仅要在课堂上学习，还要学会在图书馆以及网络上进行学习，甚至通过参与社会实践来学习）、学习内容的多元性（大学生不仅要学自然科学，还要学人文社会科学）、学习渠道的多元性（大学生不仅要跟教师学，还要跟朋辈学，跟相关领域的杰出人士学）。

大学学习的自主性、探索性与多元性等特点，是高中阶段学习所不具备的，这对大学生提出了更高层次的要求。也正因如此，大学生真正站到了学习舞台的正中央，成为学习活动的主角。有关学习的剧目如何演出，不再由家长、老师决定，而是由大学生自己来决定。

（二）大学学习的意义

学习是大学生的主要任务，对于增强自我价值感、提高心理健康水平具有重要意义。

第一，学习能够促进智力发展，开发潜能。

第二，学习能够带来满足感，增强身心愉悦感。

第三，学习有助于发展正确认知方式。大学阶段的学习除了要掌握基本知识外，更强调批判性学习，发展批判性思维和探索创新能力。这使得大学生能够更加全面、客观、深刻地看待事物，以适应未来复杂的社会生活。

第四，学习有助于改善意志品质，培养健全人格。大学阶段的

文档6-1：如何培养批判式思维？

学习不仅更加强调思维能力等智力因素，还要求发展对学业的浓厚兴趣、勇于探索的意志品质等非智力因素。在学习过程中，大学生收获的不仅是丰富的知识，还有为人处世的宝贵经验。

二、大学学习中常见的心理困扰与对策

大学学习对促进大学生身心发展、提高心理健康水平具有重要意义，但同时也会带来身心压力，引发一些心理困扰。在大学阶段，大学生获得了更大的自主学习空间与自由。有的大学生在新环境中更加努力地探索求新，然而，如果超负荷学习，便会导致疲劳或紧张，引发身心不适，学习效率降低；有的大学生则会出现学习目的不明、动力不足、态度不端正等心理问题，影响学习积极性。

下面我们主要探讨大学学习中常见的两个典型心理困扰，即学习动力不足与考试焦虑，以期举一反三，引起大学生的重视。

> **思考题？** 你在大学的学习中存在哪些心理困扰？如何排解？

（一）学习动力不足

案例 6-2

> 小A是一名即将升大二的学生。高中学习很苦，家长、老师逼着他学，他自己的学习热情也很高，因此高考成绩不错。不过上了大学后，没人督促了，他在学习上就处于得过且过的状态。不能说完全不学习，但一打开电脑，他宁愿随便干些无聊的事情也不愿意学习。本来暑假打算每天背单词和自学会计，结果却不了了之。小A知道就业压力很大，也看了不少励志的实例，但就是没有自制力。那么，小A该怎么做才能让自己变得更上进，更有学习动力？

学习动力不足是大学生在学习过程中较为典型的一种心理困扰。案例6-2和案例6-1中的大学生相似，均是学习动力不足的典型表现。

1. 学习动力不足的主要表现

学习动力不足会导致学习效率低下，其主要表现有：

一是逃避学习。不愿上课，上课时无精打采，不能积极思考；课后也不主动学习；长期把精力放在上网、打游戏、谈恋爱等与学习无关的活动上；学习应付了事，缺乏求知上进的欲望。

二是焦虑水平过低。在学习上缺乏应有的自尊心和自信心，满足于"60分万岁"，不相信自己有学好的潜力，因而懒于学习。

三是易分心。动力不足会导致学习的注意力下降，无法专心听课，不能集中思考与学习相关的事情，易受各种内外因素干扰。

四是产生厌学和冷漠的情绪。对学习厌倦，出现逃学情况，缺乏兴趣。

2. 学习动力不足的原因

造成大学生学习动力不足的原因是多方面的。从大学生自身的主观方面来看，主要有以下几点：

（1）学习目标短浅且功利化。受应试教育影响，许多大学生在中小学时期的目标是"读书就是为了上大学"，上了大学后则满足于"60分万岁"。

（2）学习态度不端正。学习动机趋于功利化，期望投入学习的时间和精力能尽快给自己带来利益回报。凡是认为"有用"的课程就努力学习，而对一些觉得将来用不上的课程就敷衍了事。

（3）专业兴趣缺乏。部分大学生当初进行专业选择时较为盲目，是在中学老师和家长的参谋下填报的志愿，只有极少数同学是出于内心真正的兴趣和志向选择专业。

入学后，部分同学经历"了解—调整—适应"这一过程后喜欢上了自己的专业，也有部分同学没有建立起专业兴趣，或在专业学习上感到能力不足，倍感艰难。

文档6-2：态度——最关键的不同

3. 学习动力不足的调节

（1）明确自身需求。认真思考自己期待怎样的大学生活和毕业后的生活，什么样的生活方式能够让自己充满热情并全身心投入。这有助于激发内在动机（依据自我决定理论），进而增强学习动力。

（2）修正梦想。思考自己真正需要的是梦想的哪些部分，把自己认为真正需要的部分分离出来，客观地分析哪些是可行的，哪些在当前条件下还难以实现。

（3）学会制定目标。从可以达到的小目标开始，逐步增强学习的自我效能感。在学习之初，确定一个小的学习目标，且目标不可定得太高，应从努力可达到的小目标开始。

（4）合理安排时间，掌握科学的学习方法，形成良好的学习习惯。具体可参考第五章。

（5）调节适度的焦虑水平。根据耶克斯—多德森定律，适度焦虑有助于提高学习效率。可通过自我激励、积极暗示等方式，提升对学习的重视程度，避免过于松懈。

在此基础上，我们可以进一步探讨目标制定对克服学习动力不足的重要性。

> **阅读材料 6-2**
>
> **目标制定的基本原理**
>
> 1. 从现在开始。
> 2. 将目标写下来，而不是只记在心里。
> 3. 按时间分类。典型的分类方法是：①长期目标（5~10年）；②中期目标（3~4年）；③短期目标（1~2年）；④近期目标（这个月，这个星期，今天）。
> 4. 分清先后顺序。
> 5. 挑战自我。在自身能力允许的范围内，目标设定得尽量高一些。
> 6. 设置具体且详尽的目标。例如，不要说"我想取得好成绩"，而是说"这门课我要得到95分"。
> 7. 明确具体的行动方案。例如，这个月要做什么，今天要做什么。
> 8. 预见可能的失败。学会从失败中吸取教训，调整计划，但不要因为失败而放弃自己的人生方向。
> 9. 不断重写、修订、检验和回顾目标。
> 10. 让日常活动直接与自己的长期目标建立联系。
> 11. 享受实现目标的过程。

（二）考试焦虑

> **思考题？** 你有考试焦虑吗？若有，具体是哪些表现？你是如何调节的？

1. 考试焦虑的表现

在大学里，有部分学生每逢考试，心理压力就会变得异常大，精神高度紧张。具体表现为考试前心情压抑、吃不下、睡不着、注意力分散且记忆困难。在考试过程中，会出现短暂的记忆障碍、头晕、心悸等反应，从而不能发挥出正常水平。不过，我们应该认识到，焦虑是人的一种正常反应，适度的焦虑可以促进考前复习，我们需要克服的只是过度的焦虑。

测试6-1：考试焦虑自测

2. 考试焦虑的原因

形成考试焦虑的原因是多方面的，概括来看，主要有如下几个原因。

（1）个性特征的影响。那些敏感、易焦虑、缺乏安全感和自信心、做事追求完美的人易产生考试焦虑。

（2）对学习期望值过高。对学习期望值过高往往会造成对考试失败的恐惧，从而引发焦虑。如有的同学认为，考试与奖学金、评优、入党、考研等重要事情有关，因此特别看重考试结果，容易过度焦虑。

（3）对知识掌握不牢固。正所谓"难者不会，会者不难"，当对知识理解不深、基础不牢、临阵磨枪、匆忙上阵时，就会心中无底、内心发慌。

（4）受以往考试经验的影响。有的同学有过几次考试失败的经历，导致对自己的学习能力、应考能力产生怀疑，感觉自己潜力已经耗尽，对考试失去信心，进而产生考试焦虑。

3. 考试焦虑的调节

可用如下方式进行考试焦虑的调节：

（1）正确评价自我，树立恰当的学习期望值。要客观看待考试结果，不以成败论英雄。过于担心和焦虑对考试没有任何帮助，只会影响考试水平的发挥。

（2）掌握必要的考试技巧。应事先了解考试的基本模式，做到考前心中有数；在考试中保持冷静，排除杂念，全身心投入考试过程。

文档6-3：腹式呼吸缓解考试焦虑

（3）学会放松，注重心理调节。适当参加一些户外文体活动，做到劳逸结合，有助于考前放松、稳定情绪，营造良好的学习状态。

（4）接受心理辅导、寻求专业帮助。对于无法自我排解的考试焦虑或抑郁情绪，可以前往学校心理咨询机构，求助于专业心理咨询师，及时调整自己的心理状态。

第二节　学会学习：成为主动的学习者

德裔美国心理学家和精神病学家卡伦·霍妮（Karen Horney）说，如果移除障碍，人自然会发展为成熟的、充分实现自我的个体，就像一粒橡树籽成长为一株橡树。这意味着人都有自我实现的倾向，发展自我、成就自己是人的天性，而学习则是必经之路，且这条路是需要我们自己去走的。

当我们认识到大学学习的特点、意义和常见的心理困扰后，再来思考本章开篇的问题：是什么让我们失去了学习的快乐？毫无疑问，学习既有快乐，也有痛苦，就像人生一样。当学习动力不足、对学习缺乏兴趣甚至逃避学习时，表明我们对学习的不适反应过度了，但这并不能否定学习的快乐。网络上热门的哈佛公开课——幸福课的主讲教师本－沙哈尔在谈到幸福时认为，快乐学习是实现幸福的首要途径："确定学习过程本身就是一件快乐的事，是每个学生的义务，尤其是在大学生和研究生班里，因为那是最独立的学习时期。"①

"知之者不如好之者，好之者不如乐之者"，大学生要学会快乐学习，成为主动的学习者，可从以下几个方面着手。

一、确立学习目的

> **思考题？** 你的学习目的有哪些？请列出5条，并按重要性进行排序。

案例 6-3

> 有位同学到心理咨询中心来咨询："我该怎么办？我现在是大一新生。上高中时，我唯一的目标就是拿到清华大学的录取通知书，但高考时发挥失常，没有考上清华大学。从上大学的第一天起，我就决定要在四年后考取清华大学的研究生。我也一直在为此努力着。可是，我听大二、大三的同学说，我们这所大学的师资力量不强，也不会给学生任何考研方面的辅导。我知道，考研主要靠自己，但老师的指导也很重要。我真的很怕四年下来，我和清华大学的本科生差距很大，考研根本没有希望。我现在真的很迷茫，不知道前面的路该怎么走！"

许多大学生都认为，学习的核心目的就是获取某个特定的学位，就像案例6-3中的同学认为的那样，因为父母和社会都十分看重一个人的学校、学历、学位。然而，这样的学习目的失之偏颇，一旦难以获得理想中的学校学位，就会遭遇心理挫折，学习乐趣会降低，成就感会被削弱，甚至会丧失学习目标，进而陷入内心痛苦之中。因此，我们应该认真思考学习的目的。

（一）学习是人对世界的探索

在《理想国》中，古希腊哲学家柏拉图写下一个意味深长的故事：一群人世代居住在洞穴之中，犹如囚徒一样被锁住，不能走动、回头和环顾左右，只能直视洞壁的

---

① 本－沙哈尔.幸福的方法[M].汪冰，刘骏杰，译.北京：当代中国出版社，2007：88.

情景。他们身后有一堆火在燃烧，火与人之间有一堵矮墙，墙后有人举着雕像走动，火光将雕像投影在他们面对的洞壁上，形成了变动的影像。由于他们长期看到这些影像，便以为是真实的事物。然而，有一个囚徒挣脱了铁链，回过头第一次看见了火光，就会分清影像与雕像，并明白雕像比影像更真实。如果他被人拉出洞外，第一次看到太阳下的真实事物，也会再次眼花缭乱。他先看到阴影，再看水中的影像，进而看到事物，然后抬头望天，直到见到太阳，才知道太阳是万物的主宰。柏拉图用洞穴来比喻世人把表象当作真实、把谬误当作真理，告诫世人要走出洞穴，寻求真理。而古希腊哲学家亚里士多德（Aristotle）则说："每一个人在本性上都想求知。"求知，就是排除谬误、探索真理。学习就是求知的过程，是探索世界真相的过程。这种对知识、智慧的渴望推动着人类不断前进，也不断升华着个体自身的灵魂。

学习也是一种人生乐趣，每天保证足够的学习时间，必然会给大学生活添色不少。学习可以使人增长见识，对自己感兴趣的事物深入了解，在知识的海洋中遨游，这无疑是大学阶段最幸福和快乐的事情。随着自身知识储备的增多，我们就可以运用所学取得各种进步、做出各种成绩，并会为此深感骄傲和自豪，自信心也会逐渐增强。

（二）学习是实现理想的必由之路

只有持续不断地学习，才能不断提高自己，让自己逐渐接近真正的成功。学习不是为了文凭，不是为了父母，也不是为了光宗耀祖。学习是为了自己，是为了让自己的一生富有意义，是为了让自己获得最大的满足和快乐。

当今社会，发展日新月异，知识更新换代的速度越来越快。如果不懂得终身学习的道理，不掌握真正有效学习的方法，就无法在未来的工作中跟上时代的步伐。

（三）明确积极正向的学习目的

积极正向的学习目的有助于学习动力的产生。积极心理学以"积极"为核心，以提升人的幸福为旨趣，体现着"以人为本"的思想，强调挖掘人内在的积极潜能和动机，实现人的和谐幸福。在学习过程中，人的心理特征是影响学习成效的关键因素，其中，学习动机是首要因素。积极心理学关注人的积极心理特征，能够规避学习过程中产生的消极暗示。如果盲目认同"学习的目的是取得好成绩"这一观念，就会使自己接受"学习充满压力""学习需要投入全部的精力"等心理暗示。这种心理暗示会让大学生逐渐对学习产生片面消极的印象，从而不能理解学习的真正意义。

因此，形成积极的学习观和知识观、明确正向的学习目的，对激发大学生内在的学习动机是极为重要的。但分数和排名作为学习成果的直观反映不是首要目的，大学生应该从中看到自己的优势与不足，将注意力转移到学习本身。大学生应该学会积极的心理暗示，发现自己的积极特质，增强学习过程中的心理抗压能力，强化对学习本身的价值认知，多关注自我成长和进步，收获学习的成就感和满足感，培养内在学习动机，从而获得持久的学习动力。

二、树立坚定的学习信念

苹果公司创始人史蒂夫·乔布斯（Steve Jobs）有一句名言："Stay hungry, stay foolish.（求知若渴，大智若愚）"他在斯坦福大学的一次演讲中对大学生们说："求知若渴，大智若愚。这也是我一直想做到的。眼下正值诸位大学毕业、开始新生活之际，我同样祝愿大家：好学若饥、谦卑若愚。"

"Stay hungry, stay foolish"是乔布斯对知识、对生活的独特信念。学习者应保持一颗"初心"，即初学者的心。初学者的心是空空如也的，不像老手那样饱受各种习性的羁绊，他们随时准备好去接受、去怀疑，对所有可能性敞开。即使你已经学到很多知识，也应该像初学者一样，保持对学习的敬畏与谦卑，随时准备汲取新的知识与智慧。

对于大学生来说，向一切未知保持开放心态，坚信"一切皆有可能"，在知识的海洋里尽情遨游，勇于探索，必将为自身成长奠定坚实基础。

文档6-4：习近平读书小故事两则

三、形成自律的学习意识

在现实生活中，我们发现总有一些大学生在学习上依靠自己的毅力和方法，不用老师催促便能取得良好的学习效果。这是为什么？美国学者拜瑞·利莫曼（Barry Zimmerman）等人认为，学习成效高的学生，无论他就读于何处，在阅读、研习、写作和应试等技巧方法上都非常相似。通过对高成效学习者的研究，利莫曼对于大学生开展学习活动给出了如下14项相关建议：[①]

（1）自我评价。大学生应当不断地回顾、分析和评价自己的学习行为，应该问一下自己：在这门课程中尽我所能了吗？如果没有，我应该做些什么来增加成功的机会。

（2）组织学习。大学生应该仔细地组织学习，尤其是学会时间管理技巧来提高学习能力和成功率。

（3）知识的转化。大学生应该能够将在课堂里或课本上获得的思想转化成概念框架的信息。对于实际的知识，这种转化一般来说比较容易，但对于抽象的知识就比较

[①] Zimmerman B J, Bonner S, Kovach R.Developing Self Regulated Learners: Beyond Achievement to Self Efficacy[M]. Washington DC: American Psychological Association, 1996: 47−93.

困难了。然而，所学知识都应该整合到原来的知识库中去。

（4）设置子目标。除了设置长期目标外，大学学习也应该设置子目标，并且经常回顾，在必要的时候改变子目标来实现长期目标。

（5）计划。规划学习生活，包括设计参加课程的时间表，完成职责和任务等。

（6）寻找信息。如果对于某个话题不清楚，就去询问别人。而且，要学会寻找一些额外的资源，比如用图书馆的材料来加强大学生的知识储备。

（7）保持记录。直到学习成为每天生活的必要组成成分之前，要保持记录的习惯，记录自己每天花费了多少时间学习。这会帮助我们平衡学习、工作或其他活动的时间。

（8）自我监测。自我监测是进行任何学习都需要的。

（9）布置环境。每个大学生都需要有不同的环境来进行学习，有的喜欢安静，有的喜欢听着音乐来学习。我们应该确定哪种环境对自己来说是最有益于成功开展学习的。

（10）自我强化。学会为成功的行为奖励自己，有时要考虑一下如果不学习的后果，为了避免或摆脱潜在的令人讨厌的结果，大学生应该学会增加学习时间。

（11）预演。在考试测验或讲演之前，应该预演我们所期望的行为操作。

（12）记忆。尽管许多人不喜欢记忆材料，但是记忆对于任何大学生的成功学习都是必要的。

（13）寻求帮助。当学习上有需要时，不要害羞，不要傲慢，去寻求别人的帮助吧。

（14）复习笔记。在上课之前复习笔记是有帮助的，这不仅为下一节课做好准备，而且强化了相关学习的记忆。

自律学习对于每个大学生都适合，大学生可以按照这些建议开展卓有成效的学习。

四、养成有效的学习习惯

> **思考题？** 你有哪些学习习惯？找几位同学聊一聊各自的学习习惯，列出来，对比一下，看看哪些是有效的？

美国著名历史学家和文学家亨利·亚当斯（Henry Adams）说，一个人在年少时懂得多少知识并不重要，关键是知道如何学习。了解了成功学习者的特征，我们就可以养成有效的学习习惯，学会如何进行有效学习。

文档6-5：终身学习者的4个高效率自学习惯

（一）布置环境

有效学习的第一件事情就是建立适当的学习环境。这个环境的特点应该包括：①良好的非直射灯光；②适宜的温度；③一张课桌或桌子，上面没有手机、零食等其他东西，只有所需的学习材料；④一个安静的或者无干扰声音的地方；⑤干扰最小的场景。事先准备好所需的学习材料，例如书本、白纸、钢笔或铅笔等。

有的大学生在寝室里学习，但周围同学有的在上网打游戏，有的在听音乐，有的在吃零食，这些都会让人分心，不能专心学习，如果遇到这样的情况，最好按照上述建议换一个有利于学习的环境。

（二）确定时间表

在制订学习时间表之前，大学生应该了解每门课程具体的学习时间。有的课程需要相当多的学习时间，而有些则只需付出较少的努力。而且，有的课程需要在某一时期加强学习，但在其余时间则不需要如此努力地学习。对于大多数人来说，最清醒的时间是早晨；有些人最清醒的时间则是晚上。建议在自己最清醒的高峰时间学习困难的课程，这会提高学习的效率。

写下学习时间表，这个时间表不仅可以提醒自己，还能增强学习的责任感。有时，应该回顾一下时间表，确定它与课程的要求是一致的。有时可以在取得进步的基础上进行休息。休息之后，你能够取得新的进步，并感到清醒和警觉，这将促使进步不断强化，最终也会强化学习习惯。

（三）执行有效学习策略

有效学习需要执行有效学习策略，开展积极的学习活动。SQ3R法是由美国教育心理学家弗朗西斯·P.鲁滨逊（Francis P. Robinson）为有效学习而设计的一个学习系统，被许多人所倡导。SQ3R法有五个步骤：概览（survey）、发问（question）、精读（read）、背诵（recite）、复习（review）。

1. 概览

所谓概览，是指先将我们要研读的范围迅速、概略地浏览一遍。在概览时，要注意书名、作者、出版日期、序言、前言、目录、附录、参考书目、索引等，以了解全书的概要。然后迅速略读内容，尤其注意其章节的分法，如每章有简介或总结则不可忽略。如此可获得对该书的初步印象。此外，要注意书中的图表与标题，可从大标题、小标题、正体字、粗体字的不同来区分它们的重要等级。再者，注意阅读第一段及最后一段。因为第一段通常会阐述全篇的主旨，最后一段通常是全篇的摘要或总结。

2. 发问

在概览之后，获得总体印象，看看这些内容是否能够引发内心更多的疑问。然后试着提出问题，把篇名、章节标题及其他关键字转变成基本问题。可以用"谁""什么""何时""何处""为何"等疑问词来自我发问。

3. 精读

在发问之后，必须通过详细的阅读，试着找出问题的答案。可以在认为适当的材料下面画线表示强调，一边阅读一边试着回答在上一步所提出的问题。

4. 背诵

在读完每一小节后，暂时放下书本，试着背诵该部分的重点。背诵时如有困难，可以回头重读，直到能背诵出重点为止。背诵时不妨大声念出来或写在笔记上，如此可加深印象，有助于长期记忆。

5. 复习

完成上述4个步骤之后，复习已经阅读过的内容，继续复述每章的关键内容。要养成复习的习惯，因为根据记忆规律，及时复习可以减慢遗忘的速度。

（四）积极地倾听

有的大学生上课不集中精力听讲，往往是老师在课堂上讲，自己却在座位上心猿意马、心不在焉，导致学习效率低下。因此，要学会听课，倾听是一种重要的能力。

（1）做一个积极的倾听者。这不仅包括听上课老师所讲的内容，还要捕捉老师的非语言信号。同时，要注意将上课时老师所讲的材料与课本中的内容以及自身已经具备的知识联系起来。

（2）为课堂做准备。在许多情况下，能够借助笔记和阅读教科书做一些准备，尤其是对于那些比较难懂的内容，这将为更好地听讲打好基础。

（3）不要让自己仅仅做一个简单的录音机。一个积极的倾听者能将上课老师所讲的内容转化成自己的思想。

（五）科学用脑

科学用脑能有效地减轻学习压力，提高学习效率。

（1）养成良好的睡眠习惯。熬夜会损伤认知能力和注意力，而良好的睡眠有利于大脑和身体的休息。研究发现，在睡眠过程中，脑脊液的流动加速，这有助于清除大脑中的代谢废物，从而保持大脑健康。同时，大脑会对白天经历的事件和信息进行回放和重组，这一过程被称为"离线回放"。这种回放有助于巩固记忆，使新获得的记忆变得更加持久。此外，它还可能激发灵感和创造力，进而会有灵感涌现。

（2）学会利用视觉图像来学习。眼睛是我们最有力的器官之一，视觉功能占用了人类65%的大脑资源，也是我们学习时能用到的强大工具。人们在看文字的时候实际上也是在看图像，一个小文字就是一个小图像，最后在大脑中形成一个大图像。所以，要善于利用视觉图像形象化地学习，从而提升学习效率。

（3）通过有规律的重复实现有效的长期记忆。在学习过程中，信息输入大脑后，神经元之间的突触连接会发生变化，这是短期记忆的脑神经表达。通过不断地有规律的重复，突触连接会逐渐增强，这一过程被称为突触可塑性。重复的次数越多，突触连接越强，短期记忆就会逐渐变成长期记忆。

（4）不仅要学习，而且要运动。与不习惯运动的人相比，那些定期运动的人在认知功能上有明显的提高。运动可以促进新的毛细血管产生，可以增加血管宽度，使血液流通更加通畅。这样可以给大脑提供更多的葡萄糖和氧气，大脑的运作性能自然会提高。所以，在学习之余，也要记得运动，越运动越聪明。

学会做一个积极主动的学习者，发展有效的学习方式，科学用脑，既能成功完成大学阶段的学习任务，又能为以后的生涯发展奠定坚实的基础。

体验性活动：提升专注力——正念跟练之吃葡萄干练习

正念跟练视频

第三节　创新学习：培养创造力与创新思维

创新是一个民族进步的灵魂，是国家兴旺发达的不竭动力。21世纪的人才不仅应当在思想品德、智力、能力和体能素质等方面达到更高的水平，而且要具有高度的创造力、强烈的创新意识和创新观念。

阅读材料 6-3

创新中国，活力无限

创新中国，十年跨越。中国人进入自己的空间站，"奋斗者"号深潜万米海底……探索未知，在太空和深海留下越来越多的"中国足迹"。不依赖植物光合作用直接人工合成淀粉，"中国天眼"发现持续活跃的重复快速射电暴……"从0到1"，原创突破持续为科技创新提供源头活水。"华龙一号"示范工程闪耀第三代自主核电技术光芒，北斗导航卫星全球组网……不懈攻关，自主创新让科技的命脉牢牢掌握在自己手中。"揭榜挂帅"不问英雄出处，人才评价体系不断优化……破立并举，科技体制改革进一步释放创新潜能、激发创新活力。

习近平总书记强调："我们必须完整、准确、全面贯彻新发展理念，深入实施创新驱动发展战略，把科技的命脉牢牢掌握在自己手中，在科技自立自强上取得更大进展，不断提升我国发展独立性、自主性、安全性，催生更多新技术新产业，开辟经济发展的新领域新赛道，形成国际竞争新优势。"[1]

抓创新就是抓发展，谋创新就是谋未来。站在新的历史起点阔步向前，持续深入实施创新驱动发展战略，坚定不移走中国特色自主创新道路，大力建设创新型国家和科技强国，我国高水平科技自立自强必将交出更为精彩的答卷！

创造力并不神秘，我们可以通过学习获得这种能力。这首先来自我们人类的潜能。

一、学习与潜能开发

心理学家认为，许多人未能充分发挥自身的潜能。若用美国著名发展心理学家、哈佛大学教授霍华德·加德纳（Howard Gardner）提出的多元智能理论，可将人的智能划分为以下八种类型。

（1）语言智能，指有效地运用口头语言或文字表达自己的思想并理解他人，灵活掌握语音、语义、语法，具备用言语思维、用言语表达和欣赏语言深层内涵并运用自如的能力。

（2）数学逻辑智能，指有效地进行计算、测量、推理、归纳、分类，并进行复杂数学运算的能力。

（3）空间智能，指准确感知视觉空间及周围的一切事物，并且能把所感觉到的形象以图画的形式表现出来的能力。

（4）身体运动智能，指善于运用整个身体来表达思想和情感、灵巧地运用双手制作或操作物体的能力。

（5）音乐智能，指能够敏锐地感知音调、旋律、节奏、音色等的能力。

（6）人际智能，指能很好地理解别人和与人交往的能力。

（7）自我认知智能，指自我认识并据此做出适当行为的能力。

---

[1] 习近平在湖北武汉考察时强调 把科技的命脉牢牢掌握在自己手中 不断提升我国发展独立性自主性安全性[N].人民日报，2022-06-30（1）.

（8）自然认知智能，指善于观察自然界中的各种事物，对物体进行分类的能力。

多元智能理论表明，人类潜能不仅存在，而且是丰富的、多元的、多层次的、可以发展的。大学生在受教育过程中，要注重多元智能的充分发展。

二、发展创造力

（一）创造力

创造力并不是天才人物独具的能力，也不是一种单一的、独特的能力，而是人类特有的一种综合性本领。它是人类各种智能的集合，由知识、智力、能力及优良的个性品质等多种因素综合优化构成。

1. 创造力的内涵与意义

创造力是指产生新思想、发现和创造新事物的能力。创造力对于人类来说具有重要意义，国际知名创造学研究专家、美国芝加哥大学教授米哈里·契克森米哈赖（Mihaly Csikszentmihalyi）甚至认为，它是"我们生活意义的主要源泉"。[1]

首先，绝大多数有趣的、重要的以及体现人性的事情都是创造的结果。我们的基因构造98%与黑猩猩相似，而导致我们和黑猩猩不同的是我们的语言、价值观、艺术表现、科学理解和技术，这些都是个人创造的结果，它们通过学习而被认识、被奖励、被传承。没有创造力，就很难把人和猿区别开来。

其次，当我们创造力涌流之时，我们会觉得自己比生活中的任何其他时刻都更充实，让我们兴奋乃至狂喜，并且创造还会留下产物，从而使未来的生活变得更加丰富多彩。可见，创造力对人类非常重要。

2. 创造力的特征

创造力的行为表现有三个特征：①变通性。思维能随机应变、举一反三，不易受功能固着等心理定势的干扰，因此能产生超常的构想，提出新观念。②流畅性。反应既快又多，能够在较短的时间内表达出较多的观念。③独特性。对事物具有不寻常的独特见解。

3. 创造力的影响因素

创造力与一般能力有一定的关系。研究表明，智力是创造能力发展的基本条件，智力水平过低者，不可能有很高的创造力。

创造力与人格特征也密切相关。研究结果表明，高创造力者具有如下一些人格特征：兴趣广泛、语言流畅、具有幽默感、反应敏捷、思辨严密、善于记忆、工作效率

---

[1] 契克森米哈赖. 心流：最优体验心理学[M]. 张定绮，译. 北京：中信出版社，2017：11.

高、从众行为少、好独立行事、自信心强、喜欢研究抽象问题、生活兴趣广泛、社交能力强、抱负水平高、态度直率坦白、感情开放、不拘小节，给人以浪漫的印象。

（二）如何发展创造力

大学生正处于人生最宝贵的阶段，同时也是创造力培养的关键时期。通过正确的方法和科学的训练，可以极大地培养和发掘自己的创造潜能。

1. 有意识地发展创造性人格特征

（1）不怕挫折。德国心理学家海因里希·海纳特（Heinz Hartmann）对400位富有成就的成功者进行调查后发现，他们中居然有四分之三的人在早年遭遇过生活的磨难。这些成功者不惧挫折，而是越挫越勇，更加努力地发展自己的创新能力。

（2）富于勇气。创新需要人们打破原有观念，甚至改变原有的行为方式。在创新发现的初始阶段，往往不能得到人们的公认，所以必须保有足够的勇气去尝试改变，去面对否定和抨击。

（3）平静处事。明确自己的生活目标，有条不紊地处理学习、生活中的事务。不要过于牵挂成败得失，应多关注有关方法是否掌握、有关问题是否弄清、自己是否有进步等。

（4）友善待人。把自己看作集体中的一员，相互沟通合作，通过在集体中发挥作用来获得别人的认同。

（5）自我批评。常做自我反省、自我批评，以便发现不足，超越自己。

2. 注重问题意识

教育学家陶行知说过："发明千千万，起点是一问。"问题意识是指个体在认识活动中因遭遇疑难而产生的困惑、怀疑和欲求解决的心理状态。它能够促使个体主动去发现问题、分析问题、解决问题，最终实现超越现状这一目的。

强烈的问题意识不仅体现了个体思维品质的灵活性和深刻性，还反映了思维的独立性和创造性。强烈的问题意识作为思维的动力，促使人们去发现问题、解决问题，直至进行新的发现——创新。

培养问题意识要做到以下几点：

（1）拓宽知识背景。人们总是基于已有的知识来建构新知识。知识储备越丰富、认知触角越多越远、触及领域越广泛，认知结构出现不平衡状态的频率就越高，个体的未知领域也就越大，越容易引发人们去思考问题。大学生正处于汲取知识的黄金期，学习应该注重既博又专，丰富自己的知识结构。

（2）注重学习方式。大学生通过学习要掌握普遍的方法、原理，并能应用于实际，实现教育的价值。而过分注重知识细节，不注意构建知识结构，会导致一叶障目不见泰山，不利于知识的融会贯通。

（3）关注现实生活，激活问题意识。歌德说："理论是灰色的，生命之树常青。"社会现实是问题的源泉，只有多关注鲜活的现实生活，才能获得更多的灵感，产生新的构想。

> **思考题？** 你还能列举出其他发展创造力的方法和途径吗？

三、塑造创新思维

创新思维能力是创造力的核心内容，更是创造力的灵魂。人类之所以能够发展到今天，形成丰富多彩的现代社会，关键就在于人类具有创新思维能力。

（一）创新思维概述

1. 创新思维的含义

创新思维是指思维不仅能揭示客观事物的本质以及内在联系，还能在此基础上产生新颖的、具有社会价值且前所未有的思维成果，是一种开拓人类认识新领域、开创人类认识新成果的思维活动。

2. 创新思维的构成

创新思维实质上是人类的一种认知能力，而且是一种较高层次的认知能力。创新思维是创造力的基础，是人类思维的最高智慧之花。构成创新思维的因素主要有以下几个：

（1）想象。想象是我们从知觉中得来并在记忆中保存的，以表象为材料，通过分析与综合的加工作用，创造出未曾知觉过的或未曾存在过的事物形象的过程。凭借想象，我们可以在头脑中预见尚未产生的事物。可以说，一切创新都来自想象，离开想象，没有任何创新可言。

（2）直觉。举世闻名的物理学家阿尔伯特·爱因斯坦（Albert Einstein）说："真正可贵的是直觉。"直觉是指对一个问题未经逐步分析，仅依据内在的感知就能迅速地对问题答案做出判断。猜想、设想，或者在对疑难百思不得其解之中，突然对问题有"灵感"和"顿悟"，甚至对未来事物的结果有"预感""预言"等，这些都是直觉思维。直觉常常被描述为一种神秘现象，其实它是一种心理现象，是人在对某一问题进行持续探索，积累了丰富知识且思维高度集中状态下的一种顿悟表现，是思维高度灵敏的体现。

（3）发散思维。发散思维是创新思维中非常核心的一个因素。发散思维，又称辐射思维、放射思维、扩散思维，是指大脑在思维时呈现的一种扩散状态的思维模式，表现为思维视野广阔，思维呈现出多维发散状。如"一题多解""一事多写""一物多用"等方式，都是培养发散思维能力的方法。不少心理学家认为，发散思维是创造性思维最主要的特点，是测定创造力的主要标志之一。

（4）求异思维。求异思维在自然性质上是一种属于不安于苟同，不唯命是从，它能与习惯保持距离或提出异议，能对传统和现有结论进行挑战。但是，要注意的是，求异思维与标新立异、异想天开是有区别的。它们的相同之处是背离习俗，但求异思维是追求最佳目标和最优方案。

（二）创新思维的培养

1. 培养想象力

爱因斯坦说："想象力比知识更重要，因为知识是有限的，而想象力概括世界的一切，并且是知识进化的源泉，严格地说，想象力是科学研究中的实在因素。"想象力如此重要，那么怎样才能培养想象力呢？培养想象力的途径有很多，其中比较有效的是通过加强文学和艺术的修养来进行。爱因斯坦从小就酷爱艺术，他还是一个演奏小提琴的高手。他曾坦言："物理给我知识，艺术给我想象力，知识是有限的，而艺术所开拓的想象力是无限的。"李贺《梦天》中的诗句"遥望齐州九点烟，一泓海水杯中泻"和李白《望庐山瀑布》中的诗句"飞流直下三千尺，疑是银河落九天"就极富想象力，读者也会为之感染。

2. 训练思维流畅性

思维流畅性，也被称为认知流畅性，是指一个人产生想法、解决方案或做出反应的容易程度和速度。它涉及产生一系列想法或联想的能力，通常以特定时期内产生想法的数量和种类来衡量。20世纪60年代，美国心理学家曾采用所谓"急骤的联想"或"暴风雨式的联想"的方法来训练大学生思维流畅性。训练时，要求学生像夏天的暴风雨一样，迅速抛出一些观念，不容置疑，也不要考虑质量好坏或数量多少，评价在结束后进行。这种"头脑风暴"的训练方法，打破了人们的习惯性思维程序的束缚，对提高创造意识和改善创新思维能力具有极大帮助。

文档6-6：训练思维流畅性的小贴士

绝大多数人都有创新思维，但彼此之间的创造结果差异较大，原因之一是人们平时对周围事物的关心程度和训练程度不同。实践证明，通过学习与训练，任何人的创新思维都可以得到改善与提高。

3. 培养发散思维

美国心理学家乔伊·保罗·吉尔福特（Joy Paul Guilford）认为，创造力与发散思维密切相关，发散思维能力的强弱决定了创新思维能力的强弱。人在这种思维能力中，可以寻找多种思想资源，在各种合适的答案中充分表现出思维的创造性。

阅读材料 6-4

曲别针的用途

在一次有关创造学的会议上，一位日本学者提出曲别针有300种用途。当时，另外一个人说："明天我将证明曲别针有千万种用途。"第二天，他发表了一场演讲。他说："以曲别针的质量，也就是它的颜色、重量、形态、质地、柔软度等为横坐标，以物理、化学、中文、外语等方面为纵坐标，就可以证明曲别针有千万种用途。"他举了一些例子：在物理领域，它可以用来做各种砝码；在化学领域，它作为一种金属，与其他酸类物品反应，可产生数不清的用途；在数学领域，它可做成1、2、3、4、5、6、7、8、9、0各种符号，可以演化出无数种数学公式；曲别针可以弯成26个字母以及其他语言符号，用来表示英、俄、拉丁语等许多种文字；在艺术领域，曲别针拉直后可以成为琴弦……

通过联想、想象、灵感和直觉，发散思维能大幅提高思维的流畅性、变通性，从而使有价值的方案和解决办法增加许多。

4. 重视逆向思维

逆向思维，即求异思维，是对司空见惯且似乎已成定论的事物或观点进行反向思考的一种思维方式。它要求人们敢于"反其道而思之"，让思维向对立面的方向发展，从问题的相反面深入地进行探索，进而树立新思想，创立新形象。

阅读材料 6-5

电磁感应定律的产生

1820年，丹麦物理学家、化学家汉斯·克里斯蒂安·奥斯特（Hans Christian Ørsted）通过多次实验发现了电流的磁效应。这一发现传播到欧洲大陆后，吸引了许多人投身于电磁学的研究。英国物理学家和化学家迈克尔·法拉第（Michael Faraday）怀着极大的兴趣重复了奥斯特的实验。果然，只要导线通上电流，导线附近的磁针立即会发生偏转，他深深地被这种奇异现象所吸引。

当时，德国古典哲学中的辩证思想已传入英国，法拉第受其影响，认为电和磁之间必然存在联系且能相互转化。他想既然电能产生磁场，那么磁场也能产生电。为了实现这种设想，他从1821年开始进行磁产生电的实验。经过十年的不懈努力，法拉第成功了。1831年，他提出了著名的电磁感应定律，并根据这一定律发明了世界上第一台发电装置。

如今，他的定律正深刻地改变着我们的生活。法拉第成功地发现电磁感应定律，无疑是运用逆向思维方法取得的一次重大胜利。

逆向思维极具挑战性，常常能出奇制胜，取得突破性的解决问题的方法。它充分体现了创造者所具备的怀疑精神。

美国著名诗人、作家马克·范·多伦（Mark Van Doren）说过，教育给了人们追求幸福的最好机会。大学无疑是人生最美好的阶段，大学阶段的教育与学习将奠定人一生幸福的基础，包括健康的心理、快乐的学习、幸福的未来。

最后，我们应当通过学习提升自己的能力，从而为社会做出更大的贡献。每一代青年都有自身的社会价值和责任，我们要将个人的学习目标与国家的发展目标紧密结合起来，学习动力不仅仅源于个人的兴趣和需求，更来自对国家和社会的强烈责任感。我们要培养良好的学习态度和习惯，不断增强学习的动力和目标感，积极促进学习的合作与交流，为成为德智体美劳全面发展的社会主义建设者和接班人而不懈努力。

讨论与实践

1. 你的有效学习方法是什么？请和同学进行交流。
2. 你认为什么是创造力？你曾经表现出的创造性行为是什么？从中学到了什么？
3. 如果你把学习中遇到的烦恼（或快乐）比作动物（或者植物、机器等），那么它会是哪种动物呢？为什么？想象一下，当你遇到它时，会如何与它进行互动？

本章附录

AI 马老师一问一答　　　　推荐阅读书目　　　　在线自测

CHAPTER 7
第七章

达成和谐的沟通
——大学生的人际交往及其调适

> 一个没有交际能力的人，犹如陆地上的船，是永远不会漂泊到壮阔的大海中去的。
>
> ——阿拉伯哲人

案例 7-1

大一新生乐乐来自偏远农村，家境贫困。而她的室友们都来自城市，家境富裕，能歌善舞，爱唱爱跳，追求时尚，喜欢谈论时髦话题，花钱也很大方。乐乐除在学习上略胜一筹外，再无其他优势。平时室友们谈话时，乐乐总是插不上嘴。校园活动中，室友们积极参加，她却往往落单。室友们喜欢逛街购物，每月花费不少，这一点乐乐也不太认可。总之，她与室友们有些格格不入。寝室关系不融洽让乐乐很是苦恼。

2006年，党的十六届六中全会通过了《关于构建社会主义和谐社会若干重大问题的决定》（以下简称《决定》）。《决定》指出，社会和谐是中国特色社会主义的本质属性，是国家富强、民族振兴、人民幸福的重要保证。要按照民主法治、公平正义、诚信友爱、充满活力、安定有序、人与自然和谐相处的总要求，构建社会主义和谐社会。建立和谐人际关系不仅是构建社会主义和谐社会的客观要求，也是大学生心理健康的重要内容。

大量资料显示，人际交往困惑是大学生日常心理咨询中最为常见的问题之一，同时也是引发大学生心理困扰的主要因素。大学生如何走出人际交往困惑？如何与他人建立良好的人际关系？本章将从心理健康教育角度来分析大学生人际交往问题，探讨大学生人际交往的提升策略。

第一节　沟通你我：人际交往基础理论概述

一、追问人际交往含义

马克思说："人的本质不是单个人所固有的抽象物，在其现实性上，它是一切社会关系的总和。"① 这意味着每个人都不能孤立地存在，而是要与他人发生这样或那样的联系。人际交往为人与人之间的沟通联系提供了前提条件，是一种无处不在、时刻发生的社会现象。那么，什么是人际交往？它又有什么重要意义呢？

（一）人际交往的基本内涵

人际交往是指人与人之间的交往，有动态、静态之分。动态的人际交往是指人们运用语言或非语言符号系统进行相互之间的信息沟通、思想交流、情感表达的互动过程。静态的人际交往则是指人与人之间已形成的较为稳定的心理关系，反映的是人们之间心理距离和亲疏状况，即通常所说的人际关系。

大学生人际交往是指大学生与他人（如老师、同伴和家人等）之间进行的信息沟通、情感交流等相互作用、相互影响的过程。

（二）大学生人际交往的重要意义

1. 沟通信息的基本途径

人际交往是信息的沟通、思想的交流和经验的分享。爱尔兰剧作家乔治·萧伯纳（George Bernard Shaw）曾说："如果你有一种思想，我有一种思想，彼此交换，我们每个人就有了两种思想。"可见，人们通过交往可以获得更多的信息和思想。尤其是在当今的信息社会，信息以几何级数空前增长、膨胀，每个人都只能拥有其中一小部分，因而，通过人际交往获取信息显得更为重要。

大学生通过人际交往可以快速获取更多信息，从而掌握信息的制高点，控制信息的主动权，为激发灵感、拓展知识、开阔视野、提升素质奠定坚实基础。

2. 实现社会化的重要手段

社会化是指由自然人向社会人的角色转变过程，是社会交往的基础。通过社会化，个体把社会行为规范内化为自身行为准则，从而逐步适应社会。

---

① 马克思恩格斯选集（第1卷）[M]. 北京：人民出版社，2012：139.

大学阶段正是个体社会化的关键时期。大学生的社会化过程伴随人际交往逐步展开，并通过人际关系的协调逐渐实现。大学生只有在与他人的交往中，才能做好对自身角色的准确定位，实现角色转变；只有在与他人的交流沟通中，才能认清自身角色要求，更快地适应角色；只有在与他人的互动反馈中，才能及时调整自身角色行为，解决角色冲突，从而顺利完成角色任务。

3. 维持身心健康的必要条件

人本主义心理学家马斯洛认为，人类的需要包括生理需要、安全需要、归属与爱的需要、尊重需要以及自我实现需要。其中，归属与爱的需要也就是社交需要，是指个体渴望从家庭、社会团体、朋友、同事中得到关怀、温暖、理解和信任的需要。它通过人际交往实现，是个体必不可少的精神需求之一。

大学生只有在社会交往中才能获得心理的满足感和愉悦感，从而有利于身心健康。相反，若失去社会交往，大学生的身心发展必将受到影响和破坏。

案例7-1中的乐乐，身处全新环境，且与室友关系较为疏远，缺乏必要的人际交往，饱受孤独和寂寞，导致身心发展受到一定影响。

文档7-2：社会交往剥夺实验

阅读材料 7-1

马斯洛需要层次理论

1943年，美国心理学家亚伯拉罕·马斯洛在《人类激励理论》中提出了人的需要层次理论。他把人的需要由低到高分成五个层次，即生理需要、安全需要、归属与爱的需要、尊重需要、自我实现需要。

第一层次：生理需要，包括呼吸、水、食物、睡眠、性等，是人最基本的需要。

第二层次：安全需要，包括人身安全、财产所有性、健康保障、工作职位保障、家庭安全等。

第三层次：归属与爱的需要，也称社交需要，指个人渴望得到家庭、团体、朋友、同事的关怀、爱护和理解，是对友情、信任、温暖、爱情的需要。

第四层次：尊重需要，包括自我尊重、受到他人尊重以及尊重别人。

第五层次：自我实现需要，指个人潜能得到最大限度的开发，能力、理想、抱负得到最大程度实现，成为自己所期望的人。

其中，归属与爱的需要以及尊重需要，都必须通过人际交往才能实现。

4. 获取事业成功的重要保证

大量资料表明，良好的人际关系是个体走向事业成功的重要前提和保证。相反，不良人际关系则是造成个体事业失败的主要原因。卡耐基曾说："一个人的成功只有15%是靠他的专业能力，而85%要靠人际关系和他的为人处世的能力。"对大学生而言，大学期间的师生、同学和朋友关系是一笔宝贵的人生财富，有助于他们在未来取得事业上的成功。

二、探寻人际吸引奥秘

人际吸引指的是人与人之间在感情上相互喜欢、亲近的状态，是人际关系中的一种肯定形式。那么，人际吸引究竟是如何产生的呢？

（一）邻近吸引

空间距离是影响人际吸引的一个因素。在其他条件不变的情况下，空间位置越近，人们之间的交往越容易形成亲密关系。

美国社会心理学家利昂·费斯汀格（Leon Festinger）等人于1950年做过这样一个实验：他们对麻省理工学院17栋已婚学生的住宅楼进行调查。这栋住宅楼是二层楼房，每层有5个单元房。住户住哪个单元纯属偶然。哪个单元的老住户搬走了，新住户就搬进去。调查中对所有住户都问了同样一个问题：在这个居住区中，和你经常打交道的、最亲近的邻居是谁？结果显示，41%的人选择了隔壁邻居，22%的人选择了隔一个门的邻居，只有10%的人选择了同一层最远的邻居。这个实验表明：人们交往的次数与距离的远近成正比关系，两人住得越近，越容易成为朋友，不住在同一层、同一楼的人就减少了成为朋友的可能性。

类似结论被其他心理学实验进一步证实。总的来说，邻近性能提高喜欢的程度，容易建立和发展良好的人际关系。譬如，因地缘上的接近，大学生一般与室友、隔壁同学、同班同学等相互交往的频率大大增加，彼此之间比较熟悉了解，容易产生好感和相互吸引。俗语"远亲不如近邻"指的就是邻近性在亲密人际关系形成中的重要作用。

但空间距离接近并不必然导致人际关系亲密，有时空间距离太近也容易产生矛盾。案例7-1中的乐乐，与室友同处一室，从空间距离来看，不能说不近，但她与室友并没有形成亲近关系。

（二）熟悉吸引

熟悉能够增进人际吸引。美国社会心理学家罗伯特·扎荣茨（Robert Zajonc）曾做过这样一个有趣的实验：他要求被试者看一些人的面部照片，有些照片看25次，有些照片只看1~2次。然后问被试者对照片的喜欢程度。结果表明，看的次数越多越喜欢。这在社会心理学中被称为曝光效应。

在实际交往中同样可以发现，有的男生看到某一漂亮女生后，就在对方面前频频曝光，对方果然从不注意到注意，再由注意到喜欢。那些名人、明星时不时通过媒体保持一定的曝光率，以便让观众更多地注意、了解他们，成为其"粉丝"。这都是熟悉引起的结果。

虽然"熟悉能够增进人际吸引"，但并非"多多益善"。也就是说，当熟悉的程度超过一定限度时，不但不会引起更多的喜欢，反而会让人出现"审美疲劳"，使人厌烦。这也是大学生寝室人际关系多冲突的原因之一。因为大家同在一个屋檐下，朝夕相处，彼此了解，将自己真实的一面暴露无遗，这样就容易导致各种冲突的发生。

（三）相似吸引

相似性能增进人际吸引。俗语"物以类聚，人以群分""志同道合"等，说的就是交往双方因在性格、态度、信仰和价值观等方面具有相似性而彼此投缘和相互喜欢。

相似性涉及许多方面，如兴趣爱好、立场观点、处事态度、理想信念、价值追求、年龄经历、社会背景、地域民族、宗教信仰等，其中以态度、信念和价值观的相似最为重要。许多研究表明，相似性与喜欢之间存在直接的正相关关系。他人越是与自己相似，便越是喜欢这个人。社会心理学家纽科姆曾用现场研究证明，在研究开始时那些信念、价值观和个性特点类似的大学生，在研究结束时变成了好朋友。

因相似性而引起的人际吸引在大学生交往中普遍存在。譬如，大学生与同乡同学交往频繁、关系密切，主要原因是他们有相似的风俗、语言和习惯等，从而在心理上比较接近，容易产生情感互动，形成亲密人际关系。另外，大学生参加社团活动，与社团成员结成较为紧密的联系，最大原因是他们有共同的兴趣爱好、一致的价值追求以及奋斗目标等。

案例7-1中乐乐的三位室友，有着相似的家境、相同的兴趣爱好以及趋近的价值追求等使彼此更容易相互吸引，进而形成亲密关系。

（四）互补吸引

互补性也能增进人际吸引。因为人际交往是交往双方为满足各自需要而进行的互动过程。当交往双方各自所具有的品质和表现出的行为正好符合对方的期望和需要时，往往会产生强烈的人际吸引。

美国社会心理学家艾伦·C. 克克霍夫（Alan C. Kerckhoff）对已建立恋爱关系的人群进行研究后发现：对长期伴侣来说，推动吸引力的动力主要是相似的价值观念，而维持婚姻长久的基础则在于夫妻之间需求的互补。互补性在异性朋友、夫妻之间表现得尤为明显。"男女搭配，干活不累"说的就是这个道理。

一位活泼健谈的学生和一位沉默寡言的学生结成了亲密伙伴，一位主动支配型的男生和一位被动顺从型的女生发展成了一对恋人等，这些都是交往双方之间相互取长补短、各取所需的结果。

值得一提的是，只有当交往双方相互形成互补时，才会产生人际吸引，仅有不同并不必然导致吸引。譬如，在案例7-1中，乐乐与三位室友在家庭背景、兴趣爱好、价值追求等方面都不同，这些不同没有在双方之间形成互补。因此，她与室友之间不是相互吸引，而是逐渐疏远。在交往中，相似性是形成人际吸引的基础，互补性则起到补充作用。

（五）仪容吸引

俗话说：爱美之心，人皆有之。在同等条件下，人们对那些仪表端庄、容貌漂亮、气质优雅的人更容易产生好感，并且印象深刻。外表容貌在初次交往中是一个重要的吸引因素，在异性交往中尤为显著。亚里士多德曾说："美丽比一封介绍信更具有推荐力。"在大学校园里，经常可见那些颜值高的男、女生身边不乏众多的追求者、倾慕者和暗恋者。他们因拥有出众的外表而受人瞩目、广受欢迎。

值得重视的是，随着交往的深入，外貌对人际吸引的作用将逐渐减弱，取而代之的是个体出众的人品、才华、能力以及独特的人格魅力等。这些良好品质是个体最终赢得好人缘的根本所在，需要在实践中不断努力磨砺而成。总之，大学生既要注重修饰外表，更要着力美化心灵，做一个内外皆美的人。

> **思考题？** 你是如何看待大学生中的"容貌焦虑"的？对此，你有什么建议？

（六）才能吸引

才华能力在人际吸引中的作用比较复杂。研究表明，并不是个人能力越高、越完善，就越受人欢迎。一个完美无缺的人往往因其高不可攀，未必会讨人喜欢。相反，一个很有才华的人，即使有一些缺点，也会更受人欢迎。美国社会心理学家艾略特·阿伦森（Elliot Aronson）等人的"犯错误效应"实验就证实了这点。实验发现：才能出众而犯了错误的人最有吸引力；才能出众且没有犯错的完美者吸引力排第二；才能平庸而犯错误的人最无吸引力。这表明，人们喜欢那些有才华、有能力的人，犯错误并不影响人们对其的评价，反而因其与普通人更为接近，从而使吸引力更增一层。

为增强人际吸引力，大学生一方面要发挥才能，另一方面要注意避免成为"完人"，否则会使他人觉得遥不可及，产生疏离感。那些被称为"男神""女神"的大学生，往往并不是最受欢迎的人。对于他们来说，与人交往时更需以谦和、真诚的态度对待他人，还要允许自己偶尔犯点小错误，给人以真实感和亲近感。

（七）人格吸引

人格也称个性，包括兴趣、爱好、气质、能力、性格、理想、信念、世界观等方面。它是人际吸引中最为本质、关键的因素，对人际吸引具有持久、稳定和深刻的作用。一个有人格魅力的人，往往会受人欢迎。

一般来说，那些受人欢迎的大学生大多具有以下一些人格特征：性格开朗活泼、为人忠诚正直、心胸开阔坦然、做事稳重可靠、待人热情大方、尊重理解他人、热爱关心集体、工作认真负责等。而那些受人嫌弃的大学生则往往表现出以下一些人格特征：为人自私、心胸狭隘、做事毛糙、敷衍了事、待人冷漠、虚情假意、苛求他人、固执己见、自我中心、不尊重他人、自卑或自负等。一些大学生人际关系不良，大多与其个性缺点有关。为增强人际吸引力，应从优化个性品质这一根本入手。

> **思考题？** 请谈谈内倾型人格和外倾型人格在人际交往中各有哪些优势和不足，并思考该如何完善不足之处？

阅读材料 7-2

受人欢迎的"三A"法则

美国著名人际关系学家莱斯·吉卜林（Les Giblin）经过多年研究与实践，总结出受人欢迎的三大秘诀，即接纳（accept）他人、赞同（agree）他人和赞美（appreciate）他人，简称"三A"法则。

（1）接纳他人，指乐于接受一个人的本来面目，包括他的缺点与错误，给予他一种改变自身的力量，而不是去改变他。无条件地尊重和接纳他人，是对别人的肯定和支持，本身就具有强大的改变力量。

（2）赞同他人，指坦率而真诚地赞同他人引起你共鸣的观点，而不是处处抬杠或反驳他。通过赞同，使对方拥有归属感与认同感，这是一种因求同而产生的人际吸引。

（3）赞美他人，指真诚地赞美他人的优点、行为或性格，赏识他人，而不是批评和指责。"人性中最深切的品质，是被人赏识的渴望。"赞美是世界上最优美、最动听的语言，能够激发人的潜能，创造出和谐的人际关系。

三、掌握人际交往理论

心理学家在对人际交往行为模式进行研究的基础上，提出了若干人际交往理论。其中，社会交换理论、PAC理论和情感强化理论等最具代表性。

（一）社会交换理论

美国社会学家乔治·卡斯帕·霍曼斯（George Caspar Homans）受强化心理学和经济学理论的启发，提出了社会交换理论。该理论把人际交往过程看作一种商品交换过程，认为人际交往有赖于双方的相互满足、相互强化，人际关系是个人或团体彼此寻求满足的需要状态。它揭示了人际行为中的交换规律，为了解人的社会行为、解释人际吸引现象提供了有益的借鉴。

在霍曼斯看来，人际交往类似于一种商品交换，不仅包括物质交换，还包括赞许、声望等精神交换。人们在交往时遵循的是利益原则。所谓利益，是指从他人处得到的收益（报酬和奖赏等）减去自己付出的成本。当人们在交往中得到的报酬和奖赏越多，其相应的行为就越会受到重视。该理论还认为，人们能否相互吸引，人际关系能否持续，主要取决于双方需要的满足程度。当双方都能从交往中获益时，交往就能继续。反之，则交往中止。

社会交换理论给我们的启示是：大学生在人际交往中，需要遵循互惠互利、公平交换原则，寻求双方共同的利益和愿望，力求实现双赢。过度受益和过度受损都不利于人际关系的建立。正如古人云："来而不往非礼也。"

（二）PAC理论

美国心理学家埃里克·柏恩（Eric Berne）在《人们玩的游戏》一书中提出了PAC理论（又称相互作用分析理论、人格结构分析理论等），用来说明人际交往中角色心态对人际沟通效果的影响。该理论认为，每个人的"自我"由三种心态构成，即"父母"（parent）心态、"成人"（adult）心态和"儿童"（child）心态。它们汇聚成人的个性，蕴藏在人的潜意识中，在一定条件下，会不自觉地表现出来。

PAC三种角色心态的比较详见表7-1。

表 7-1　PAC 角色心态比较

角色心态	标志	行为特征	说话风格	处事态度
P 父母心态	以权威、优越感及长者自居	统治人、训斥人、家长式作风	"你应该……你必须……你不能……"的命令式	主观、独断专横、滥用权威
A 成人心态	心理成熟、客观理智	冷静理智、慎思明断	"我的想法是……你考虑考虑……"的商讨式	待人接物冷静、平等民主、尊重他人
C 儿童心态	自我中心、感情冲动、任人摆布	幼稚、冲动无主见、依赖畏缩	"我猜想……我不知道……我不管……"的幼稚式	不稳定、耍孩子脾气

该理论认为，不同的心态可构成不同的交往组合。交往持续与否取决于双方相互作用的平行关系。如能达成平行，交往就可持续，否则，交往就将终止。譬如，甲对乙说："你这寝室卫生是怎么打扫的？地还这么脏，你得重做。"乙说："我不管，我就是这样。"在这里，甲是以 P（父母心态）出现，而乙是以 C（儿童心态）出现，他们之间是 PC 沟通模式，是一种非平行的"交叉性"关系，易致沟通中断，人际关系紧张。

最理想的人际相互作用模式是 A（成人心态）对 A（成人心态）模式。在此模式下，交往双方彼此平等、尊重，以客观、冷静的态度商讨处理问题，人际沟通最为有效。在大学生人际交往中，此模式最值得提倡。例如，丙对丁说："这次期中考试我数学没考好，可否请你帮我分析一下原因？"丁说："我觉得你没考好主要有两个原因，一是你平时努力程度不够，二是试题本身存在一定难度。"在此，丙、丁都以 A（成人心态）出现，是一种成熟、平等、理智的平行关系，可使沟通顺畅，让人际交往持续、良性发展。

（三）情感强化理论

情感强化理论是用来解释情感强化与人际吸引之间关系的一种理论，它建立在行为主义心理学的强化理论基础之上，由美国社会心理学家伯恩和美国社会心理学家查尔斯·霍顿·库利（Charles Horton Cooley）于1974年提出。该理论认为，人们喜欢给自己奖励，而不喜欢给自己惩罚，前者有愉悦体验，因而产生吸引，后者带来厌恶感觉，因而产生排斥。

伯恩和库利认为，人际吸引的大小与奖罚有相应关系。如果和交往对象接触后紧跟着诸如表扬、称赞、报答之类的奖励，就会引起对方的喜欢，产生愉悦的情绪体验，对行为起正强化作用，人际吸引会进一步增强。相反，如果和交往对象接触后紧跟着诸如批评、讽刺、嘲笑之类的惩罚，则会引起对方的厌恶和反感，减少或失去与对方交往的热情，对行为起正惩罚作用，毫无人际吸引可言。

情感强化现象在大学生人际交往中普遍存在。通常情况下，同学们都喜欢那些嘻嘻哈哈、幽默搞笑的乐天派，因为与他们在一起能感受到轻松、愉快和惬意；还喜欢那些给自己以肯定、鼓励和信任的同学。这个过程经不断强化，双方人际吸引会大为增强。相反，与愁眉苦脸的悲观者在一起，受其影响，体会到的是焦虑和忧愁，难以产生人际吸引。而那些指责、埋怨、否定自己的人则是我们要尽力回避的。

情感强化理论告诉我们：在人际交往中，应尽可能给对方点赞，给予对方真诚的赞扬，切不可做差评师，更不能恶语相向、毒舌损人。唯有如此，才能建立良好的关系。

文档7-3：怎样和陌生人说话

第二节 多维透视：大学生人际交往面面观

大学生人际交往错综复杂，需要从多个角度进行透视，才能把握其全貌。

一、直面大学生人际交往现状

关于大学生人际交往现状，可从以下一些具体个案来认识。

（一）个案描述

案例 7-2

大一男生小强，在入学后的两个月里，已多次与室友产生矛盾。原来，他有早睡早起的习惯，但他的三个室友都是"夜猫子"，经常因打游戏或上网而晚睡。小强多次提醒、劝说后，均不见效。另外，小强还爱干净，但三个室友不太讲卫生，换下来的脏衣服不及时清洗、卫生也打扫不干净，导致寝室"脏、乱、差"。小强多次批评室友，仍不见改观。他很是郁闷，无奈之下，只好选择逃离寝室。

案例 7-3

大二女生小倩，性格自卑、敏感、多虑。进入大学后，她几乎没有朋友。一次偶然的机会，她通过QQ、微信等社交平台找到了可以倾诉和分忧的网友，这让她兴奋不已。现实中人际关系的缺失使她迷恋上了网络交友。而过度的网络交友又削弱了她的现实人际关系，从而使其陷入"越交往，越寂寞"的恶性循环之中。不仅如此，最后她发展到对网络欲罢不能，落入网瘾的陷阱。

案例 7-4

大一男生小军，性格内向且谨小慎微。在一次课堂回答老师提问时，因在大庭广众之下紧张而说错了话，引得全班哄堂大笑。当时，小军羞愧极了，恨不得找个地洞钻下去。自此之后，小军开始害怕老师在课堂上叫他回答问题，每次都是胆战心惊。课后也不敢与同学交往，生怕被人取笑。后来，竟发展到害怕在老师和同学面前讲话，尽力回避与他们接触。于是，他整天逃课，躲在寝室打游戏、睡觉。

上述个案是大学生人际交往的缩影。在现实中，的确有一部分大学生存在一些令人担忧的问题，如异性交往困惑、寝室矛盾冲突、网络交友不当等，个别严重的甚至患上了社交恐惧症。

（二）总体评价

研究资料显示：当代大学生人际关系总体状况良好，大部分学生对自己的人际关系表示满意或比较满意，只有少数大学生认为自己的人际关系存在一定困扰。尽管如此，少数大学生的人际交往困惑以及由此导致的心理问题仍应引起重视。相关资料表明，人际关系是一些学生面临的最大难题，成为他们在校期间最大的压力。

从心理咨询工作实践看，人际关系困惑在大学生心理咨询的各类问题中居前列。马建青等人对全国300余所高校的心理健康工作者进行问卷调查后发现，人际关系问题是引起大学生心理危机的重要因素之一，居第二位（认同率达55.1%）。[①] 近年来发生的大学生因为寝室同学矛盾而引发的血案是人际冲突的极端表现。

事实表明，人际交往障碍已成为影响大学生心理健康的主要因素之一。帮助学生掌握人际交往技能，提高人际交往能力，促进身心健康发展，是心理健康教育义不容辞的责任。

测试 7-2：
人际关系自我
评定量表

二、把握大学生人际交往特点

大学生人际交往既具有鲜明的时代性，又具有自身的独特性。充分认识这些特点，

---

① 马建青，等.大学生心理危机干预的理论与实务[M].杭州：杭州出版社，2011：190.

有助于促进大学生人际交往的健康发展。

（一）交往心理特点：渴望与困惑交织

大学生对人际交往非常渴望。首先，人际交往是青少年心理发展的特殊需要。德国心理学家爱德华·斯普兰格（Eduard Spranger）曾说："在人的一生中，再也没有像青年时期那样强烈地渴望被理解的时期了……没有任何人会像青年那样深陷于孤独之中，渴望被人接近与理解。"大学生正值青年时期，希望从人际交往中获得尊重、信任、理解和认同。其次，人际交往是适应大学新生活的重要内容。面对全新的环境，大学生对人际交往的需求更为强烈。他们期待从友谊中获得温暖、爱和归属的需要，以排遣孤独与寂寞。最后，人际交往是进入职场后顺利发展的需要。通过人际交往，大学生不仅能习得与人相处之道，还能积累人脉资源，为今后走入职场、处理职场人际关系打下良好基础。

同时，大学生对人际交往也充满困惑。一些大学生因性格缺陷、不良心理等因素的作用，在人际交往中饱受各种困扰。譬如，有些大学生因胆小或性格内向，不敢主动与人交往，从而错失交往机会；有的大学生在交往中防备心理过重，"逢人只说三分话"，却要求对方不能有所保留，使得人际交往难以持久；有些大学生过于以自我为中心，自私自利，从不考虑他人的利益和需要，没有人愿意与之交往；有些大学生在交往中未能将对方置于平等地位，居高临下、盛气凌人，使别人难以忍受；还有些大学生对人际交往存在恐惧心理，他们往往回避他人，不敢在社交场合露面。当内心渴望与困惑相矛盾的心理长期交织时，将对大学生的心理健康发展产生不利影响。

（二）交往对象特点：求同与求异兼有

大学生在交往对象的选择上表现出求同性。求同性是指大学生倾向于选择那些与自己具有相同点的同学作为交往对象。这一特点实际上是相似性吸引在人际交往中的体现。如大学生会基于地缘关系与老乡进行交往，有基于业缘关系与同班、同专业、同系的同学交往，有基于趣缘关系与社团的同学交往，有基于共同价值观和信仰与志同道合的同学交往等。

同时，大学生在人际交往中也表现出求异性。求异性是指大学生选择那些与自己具有互补特点的同学作为交往对象。这一特点是互补性吸引在人际关系中的具体体现。如经常可见那些性格内向的同学与性格外向的同学成了朋友，工作能力强的同学与能力弱的同学组成了合作团队，男女同学搭配提高了工作效率等。

求异性特点在大学生异性交往中尤其值得重视。大学生性生理已经发育成熟，性心理也趋于成熟，他们对异性充满兴趣，渴望与异性的亲近与交往。但现实中，男女同学的交往状况不尽如人意。在与异性交往时，有的感觉无话可说，有的感觉拘束、紧张、不自然，有的则不知如何把握交往分寸，常把友情错当成爱情，这些都影响了男女生之间的正常交往。

> **思考题？** 有人认为，异性之间只有爱情，没有友谊，对此你怎么看？

（三）交往方式特点：现实与虚拟相结合

随着网络和手机媒体时代的到来，人们原有的交往方式正面临挑战和改变。当前，大学生通过手机和电脑网络等方式进行人际交往的现象已非常普遍。他们在QQ、微博、微信等社交平台中组建各种朋友圈，编织人际关系网，以致出现了过度依赖网络交友的倾向。

大学生人际交往的途径有：他人介绍、社团活动、实践活动、兼职实习、网络社交平台、手机等。前几种是在现实世界中进行，以面对面交流为主的沟通方式，而网络、手机交往则是在虚拟环境下进行，实质上是一种人机交往方式。新媒体的发展使大学生人际交往呈现出新特点，即虚拟和现实相结合，并有逐渐向虚拟交往发展的倾向。

需要注意的是，虚拟"人机交往"终究无法取代现实"人际交往"。过分关注网络交往反而会降低人的社交水平，逐渐丧失现实交往能力，造成人际交往障碍，引发人际关系失调，从而导致幸福感降低以及孤独感、抑郁感增加。从长远来看，沉溺于网络、手机交友会给大学生的身心健康带来危害，如网络成瘾综合征、网络孤独症等。为此，大学生要注重发展现实人际关系，不沉溺于网络交友。

> **思考题？** 现在不少大学生热衷于网络交友，对此你怎么看？

（四）交往动机特点：情感与功利并存

注重情感内涵是大学生人际交往的显著特征。从交往动机来看，多数大学生的出发点是"寻求精神安慰"或"使自己生活愉快"，强调兴趣一致或性情相投成为他们择友的主要标准。这是因为大学生正处于情感丰富而激荡的年龄阶段，他们对情感的需求非常强烈，希望获得深刻的情感体验。但在市场经济下，商品的等价交换和公平交易原则已渗透到人际交往领域。在现实中，有些大学生的人际交往逐渐从情感型转向功利型，他们与人交往的目的是"能帮助自己解决实际问题"或"从中获得某种利益"。基于此，他们会选择那些"对自己有用、有帮助的人"作为交往对象。这种功利化的交往动机往往会给大学生人际交往带来许多困扰和不良后果，要注意警惕这种不良倾向的蔓延。

此外，大学生人际交往还具有社会开放性、对象广泛性、形式多样性和个体差异性等特点。

三、探讨大学生人际交往问题

人际交往涉及认知、情感、态度和行为等方面。大学生人际交往主要存在以下问题。

（一）交往认知非理性

大学生人际交往问题虽然表现形式多种多样，影响因素错综复杂，但认知偏差是其中最普遍、最根本的原因，大多数人际交往问题都与非理性认知有关。常见的主要有：①我必须与周围的每一个人都建立密切关系；②应随时防备他人，言多必失；③接受别人的帮助，必须立即予以回报；④人都是自私和虚伪的，不可信任的；⑤每个人都必须喜欢我，按照我的想法去做；⑥只有顺从他人，才能保持友谊；⑦别人对我好，是想利用我或占我的便宜；⑧有些人自私自利、斤斤计较，他们应该受到指责和惩罚，我不能与他们来往；⑨朋友之间应该坦诚，所以不应有保密的事；⑩如果有一个人对我不好，说明我的人际关系有问题；⑪应随时思考别人是否有兴趣与我交往。[①]这些非理性认知正是造成大学生人际关系困惑或障碍的主要原因。

（二）交往情感趋弱化

大学生择友往往从精神需要出发，注重情感内涵。然而，人是环境的产物。一些大学生受实用主义、功利主义等社会思潮以及商品经济大潮的影响，在人际交往中逐渐偏离了情感轨道，充满了各种实用和功利的动机，使原本简单温情的人际关系逐渐变得复杂和庸俗。在当今高度物欲化的社会里，大学生人际交往呈现出情感弱化的趋势，应值得警惕。

在当前大学校园里，少数学生为在竞选干部、评奖评优和入党等方面顺利过关，通过请客吃饭、套近乎等各种"情感投资"手段，与老师、同学拉近关系。能否以及能在多大程度上给自己带来利益与好处，成为有些大学生人际交往的标准和尺度。虽然这种复杂、功利化的人际交往只是少数学生所为，但由此带来的消极影响不容忽视。

当前，一种新的人际交往情感弱化现象——"淡人"社交悄然出现。"淡人"是指那种性格淡泊，对人和事都保持淡然态度的人。他们不愿有过多的社交互动和情感投

---

① 马建青.大学生心理卫生[M].2版.杭州：浙江大学出版社，2003：61.

入,使人际关系处于"淡淡"的状态。这可能与个体性格和人际交往压力有关,也是一种值得注意和探究的现象。

(三)交往态度不端正

一般来说,有什么样的交往态度,就会有什么样的交往行为,进而产生什么样的人际关系。美国心理学家爱利克·伯奈(Eric Berne)依据对自己和对他人所采取的基本生活态度,提出了人际交往的四种模式:①我不好—你好,我不行—你行;②我好—你不好,我行—你不行;③我不好—你也不好,我不行—你也不行;④我好—你也好,我行—你也行。[1]

案例7-1中的乐乐在人际交往中持"我不好—你好,我不行—你行"的态度。持此态度的学生常常否定自己,肯定别人,妄自菲薄,自卑怯弱,在交往中容易放弃自我、顺从他人,或者封闭自我、不敢与人交往。社交恐惧的人往往持此态度。相反,有的学生持"我好—你不好,我行—你不行"的态度。他们肯定自己,否定别人,狂妄自大,唯我独尊,高高在上,盛气凌人,缺乏平等尊重意识,让别人难以忍受。也有的学生持"我不好—你也不好,我不行—你也不行"的双否定态度,既否定自己也否定别人。他们悲观、绝望、退缩,人际交往陷入困境。

显然,大学生应持"我好—你也好,我行—你也行"的健康交往态度,既悦纳自己,也包容他人。在这种积极乐观的心态下,人际交往才会实现"双赢"。

(四)交往行为欠主动

在交往中,双方只有以开放的心态、热情的态度和积极的行动,才能启动关系、发展友谊。因此,对个体而言,只有开放自己,主动走近他人,才能得到朋友。相反,若在交往中一味采取消极被动、退缩的方式,总希望别人主动,期待友谊从天而降,往往会错失与他人建立、发展友谊的宝贵机会。被动交往不能使个体打开交往局面,被动选择不能使自己如愿交上朋友,也不能以自己喜欢的方式进行交往。

现实中,种种情况导致一些大学生出现被动交往行为。譬如,有些大学生个性比较内向、沉默寡言、孤僻冷漠,在交往中多采取逃避、退缩等消极方式。有些大学生羞涩、胆小,特别是一些女生,不敢主动迈出与人交往的第一步。有些大学生防备心过重,害怕自己在人际交往中被人利用和伤害,只好形单影只,掩面叹息。有些大学生因有人际受挫经历,"一朝被蛇咬,十年怕井绳",对人际关系持怀疑、否定态度。

值得一提的是,被动型人际交往的大学生一般会积极响应别人的交往请求,比较容易接受他人的领导,甘愿充当配角,等待与他人建立人际关系。

---

[1] 马建青.大学生心理卫生[M].2版.杭州:浙江大学出版社,2003:180.

第三节　自我调适：大学生交往能力提升策略

掌握人际交往方法，提高人际交往能力，构建和谐人际关系，是人生的必修课。大学生可从交往原则、交往认知、交往心理和交往艺术这几个方面入手，提高自身的人际修养。

一、遵循交往原则

人际交往是人与人的互动。为使互动顺畅、有效，需要遵循一些基本原则。

2012年，党的十八大首次规定了"社会主义核心价值观"的基本内容："倡导富强、民主、文明、和谐，倡导自由、平等、公正、法治，倡导爱国、敬业、诚信、友善，积极培育和践行社会主义核心价值观。""三个倡导"分别规范了国家层面的价值目标、社会层面的价值取向和个体层面的价值准则。其中，"诚信、友善"的价值准则是对人与人之间相处的基本要求，为大学生人际交往原则提供了根本遵循。

（一）平等尊重

现实中，大学生个体在家庭背景、经济状况、社会资源、个人信仰、能力水平、性格特点等方面存在较大差异，但他们在地位和人格上却是平等的。随着自我意识的成熟和独立性、自尊心的增强，大学生的平等意识更为强烈，对交往平等也更加渴望。人际交往中的平等，主要是指地位、态度和人格的平等，即平视对方，不颐指气使，不盛气凌人，也不把自己的意志强加于人。

在平等的前提下，人际交往还需遵循尊重原则。渴望受人尊重是每个人的基本心理需求。所谓尊重是自尊和他尊的统一。自尊是指尊重自己的人格，表现为在交往中既不向他人卑躬屈膝，也不容许别人歧视侮辱。尊重他人就是重视他人的人格、习惯和价值，维护对方的自尊。总之，大学生在人际交往中，既要尊重自己，又要尊重他人，做到彼此相互尊重。古人云："敬人者，人恒敬之。"

（二）热情真诚

热情是指对待他人所表现出来的热烈、积极、主动和友好的情感或态度。心理学实验证明：喜欢别人的人最受别人喜欢。古人亦云："投之以李，报之以桃。"肯定、喜欢他人的人，也会获得他人的积极评价和喜欢。可见，热情具有强烈的人际吸引力。在校园里，热情的学生往往受人欢迎，从而开启成功之门。而冷漠的学生则遭人厌恶和嫌弃。因此，大学生人际交往中要拥有热情这把"钥匙"。

真诚是心与心沟通的桥梁。古人云："以诚感人者，人亦诚而应。"在人际交往中，双方若能做到以诚相待、真实可信，彼此之间就会有安全感和信任感，才有可能建立亲密关系。真诚也是人际关系得以延续和深化的保证。心理学实验表明：真诚和真实最受人欢迎，而说谎和虚伪最遭人唾弃。为此，大学生在人际交往中要远离谎言、虚假和欺骗，做到真心实意、表里如一、言行一致。

（三）宽容大度

宽容是一种以容忍和谦让对待人与人之间的差异、误会、分歧，处理或应对他人对自己感情的伤害、利益的侵犯和某种无理行为的态度。在一定原则和某种限度内，一般不采用针锋相对的反击态度。大度是指胸怀开阔、气量宽宏，表现为对非原则问题不斤斤计较，能克己容人、以德报怨。宽容大度是建立良好人际关系的法宝。英国文艺复兴时期剧作家、诗人威廉·莎士比亚（William Shakespeare）说："一个人的胸怀能容得下多少人，就能赢得多少人。"

文档7-7：心存感激，放下怨恨

大学生由于个性特点、成长环境、生活习惯、个人修养等不同，有时难免会与他人发生意见相左、矛盾冲突。一些人由于心胸狭隘、固执己见、苛求他人、锱铢必较、以牙还牙、与人为敌，导致人际交往失败。相反，另一些人在面对分歧时，能克己忍让、求同存异；在面对矛盾冲突时，能既往不咎、宽大为怀、化敌为友，从而拥有良好的人际关系。宽容大度要求能让人时且让人，能容人时且容人。

视频7-2：非暴力沟通——提升人际沟通的有效方法

阅读材料 7-3

海格力斯效应：宽容是金

在希腊神话故事中，有位英雄大力士叫海格力斯。一天，他在回家途中，看见脚边有个像鼓起的袋子一样的东西，很难看。海格力斯怀着好奇之心踩了那东西一脚，谁知那东西不但没被踩破，反而膨胀起来，并成倍地增大，这彻底激怒了海格力斯。他顺手抄起一根碗口粗的木棒，狠狠砸向那个怪东西。不料，那东西竟膨胀到把路也堵死了。

海格力斯奈何不了它，正在纳闷时，一位圣者出现在他面前，对他说："朋友，快别动它了，忘了它，离它远去吧。它叫仇恨袋，你不惹它，它便会小如当初；你若侵犯它，它就会膨胀起来与你敌对到底。"

海格力斯效应是指那种"你对我不仁，我就对你不义""以眼还眼，以牙还牙""以其人之道还治其人之身"的不懂宽容的狭隘心理。它是一种人际或群体间存在的冤冤相报、致使仇恨越来越深的社会心理效应。它给我们的启示是：要用宽容大度之心包容他人，化仇恨为慈悲，这是人际和谐的黄金法则。①

（四）互惠互利

社会交换理论认为，人际交往类似于社会交换过程，既包括物质利益的交换，也包括如赞许、荣誉、声望和威信等精神需求的交换。人际关系持续与否的基础和关键是能否满足交往双方的需要。如双方需求都能从交往中得到满足，则人际关系得以维持。若一方需求得不到满足，人际关系就趋向终止。这意味着，交往中的互利性越高，关系就越稳定、密切；互利性越低，关系就越疏远。

互惠互利，既指精神上的相互抚慰、鼓励、支撑、尊重、信任和接纳等，也指物质上的慷慨解囊、救济帮扶等。大学生在交往中，不能只讲索取，不讲奉献，应立足于双方共同利益和愿望，在合作中实现双赢。正常、健康的人际交往应是双向互动、互惠互利的。一方付出，另一方应心存感激，懂得感谢与回报；同理，一方在获取的同时，也需向对方付出。

二、矫正认知偏差

在人际交往中，对交往对象的认知正确与否直接影响人际关系的正常发展。一般来说，需矫正以下认知偏差。

（一）减少先入为主的首因效应

首因，即最初的印象或称第一印象。第一印象的好坏，往往是双方能否继续交往的重要条件和依据。倘若给彼此留下好的第一印象，那么双方继续交往的可能性就会大大增加，从而推动人际关系的发展。反之，双方继续交往的可能性就微乎其微，人际关系则无从建立。因此，初次交往应尽可能给对方留下好印象。

---

① 沈建伟，黄正福.伴着健康起航——大学生心理发展与健康训练[M].上海：上海交通大学出版社，2013：53.

值得重视的是，第一印象往往会给人带来先入为主的倾向，极易产生认知的片面性。首因效应所获得的是交往对象的仪表仪容、气质谈吐等初步印象，仅凭有限的表面信息对交往对象加以归类，并做出推论、判断，往往并不可靠。一个人的道德品质、思想修养、素质能力等内涵，不是第一印象所能把握的，正所谓"知人知面不知心"。

（二）弱化后入否定先入的近因效应

近因，即最后的印象。近因效应在感知交往对象时，人们对最后印象往往较深，甚至会压倒最初印象，从而出现后入否定先入的思维判断。这种倾向常会导致以偏概全的认知偏差。在日常生活中，近因效应非常普遍。譬如，一位学生平时表现很好，可一旦做错了事，就容易给人留下深刻的负面印象；一位默默无闻的学生，经过一段时间的勤奋刻苦，结果一鸣惊人，令人刮目相看等。

在人际交往中，要注意防止近因效应产生的认知偏差及其负面影响。譬如，有的大学生与室友关系情同手足，以兄弟姐妹相称，但由于对某一问题各执己见，或是一场误会，或是对方无意间说错一句话、做错一件事，就以最近"过错"来否定之前的一切，结果双方断交，走向陌路，令人惋惜。为克服这种不良后果，应采用"对事不对人"的处理方式，并用历史的、动态的、发展的眼光来看待对方。

（三）防止以偏概全的晕轮效应

所谓"情人眼里出西施""一俊遮百丑"，说的就是晕轮效应。晕轮效应是个人主观推断、泛化的结果，是一种以点概面、以偏概全的认知反应，在大学生人际交往中普遍存在。例如，男女学生对那些有魅力的同学赋予较多理想的人格特征，常为那些容貌漂亮的同学设计美好的未来。

在交往中，大学生要防止晕轮效应带来的不利影响。譬如，有的大学生对学习非常看重，认为那些学习好的同学其他方面也好，如思想好、能力强等，把对方视为"偶像"，其实不一定。而对那些平时表现不太好的同学，则可能会往坏处想，将他们一棍子打死，认为不值得与其交往，但事实并非如此。为避免对方某一突出表现而干扰自己的认知视线，大学生应尽量采取客观、公正的态度。

（四）消除固化看法的刻板印象

刻板印象，是指人们对于某类事或某类人产生一种固化的看法和评价，并把这类看法和评价作为对某类事或某个人的看法与评价。苏联社会心理学家包达列夫曾做过如下实验：将一个人的照片分别给两组被试者看，照片上的人眼睛深凹，下巴向外翘。他对甲组的人说"此人是个罪犯"，对乙组的人则说"此人是位著名学者"。看完照片后让被试者对此人的特征进行评价。结果，甲组被试者认为：此人眼睛深凹表明他凶狠狡猾，下巴向外翘反映他顽固不化。乙组被试者则认为：此人眼睛深凹表明他思维深邃，下巴向外翘说明他意志坚强。

刻板印象具有两面性。积极面是人们可以根据固有经验对他人或事物做出大概的了解，缩短、简化认知过程。消极面是以过去有限的经验为基础，容易使人产生偏见、成见，甚至错觉，给人际交往带来负面影响。譬如，男生总认为女生细心、胆小、娇气，若男生以此刻板印象与女生交往，结果就可能碰壁甚至伤害对方。

为避免刻板印象带来的消极影响，一方面，大学生要以发展的眼光去认知他人。原有经验固然重要，但由于认识对象的复杂性和发展性，经验并不具有普遍的指导意义。另一方面，大学生要本着客观、全面的原则，具体而深刻地观察和分析各种有关信息，在实践中深入认识和了解他人，切不可想当然，乱对号。

（五）避免以己度人的投射效应

投射效应是指认知者把自己的情感、意志、特征投射到他人身上并强加于人的一种认知障碍。投射效应是人的内在心理的外在化，具有以己度人、由己推人的倾向，认为自己具有某种特性，他人亦是如此，结果做出错误判断，造成交往障碍。"以小人之心，度君子之腹"就属投射现象。由投射效应带来的认知主观性、随意性以及猜疑心理，会严重影响正常的人际关系。

投射现象在大学生人际交往中亦非常普遍。例如，一位自私自利的学生总认为别人也很自私，一位经常说谎的学生总认为他人的话是不可信的，等等。由于投射作用的影响，大学生在人际交往中容易产生各种误解。为此，应克服和摒弃个人主观臆断、妄想猜测，做到一切从实际出发，通过换位思考看人处事，尽量减少人际交往矛盾和误区。

文档7-10：苏东坡与佛印禅师的故事

三、克服心理障碍

研究发现，不良人际关系与人的某些心理障碍有关。常见的心理障碍有以下几种。

（一）羞怯心理与恐惧心理

羞怯主要有三类：一是气质性羞怯。腼腆、内向、胆怯是这类羞怯者的典型特征。二是认识性羞怯。这类羞怯者过分注重自我，特别在乎别人的评价，唯恐自身言行有误而被人耻笑，缺乏交往主动性。三是挫折性羞怯。这类羞怯者因遭遇挫折而变得胆怯怕事，消极被动，如一次唱歌跑调、一次当众出丑等都可能引起羞怯。

对多数人来说，通过社会化途径，就可将羞怯逐步减弱或消失，而少数人则需通过心理咨询才能战胜。

恐惧是一种个体企图摆脱、逃避某种情景而又无能为力的情绪体验。它对人际交往会产生破坏性影响。如有的大学生在陌生异性面前、大庭广众之下或集体活动之中常感到紧张、气喘流汗、面红耳赤、语无伦次、词不达意等。恐惧使其不敢与人交往，但越是恐惧，就越回避、退缩，长此以往可导致社交恐惧症。

社交恐惧又称"社恐"，是人们逃避社交的代名词。它是恐惧的一种病态形式。患者对人际交往感到一种强烈的和非理性的害怕，所产生的恐惧与现实刺激的危险性不相一致。这种情况需要接受专业心理咨询和治疗。对有社交恐惧的学生来说，越是恐惧，越应努力多与人交往，让自己逐渐脱敏。

阅读材料 7-4

应对社交恐惧症

社交恐惧症是一种病态恐惧，是人际交往的"克星"。那么，如何克服社交恐惧症？主要有以下两种应对方法。

一是系统脱敏疗法。该方法是先学会身体放松，然后在脑海中逼真地再现那些引起自己恐惧的社交场景，按照刺激由弱到强的顺序进行。每当恐惧来临时，就让自己放松，然后再想象、再放松，如此循环，直至恐惧消失。

二是冲击疗法。该方法又称满灌疗法或暴露疗法，是将自己置于最恐惧的社交场合，体验极度恐惧。当预想中的危害并没有真正发生时，恐惧情绪就会逐渐消退，并坚持到使自己对此刺激习以为常时结束。

通常，这两种方法都需要在心理咨询师的指导下实施，尤其是冲击疗法。

除运用以上方法外，个体还要树立信心，多参加社交活动，相信自己只要努力，持之以恒，就一定会取得成功。

（二）自卑心理与闭锁心理

自卑是个体在社会比较过程中由于认知歪曲而形成的对自我价值的消极评价，并由此产生自我否定的态度及与之相应的鄙视自己的情感体验。自卑心理在大学生中较为常见。自卑者会觉得自己处处低人一等，畏首畏尾、退缩逃避、自我封闭，往往既不喜欢自己也不喜欢他人，持"我不好—你好"或"我不好—你也不好"的人际交往态度。自卑者应正确认识自我，以合理的参照系客观评价自己，积极悦纳自我。

闭锁心理是大学生群体中最常见的一种心理现象。大学生或多或少都存在闭锁倾向。他们既渴望被人关注、理解，又不愿主动敞开心扉，有较强的戒备心并时刻与他人保持一定距离。显然，闭锁心理对人际交往十分不利，它使人退缩在自我的小天地里，经常饱受苦闷和忧虑的侵扰。有闭锁心理的大学生虽然缺少交往的热情和主动性，但这并不意味着他们不需要友情，一旦别人主动与其交往，他们就会做出相应反馈，并愿意与之建立、发展友好关系。

（三）嫉妒心理与敌意心理

嫉妒是指在与他人比较时，发现自己在才能、名誉、地位或境遇等方面不如他人而产生的一种由羞愧、愤怒、怨恨等组成的复杂情绪状态。有的大学生看到别人在某方面优于自己时，或把烦恼、痛苦压抑于心底，或直接发泄到别人身上，甚至做出嘲讽挖苦、造谣中伤等过激行为。嫉妒伤人伤己，恶化人际关系。为克服嫉妒情绪，大学生可采用不断提高自身修养水平、开阔心胸、见贤思齐、合理宣泄、转移注意力等方法。

敌意心理在交往中常表现为多疑戒备、严肃冷淡、抵触对立、紧张焦虑等。有的大学生处于戒备状态，不信任别人，以怀疑的目光审视他人，给人一种严肃冷淡的感觉。他们在潜意识中常把别人当作假想敌，抵触对立情绪比较严重，常处于紧张、焦虑、恐惧不安等复杂的情绪体验之中。可见，敌意心理害人害己，是恶化人际关系的"罪魁祸首"。为消除敌意心理，大学生要试着学会信任他人，坦诚相待，善待他人，化敌为友。

文档7-11：钥匙与锁

（四）猜疑心理与敏感心理

猜疑是一种完全由主观推测而产生的不信任心理，常在不明事实真相、缺乏真正认识和客观冷静的情况下发生。猜疑者对他人的言行过于敏感，疑心重重，无中生有。例如，看到同学背着他讲话，便怀疑是在说他坏话，或对他使坏；老师对他态度冷淡，便觉得老师对他有看法等。猜疑是不幸的种子，使友谊瓦解，使人际关系疏离。为破除猜疑心理，个体需要优化个性，做到客观冷静、正面思考、敞开心扉、加深了解、增强信任。

敏感是个体良好的机体功能，也是身心健康的重要标志。但过于敏感则是一种心理障碍，也是人际关系的"绊脚石"。譬如，有的大学生因别人一句不经意的话而深感伤害，或是看到别人对自己撇嘴，就以为对方讨厌自己，或听到其他同学窃窃私语，便怀疑他们在说自己坏话等。总之，过于敏感者非常在意别人的言行，常凭主观臆想揣测他人、捕风捉影、自寻烦恼，扭曲了正常的人际关系。为此，我们要走出自我的天地，从实际出发，以客观事实替代主观推断。

（五）自我中心与自负心理

当前，大学生的自我中心倾向比较明显。不少大学生将自我作为行动的出发点和归宿，只讲索取不讲奉献，表现出自私自利和个人主义。自我中心是人际关系的"杀手"。为此，自我中心者要走出自我的"囚笼"，换位思考，平等待人，主动关心、帮助他人，设身处地为他人着想，切不可任性而为。

自负心理则是指个体由于认知歪曲而形成的对自我价值的过高评价，并由此产生过度自我接受的态度及与之相对应的自以为是、骄傲自大的情感体验。自负者自我感觉良好，傲气十足，目空一切。在交往中，他们高高在上，盛气凌人，求全责备，指手画脚，持"我好—你不好"的人际交往态度，难以与他人建立良好的关系。为此，自负者要恰如其分地评价自己与他人，给双方一个合理的定位，不盲目乐观，也不狂妄自大。

四、掌握交往艺术

人际交往是一门艺术。努力学习和掌握一些交往艺术，有助于人际关系的改善和提高。

> **思考题？** 请评价自己的人际交往能力，并谈谈如何才能在社交场合给他人留下良好的印象？

（一）注重第一印象

良好的开端是成功的一半。在人际交往中给对方留下良好而深刻的第一印象，可达到事半功倍的效果。那么，怎样才能给对方留下好印象呢？

卡耐基在《怎样赢得朋友，怎样影响别人》一书中，提出了六条建议：第一，真诚地对别人感兴趣；第二，微笑；第三，多提别人的名字；第四，学会倾听；第五，鼓励别人谈自己；第六，谈论符合别人兴趣的话题，以真诚的方式让别人感觉到他很重要。

此外，仪表端庄、面容整洁、服饰得体、态度诚恳、举止文明、礼貌待人等，也是给人留下好印象的必要条件。值得注意的是，虽然第一印象在初次交往中非常重要，但随着交往的深入，外在美的人在人际吸引中的作用逐渐减弱，取而代之的是内在美的人。因此，在确立了良好的第一印象后，应加强内外兼修，不断优化自我形象，进一步深化别人对自己的良好印象。

阅读材料 7-5

永远避免跟人家正面冲突

"永远避免跟人家正面冲突"是戴尔·卡耐基在一次宴会中得到的一个极有价值的教训。

宴席中，坐在他右边的一位先生讲了一则幽默的故事，并引用了一句话。那位先生还说，他所引用的这句话出自《圣经》。卡耐基非常确定那位先生说错了，为了表现出自己的优越感，他立马纠正了他的错误。没料到，话音刚落，就遭到了对方的反唇相讥。这时，坐在他左边的老朋友法兰克·葛孟在桌下踢了他一脚，然后对他说："戴尔，你错了，这位先生是对的。"

在回家的路上，卡耐基对朋友说："法兰克，你明明知道那句话是出自《哈姆雷特》。"朋友回答："是的，当然。可是亲爱的戴尔，我们是宴会上的客人。为什么要证明他错了？那样会让他喜欢你吗？为什么不保留他的颜面呢？他并没有问你的意见啊，而且他也不需要你的意见，为什么要跟他抬杠？记住，永远避免跟人家正面冲突。"

点评：在人际交往中，尤其是初次见面时，要记住，永远避免跟人家正面冲突。在非原则性和大是大非问题上，选择糊涂、宽容、谦让的做人处世哲理，不与他人斤斤计较、处处较真，未尝不是一种处理人际关系的好方法。

（二）善用语言艺术

俗话说："良言一句三冬暖，恶语伤人六月寒。"能否运用语言艺术直接关系到人际关系的好坏。语言包括有声语言和肢体语言，前者是人际沟通的最主要形式，后者是人际沟通的有效补充，包括面部表情、目光、微笑、手势、体态等。肢体语言在人际沟通中占有重要地位。有时，肢体语言比有声语言更能传情达意。"此时无声胜有声"，说的就是这个道理。

文档 7-13：讲话要像国王

研究发现，在信息传递的全部效果中，肢体语言达55%，声音为38%，词语仅为7%。这表明，个体的声音和肢体语言要比说话内容更能影响别人。研究还发现，当语言符号和肢体语言符号所代表的意义不一致时，人们相信的是肢体语言，正可谓"身教胜于言教"。好的肢体语言可以强化沟通效果，丰富信息内容；反之，则会降低表达效果，削弱使用者的形象。

如何讲究语言艺术？

首先，要学会用简练、流利、生动的语言来清楚、准确地表达自己的思想感情。

其次，要学会说话的策略。根据时间、地点、场合、对象、事件等具体情况，以合适的方式，如委婉、含蓄、模糊、幽默等达到一定的说话效果。

再次，要根据不同情境，注意语音、语调、语速的变化，不千篇一律。如时而声如洪钟，时而窃窃私语；时而婉转动听，时而清脆悦耳；时而快速，时而缓慢等。

最后，要学会倾听。交谈时，倾听者要用耳、用心倾听，不仅要听清讲话内容，更要听出话外之意。此外，倾听者还要配合肢体语言，如目光注视、面带微笑、适时点头、伸手示意、轻拍肩背等来表达自己对说话人的主动反馈和积极回应。耐心而专注地倾听对方说话，有助于建立和谐的人际关系。

文档7-14：男孩与钉子

文档7-15：倾听的艺术

（三）适度自我暴露

自我暴露是指个体在交往中向对方主动真实地展示自己的兴趣、爱好、价值观、个性特点以及隐私等。它是人际关系深度的标志，反映彼此的亲密程度。向他人自我暴露的程度越高，彼此关系就越亲密；反之，关系就越疏远。

但是，无论关系多么亲密，人们都有不愿暴露的内心秘密。这就需要尊重彼此意愿，不能任意侵犯对方的私密领域。自我暴露必须适度，否则会弄巧成拙。只有当隐私和沟通需求之间保持适度平衡时，亲密关系才能正常发展。

自我暴露有四个层次。第一层次的是人们的兴趣爱好、饮食习惯、日常情趣、消遣方式等。第二层次是人们的真实态度、看法等。第三层次直接涉及自我人际关系和身心健康状况。第四层次是个人隐私。人们几乎不会向他人暴露自己的隐私。若向他人暴露，说明个体对他人的信任和依赖，或者个体内心不能承受之重，不得不宣泄。

值得注意的是，在关系亲密的恋人、夫妻和亲子之间并不应完全暴露，不留任何隐私。恰恰相反，"距离产生美感"，保持亲密有间，给对方一个私密空间是人际和谐的制胜法宝。

总之，在自我暴露时，说什么，说多少，说到什么程度，都需要把握好"度"。若个体能恰到好处地自我暴露，就会促进心灵交流，缩小双方的心理距离。反之，会适得其反。

（四）保持恰当距离

人际距离是指交往过程中个体由于心理因素的影响而与他人在地理空间上保持的距离。任何个体都有属于自己的、一定的空间领域。在此领域，个体会感到舒适与安全。而一旦此领域受到侵犯，个体就会感到紧张和不安，甚至发怒，即产生觉醒和阻挡两种本能反应。在本能作用下，个体将与他人重新保持着适度距离，使自己处于安全与舒适状态。美国人类学家爱德华·T.霍尔（Edward Twitchell Hall Jr.）把人际交往距离划分为亲密距离、私人距离、社交距离和公众距离四类。四种距离大小分别用来衡量人际交往的亲、近、疏、远，并以此表示交往双方的人际吸引程度。

阅读材料 7-6

人际距离

爱德华·霍尔在《无声的语言》一书中，将人际距离分为四种。每种都有特定的间距要求，并适合不同的交往情境，人们在日常交往中不可越位。

（1）亲密距离：近位亲密距离为0～15厘米，多出现在情侣、知己以及亲子等亲密无间的关系中；远位亲密距离为16～45厘米，虽然身体不相互接触，但可以用手互相触摸，表示亲密关系。

（2）私人距离：有一定的分寸感，便于亲切友好地交谈。近位私人距离为46～75厘米，多出现于朋友间的交往或情侣在公开场合的交往；远位私人距离为76～120厘米，多出现于熟人间的交往。

（3）社交距离：社交性或礼节性的较正式的交往。近位社交距离为121～210厘米，如在工作环境中或在社交聚会上的交往；远位社交距离为211～360厘米，如上下级的交往或在商务谈判等场合的交往。

（4）公众距离：在公共场合，近位公众距离为361～760厘米，如演讲或讲课等；远位公众距离在761厘米以外，几乎容纳一切人的空间，如集会。

可见，每种人际距离都有自己相对固定的空间范围，即便在亲密关系中也要保持一定"间隙"。在人际交往中，如果个体随意、擅自闯入他人"禁地"，就是对别人的冒犯和不敬，将引起对方强烈的反感和排斥。因此，大学生要充分了解人际距离，并有意与他人保持最佳距离，既不因距离过近而引起对方反感，也不因距离过远而

视频7-5：
大学生交往能力
提升策略

不能引起对方的注意。

为提高人际交往能力，建立良好的人际关系，大学生既要学习、掌握必要的人际交往理论，又要积极参与人际交往实践，在实践中发现问题，调适自我，不断提升、改善人际关系。

讨论与实践

1. 大学生人际交往有何重要意义？
2. 大学生如何增强人际吸引力？
3. 你是如何处理同学关系或师生关系的？请与同学们分享你的好方法。
4. 案例分析：小雯和小玫是好朋友。平时她们一起学习、参加学校活动，形影不离。小雯常常把心里话告诉小玫，比如对谁有意见、讨厌谁，也经常向小玫宣泄情绪，甚至也会毫无保留地对小玫说出小玫的不足和缺点。在小玫面前小雯就似一个透明人。小雯觉得这样做是对小玫的信任与坦诚。但让小雯纳闷的是小玫正在逐渐疏远她。结合书本相关内容，请你帮助小雯分析其人际交往有何问题？该如何调适？

本章附录

AI 马老师一问一答　　推荐阅读书目　　在线自测

CHAPTER 8
第八章

培植幸福的玫瑰
——大学生的恋爱心理与性健康

> 爱，不是一种单纯的行为，是我们生活中的一种气候，一种需要我们终身学习、发现和不断前进的活动。
>
> ——惠特曼

爱情是生活中绕不开的话题，对青春年少的大学生来说，更像是一块磁铁，充满了磁性。

在大学校园里，有人选择投身恋爱，亲自体验爱情带来的甜蜜与痛苦；有人虽没有恋爱，但在心里暗暗保留着对另一个人的好感；有人渴望爱，却不知道从何开始；有人在分手后郁郁寡欢，开始怀疑自己是否还拥有爱一个人的能力；有人恋爱一段时间后，面临是否发生性关系的困惑……

大学生在享受或憧憬爱情带来的甜蜜与幸福的同时，也面临各种爱情的困惑。

国内著名的专栏作家连岳多次在他的书中提到，"恋爱也是一门知识学问，需要通过学习获得"。

本章从恋爱心理与性健康等方面，为大学生提供相关知识。

案例 8-1

高考志愿填报结束时，阿蒙盼望着能和阿珠上同一所大学。阿珠虽不是人见人爱的美女，但阿蒙觉得阿珠性格好，待人亲和，心态乐观积极，做事干净利落。阿蒙觉得跟阿珠的相处非常舒服，便对阿珠产生了爱意，迫于高考的压力，他把这种爱慕之情放在心里。高考成绩出来后，阿蒙比阿珠的分数更高一些。阿蒙很高兴，因为他可以随着阿珠去同一所学校。于是，阿蒙勇敢地向阿珠表达了心中的爱意，两人很快就确立了恋爱关系。

> 大学期间，阿蒙和阿珠分头上课、忙学业。下课后，两人相约一起上晚自习、吃饭，周末去校园周边的街巷逛逛、看电影。由于对彼此比较了解，两个人很少有争吵。当面对某事态度不一致时，偶尔也会出现争执，但冷静下来后，他们也能很好地沟通。第一学年下来，阿蒙和阿珠分别拿到了各自学院的奖学金。到大四时，阿蒙和阿珠双双获得了本专业的研究生免试资格。大家对这对情侣充满了羡慕，因为他们真正做到了恋爱、学业两不误。他们向人们呈现的是：恋爱与学业并非二元对立的关系，爱是一种责任，用心经营，爱情之花就会盛开。

第一节 花开四季：大学生恋爱心理的特点

我国剧作家廖一梅在《像我一样笨拙地生活》一书中写道：当我们谈论爱时，我们谈论的不是同一种东西。

由于爱情体验具有个人化、隐匿化和排他性等特点，所以每个人体验到的爱情都是独一无二的，这给探讨爱情的共通性带来些许困难。本节讨论的爱情与属于大学生个体的爱情有些不一样，但这些与爱情有关的心理学知识还是会有某种普遍性。

一、爱情的定义

爱情是人际吸引中最强烈的形式，是身心发展到一定程度的个体对异性产生的有浪漫色彩的高级情感。美国心理学家齐克·鲁宾（Zick Rubin）在问卷调查的基础上，发现了爱情的三个主要成分：

（1）依恋，例如，"当我感到孤独的时候，我第一个想找的人是××"。
（2）关怀，例如，"我愿意为××做任何事"。
（3）亲密，例如，"我觉得我能向××吐露心底的秘密"。

二、爱情三角理论

美国心理学家罗伯特·J. 斯滕伯格（Robert J. Sternberg）的爱情三角理论是众多爱情理论中被人们广为接受的一种。他认为，爱情是人与人之间强烈的依恋、亲近、向往以及无私专一，并且是无所不尽其心的情感。爱就是要网住对方的心，具有亲密和承诺的属性，并且对这种关系的长久性持有信心，也能够与对方分享私生活。

（一）爱情的三个基本成分

爱情三角理论认为，爱情由三个基本成分构成，这三个基本成分可以看作三角形的三条边，这三个因素是亲密、激情和承诺。

亲密是指在爱情关系中能够引发的温暖体验，体现为彼此的信任、理解、支持和关怀。亲密可以分为10个要素：①渴望促进爱人的幸福；②与爱人共享喜悦；③对爱人高度关注；④在需要得到帮助时能依靠爱人；⑤与爱人互相理解；⑥与爱人分享自我与所有；⑦从爱人那里得到情感的支持；⑧为爱人提供情感支持；⑨与爱人亲密交流；⑩肯定爱人的价值。[①]

激情是指一种情绪上的着迷，它是引发浪漫之爱、身体吸引、性完美以及爱情关系中相关现象的驱动力。在恋爱关系中，性需要在激情体验中占据支配地位。个人外表和内在的魅力是影响激情的重要因素。其他需要，如关怀、亲和、支配、顺从和自我顺从可能也有助于激情体验的获得。

承诺主要指个人内心或口头对爱的预期，是爱情中最理性的成分。从短期来讲，承诺指的是一个人决定爱另一个人；从长期来讲，它是指一个人维持爱情的承诺。这两种承诺不一定同时存在。一个人可以在不承诺长久之爱的前提下决定爱一个人，如大学生的恋爱较少考虑到走向婚姻就体现了这一特点；一个人也可以维持一段关系，却不承认爱着另一个人，如目前社会上存在的多边恋现象。

（二）三元素在爱情关系中的变化

斯腾伯格认为，一段发展顺利的恋爱关系具有可描述的、普遍性的发展路径。不同的时期，每个因素的强度和所占的比例有所差别。他认为从时间的维度来看，在爱情的初期，激情会发挥很大的作用，这种激情包括刚开始见面的脸红心跳、牵手、拥抱、接吻和性需求等，但随着时间的推移，亲密感不断增强，心与心的交流不断发展和深入；到后期承诺的出现，让关系进入稳定状态。

爱情三元素在恋爱中的变化与恋爱中的冲突紧密相连。恋情刚开始时，承诺会随着双方关系的发展而有较快速的上升。倘若关系开始有些隐性的破裂，承诺将会下降或者趋向归零。亲密感的变化会由开始的稳定成长逐渐降低。在某些成功的关系中，亲密感或许会隐匿、延宕；反之，关系接近失败时，亲密感会完全消失。激情的变化会产生两股截然不同的力量，其间有一股正向力量会迅速萌生，而另一股负性力量也会随着时间的推移暗地衍生。

国内对爱情进行科学研究的内容不多见，但这并不意味着在中国的文化中不蕴含

---

① 斯腾伯格R J，斯腾伯格K.爱情心理学[M].李朝旭，等译.北京：世界图书出版公司，2010：196.

爱情心理学。

在《说文解字》中，观汉字"爱"的形象，上面的"爫"所寓意的是"孚"字中所包含的诚信的意义。"爫"下面有"冖"，是"安全""保护"的象征，"冖"下面有"心"，"心"下面有"友"。诚信、关爱、安心、友情皆在其中，有丰富生动的心理象征和寓意。

复旦大学教师陈果在她的著作《好的爱情：陈果的爱情哲学课》中将爱的三元素总结为：激情、理解和践行。

这些对爱情含义的解读，虽然只是爱情内涵的冰山一角，但通过了解这些知识，能从一定程度上帮助大学生更好地理解爱情的丰富内涵。

三、大学生恋爱的特点

（一）恋爱心理的普遍性

大学生对恋爱的话题有着强烈的兴趣，例如，大学宿舍的"卧谈会"，与爱情相关的话题从未停歇过。大部分学生渴望在大学期间恋爱。有的人在某个时期暗恋某人，有一部分人投身恋爱关系，也有的人正处在恋爱关系的冲突期，对是否要继续这段关系举棋不定，也有的人因为遇不到合适的恋人而苦恼……爱情的气息以这种或明或暗的方式存在于大学生的成长历程中。

从理论来看，大学生恋爱的普遍性与其心理发展阶段有关。依据美国发展心理学家和精神分析学家爱利克·H.埃里克森（Erik H. Erikson）的心理社会化发展理论，大学生正处于"友爱亲密对孤独"（18～40岁）阶段，发展亲密感是这一时期最为关键的要务。在这个阶段，大学生有着强烈的与他人进行深层次交往并保持一种长期友好关系的愿望。大学里越来越多公开化的恋情就证实了这一点。

（二）需求的纯真性

大学生的恋爱，一般只谈爱慕之情，交流对学习、对人生的看法，很少或者不明确讨论结婚、建立家庭、生儿育女等具体问题，带有明显的浪漫色彩。这种"半真空式的恋爱"是许多步入社会后的人很怀念大学时恋爱的主要原因之一。很少遭遇现实生活事件磨损的浪漫之爱，看上去更接近恋爱的情感实质。但也正是因为这一点，许多大学恋情到了大学毕业后，面对现实情况时，往往以"分手"告终的居多。

（三）恋爱的自主性

在大学里，男女平等权利与平等价值观突出。反映在恋爱问题上，一般都是自己做主，个性特点鲜明，并不信奉统一的模式。许多大学生恋爱时既不征求家人、朋友的意见，也不告知家长。

近些年，通过各种网络社交软件、交友网站结识并发展成恋爱对象的现象日益兴起，这也为大学生自主恋爱提供了更广阔的空间。有的大学在校园网上开辟了专门的交友板块，为其发布和寻找择友信息提供便利。因为缺少相应的约束，以及网络世界具有虚拟性，这种自主性在带来自由的同时，也需要大学生在恋爱中承担相应的风险，并提高鉴别爱情的能力。

第二节　执手同心：提升大学生爱的能力

德国裔美国心理学家艾里希·弗洛姆（Erich Fromm）在《爱的艺术》中提出了"爱的能力"这一概念。他认为，爱的能力是指和他人建立亲密关系的能力，它对人的一生发展有着重要意义。具备了爱的能力后，个人既能爱他人，也能爱自己，并能体验到爱带来的快乐和幸福。

爱的能力首先看一个人内心储存了多少爱可供给予，如果个人内心是干枯的，没有爱可以付出，也就缺乏爱的能力。

对于大学生来说，在面对恋爱时，每个人都有一个"爱情账户"，加分就是存款，扣分就是提款。例如：对方口渴时，你递给他/她一杯水，存款；对方十分口渴时，你递给他/她一个馒头，提款。每个面对爱情的大学生都可以问问自己：你的储爱箱里有多少爱呢？

视频8-1：以"认知行为疗法"调适恋爱中的情绪和行为

具体而言，大学生若想提升自身爱的能力，可以从以下几个方面进行学习和调整。

一、表达爱的能力

表达爱的能力包括表达爱的勇气和表达爱的技巧两个方面。

案例 8-2

《那些年，我们一起追的女孩》这部影片讲述的是一个关于青春期恋爱的故事。

柯景腾与沈佳怡是高中同学。成绩优异且长得漂亮的沈佳怡是班里许多男同学心中的梦中情人。坐在柯景腾后面的沈佳怡，有一次忘带英语课本，柯景腾在"危难"之时把自己的英语课本借给她，因而被老师体罚。从这个时候起，沈佳怡对柯景腾充满了好感。高中阶段，他们在学习上互帮互助。

进入大学后，沈佳怡一直等待柯景腾对自己的爱情表白，然而，柯景腾似乎很难向沈佳怡发出明确的恋爱邀请。他在电话里跟沈佳怡说："你可不可以不要跟其他男生跳舞？"他去找她，却不敢牵住她的手。辗转反侧之后，他决定通过让沈佳怡来观看自己与其他同学的拳击比赛的方式来向她表达爱情，而沈佳怡觉得柯景腾这样做特别不成熟，最后两人大吵一架，结束了彼此充满好感的关系。

（一）表达爱的勇气

暗恋是每个人成长过程中几乎都经历过的一个阶段。在青春年少、情窦初开时，因为学习的压力、内心的羞涩而将朦胧的对异性的好感放在心里，只会默默地关注一个人，思念一个人。随着时间的推移，这种感情有的逐渐地淡去，有的日益成长，爱在心口难开慢慢变成了日思夜想的事。想要表达爱吗？有足够的勇气和信心表达爱吗？能用恰当的方式和语言表达爱吗？表达爱的时候你感到幸福吗？能否表达爱是大学生建立感情关系非常重要的一步。内心有强烈的感情冲击，也有强烈的渴望想要向对方发出爱的信号，可在真正要表达爱时，许多人却感到力不从心。

这种缺乏表达爱的勇气与一个人的自信心紧密相关。一个自信的人可以把自己的感受跟别人讲，讲完以后觉得有足够的承受能力去应对表达后的各种结局。当一个人对自我的评价偏低时，学历、家庭背景、身高、长相这些外在因素导致的"看上去的不般配"，往往会阻碍一个人去表达自己内心真正的感情。事实上，每个相爱的人都是带着自己的缺点在表达爱的同时也在接受爱。

在爱的表达中还存在一个误区，很多人以为不需要用言语表达，对方就能接收到爱的信号。"我都表现得这么明显了，难道你还不知道我的意思吗？"许多人甚至会把是否能达到这种"心领神会"当作检验爱情的一种方式。许多有缘无分的爱就是因为这种心理定势而擦肩而过。这种带有幻想式的对亲密关系的期待，是每一个投入恋爱关系的人需要去面对、觉察并改变的对亲密关系认知的误解。

学习直接用明确的言语表达爱，是建立恋爱关系以及减少恋爱中的误会与冲突的最重要的能力之一。

（二）表达爱的技巧

1. 合适的时间

一般来说，不宜在认识不久就和对方提出恋爱的邀请，因为这样会吓到对方或让对方感到唐突，同时也会给对方留下冒失、冲动、急躁、不成熟的印象。

因此，最好是在相处一段时间后，当彼此有了一定的了解，且两个人互动的感觉也不错，有比较多的理由说服自己"为什么喜欢他/她"，而不只是外在的吸引力起作用时，再提出恋爱邀请。

2. 合适的方式

对于第一次表达爱的大学生来说，可以把对方约出来，在安静的、气氛融洽的地方表白，也可以用精挑细选的卡片来传达爱意；可以放一首表达情意的歌曲，营造出氛围之后再告白，也可以在两个人都熟悉的团体中当众表达爱意；可以通过短信、微信等通信工具表达，也可以采用传统的书写情书的方式表达爱意。

至于选择私下场合还是当众场合，以及采用说的方式还是写的方式来表达爱意，可根据自己和对方的个性以及自己较擅长的表达方式等来决定。

3. 合适的心态

第一次向一个人表达感情是很让人紧张、期待和兴奋的。见面的一刹那，欣喜对方的出现却又伴随着不自在，会让人产生"不知道该说些什么，或做些什么表情才比较好"的感觉。总的来说，这并没有统一的标准。放松是最好的策略，保持平常心是最佳的应对之道。

同时，也要有"我有权利发出爱的请求，对方也有权做出属于他/她的决定"的健康心态，既要倾听自己心中的声音，也要尊重对方的决定。个人的价值不会因为被拒绝而减小，也不能让对方因为拒绝自己而产生负疚感。

二、接受爱的能力

接受爱的能力包括接收爱的信号的能力与接受爱的勇气两个方面。

案例 8-3

墨墨从外表来看是个很有魅力的女孩。出门时，她总是化着淡妆，每一次的穿着都经过精心搭配，小巧的五官搭配细长的身材，浑身上下散发着青春少女的魅力。更难得的是，她身上还有一股文艺的小清新气息，热爱音乐、文学、大自然。她是众多男生心目中梦寐以求的恋爱对象。

她回忆道，从初中开始就有男生向她表达爱意，可如今快大学毕业了，她却还没有谈过一次恋爱。

她对感情很敏感，别人只要对她有比较特别的感情，她就能感觉到。可每次遇到这种情况都会让她感到不安，于是，她就用各种借口断绝和他们的关系，其中不乏她有好感的男孩。当得知曾经彼此都有好感的男孩有了女朋友时，她又会难过许久。

墨墨每次想要恋爱时，一想到如果在恋爱中发生冲突怎么办？如果最后还是要分手该如何是好……这样的思虑多了，似乎也就没勇气去爱了。

（一）接收爱的信号的能力

与墨墨不同的是，小非大学快要毕业了，还没有感受过恋爱的滋味，也没有接收到任何男生的爱情表白。"真是个不引人注目的人呐！"有一天她这样默默地想着，并在网络上跟一个关系还算好的男生聊起了这个困惑。男生在那边大呼："怎么可能，我约过你看电影、吃饭、看演出，但是你一点反应都没有，我还以为你根本不想谈恋爱呢。"听到这些，小非哭笑不得。原来是自己一直阻挡着接收爱的信号，也就谈不上有爱的反应了，尽管在内心她是如此渴望得到爱。因此，要想接收到爱，就应把自己调到能够接收到爱的频道。

（二）接受爱的勇气

许多人在接收到爱意的表达时，内心会有掩饰不住的高兴和喜悦。但并不是每个人都会单纯地去享受这份愉悦。许多人在接收到爱意时，在短暂的兴奋过后，往往会陷入难以抉择的内心纠结之中。

排除感情因素，经常会有大学生发出这样的疑惑：我究竟要不要开始这段恋爱？会不会到时候还要分手？几年的感情付出就像竹篮打水一场空怎么办？恋爱会不会影响我的学习？恋爱会不会打破我原来生活的平衡……这些疑问，实际上是把恋爱与生活的平衡、学习的进步、感情的获得对立起来。有恋爱经验的人都有这样的体会：一段良好的恋情，对于生活、学习等能起到促进作用，因为爱情的滋养会带给人动力，促使自身向好、向上。

重要的不是思量爱情究竟是阻力还是动力，而是在开始一段恋情后，如何去经营这段恋情，让其不成为个人成长的阻力而成为动力。分手的恋爱也并不意味着一无所获。任何只想要爱情美好的一面，不想要爱情中的冲突和伤痛等的想法，都有可能让一个人无法接受一段感情。

三、拒绝爱的能力

拒绝爱的能力包括拒绝爱的勇气和拒绝爱的技巧两个方面。

案例 8-4

小强在自习教室第一次看到穿蓝色长裙的小敏时，就被她深深吸引。小强按捺不住内心的好感，经过多方打探后，终于找到了小敏的联系方式，并迅速地对她展开了强烈的攻势。小敏第一次面对如此炙热的爱情表达，很快就和小强投入了热恋之中。

可恋情开始没多久，小敏对小强就有了许多"看不惯"的地方：他没什么上进心，经常逃课，爱睡懒觉；身体素质一般；学业上也有困难，上个学期还有几门科目考试不及格……很快，小敏便发现，两个人相处时，没什么共同的兴趣爱好，在一起经常不知道要做点什么才好。

随着时间的推移，想要分手的念头在小敏的脑海中越来越强烈，但每次话到嘴边时，她又不由得担心起来："如果我拒绝小强的感情，他特别痛苦怎么办？我可不想成为一个让别人受伤害的人。"

（一）拒绝爱的勇气

如何婉转而又坚定地拒绝一份不想维持下去的感情，确实是一件不容易的事。不过，在拒绝之前，一定要好好地问一下自己："我有没有真正弄清自己对他/她的感情？我是不是回答得太快了？我是不是还需要好好想一想？"如果确定不爱他/她，那么就坚决离开他/她，勇敢而温柔地说上一句："Sorry！"

很多人都有这样的心理：如果有人追求自己，即使这个人不是自己那么喜欢和接受的人，也不太愿意让这种被人追求的好感马上消失。这种欲拒还迎的态度往往会造成两性关系中的暧昧状态。例如，一个男生向一个女生表白，女生不答应，但是会经常对男生提出各种请求，让男生明显感觉到他们的这种关系跟一般同学的关系不一样。这种暧昧在给表达爱意的人带来苦恼的同时，也会让自己陷入对自己品格的怀疑中："我是不是一个玩弄感情的人？"

在面对拒绝时，还有一种心态非常普遍——害怕因为拒绝某人的求爱而让对方痛苦。

（二）拒绝爱的技巧

如何拒绝对方又不伤害对方呢？以下五点可供参考。

（1）感谢对方爱的表达。

（2）温和而坚定地说明自己没有这方面的意愿。

（3）赞美对方表达过程中的优点。

（4）说明自己可以接受对方当朋友的程度。

（5）说明自己可以接受的互动方式。

四、鉴别爱的能力

鉴别爱的能力包括鉴别爱的意识与鉴别爱的技巧两个方面。

案例 8-5

> 梦梦是个非常传统的人，平时在宿舍跟同学聊天时，听到稍微露骨一点的话都会觉得不好意思。同宿舍的好几个同学都有了男朋友，她暗暗羡慕。她平时接触的人并不多，要遇到心上人更是难上加难。
>
> 有一天，她在上网时无意中打开了婚恋网站，看到上面有许多跟她年龄差不多的大学生注册了。她想反正自己在网站上注册别人又不知道，于是也注册了。很快就有好多人给她写信想要认识她。那段时间，同宿舍的同学经常看到她对着电脑痴痴地笑。原来她在网络上认识了一位"有缘人"。他俩每天一有空就在网络上交流，对方大赞梦梦长得清秀，气质又好。由于是通过网络认识的，梦梦觉得不好意思跟室友说，就隐瞒了下来。
>
> 没过多久他们就见面了。他带梦梦吃饭、看电影。一次晚餐，他盛情邀请梦梦喝一点红酒。当梦梦第二天醒来时，发现自己就这样失去了"第一次"。他向她道歉并深情地说一定会对她负责。尽管有些害怕，梦梦也没有过多抗争。此后，他们就经常这样在一起。直到有一天，他们好几天没有联系了，梦梦就拨打了他的电话，对方手机却处于关机状态。这个人就这样从她的生活中消失了。梦梦顿时觉得傻了，她发现自己根本不了解这个人。

（一）鉴别爱的意识

当今青少年恋爱的形式与过去有所不同。各种婚恋网站平台、电视婚恋节目，以及职业红娘的兴起，使得大学生婚恋的便捷性、隐秘性以及选择的广泛性等特点日益凸显，同时也让鉴别对方是否为"真爱"少了许多参考"视角"。例如，网络上的恋情无法得到现实生活中的他人对"他/她"的评价以供参考。因此，大学生的恋情更需要自身具备较高的鉴别爱的意识。

（二）鉴别爱的技巧

1. 区分恋爱与好感

好感与爱情是大学生在与异性交往中经常遇到却又难以区分的两种感情。青年人在性发育成熟时，便开始被异性所吸引，对异性产生好感，进而有寻求恋人的需要。这是人生理上的自然本能。

但在生活中，一些大学生容易将男女之间相互吸引而产生的好感等同于爱情。其实，异性之间并非只要有好感便可产生爱情。异性之间的好感一般来讲是广泛的、无排他性的；而爱情则是专一的、排他性的，具有性爱的因素。好感常常表现为人们一时出现的情绪感受，而爱情则是在长时间的相互了解中形成的。

2. 区分友谊与爱情

现实中确实有不少大学生把一般的友谊误解为爱情。常有同学会问，那个男同学为什么总是帮我？为什么在一些活动中那个女生总是对我特别关注？大学生在与异性相处时，一个眼神、一个动作，常会被赋予特别的意义。确实，友谊和爱情有时很难严格划分。

> **阅读材料 8-1**

友谊和爱情

一位日本心理学家曾对异性间的友谊和爱情的异同做过区分，他认为这两者在五个方面有所不同。

支柱不同：友谊的支柱是理解，爱情的支柱是感情。

地位不同：友谊的地位是平等，爱情的地位是一体化。

体系不同：友谊的系统是开放的，爱情的系统是关闭的。

基础不同：友谊的基础是信赖，爱情则纠缠着不安和期待。

心境不同：友谊充满"充足感"，爱情则充满"欠缺感"。

3. 区分爱的真伪

首先，在面对恋爱关系时，要鉴别爱情的真实可靠性，可从是否诚实公开来看。一个真正想要与人发展恋情的人，总是迫不及待地希望对方能了解自己，同时也渴望了解对方的许多情况。信息的模糊本身也是不够诚实的一种表现。像案例8-5中梦梦的男友，尽管看上去并没有撒谎，但梦梦跟他交往了将近一年时间，却不知道他住在哪里，也不知道他具体在什么单位工作，这正为他的"突然消失"做好了铺垫。

其次，大学期间的恋爱也容易出现"跟风"现象。即当周围的许多同学都有了男/女朋友，自己没有好像挺没面子，于是只要遇到一个看上去还算顺眼的人，就先确定恋爱关系再说。还有的同学觉得大学生活孤单、寂寞，想通过谈恋爱的方式找一个人来陪伴自己。因此，出于这些目的建立起来的恋爱关系，很难有"真爱"可言。

五、解决爱的冲突的能力

解决爱的冲突的能力包括面对冲突的勇气与解决冲突的能力两个方面。

视频8-2：以"性别差异"阐释恋爱相处之道

案例 8-6

小林跟女友相恋已有八个月，刚开始的几个月，他们相处得挺不错。两个人在校园里出双入对，一起自习、吃饭，周末一起出去玩，让原本没那么丰富的大学生活变得可爱了许多。

可好景不长，小林发现女朋友对他越来越黏，这占据了他许多的自由空间。偶尔他想跟同学一起玩联机游戏，也要跟女朋友软磨硬泡好久才能得到"批准"。即便如此，女朋友还是会因为他没有陪她而觉得别扭，时不时跟他闹些小情绪。

刚开始，小林还会耐心地去哄，但随着时间的推移，他发现自己越来越没有耐心。每当遇到这种情况，他就觉得很麻烦，真的闹别扭了，他也懒得再去做点什么。女朋友则觉得更加受伤，因为这在她的眼中是不够爱她的表现。这样一来二去，感情就陷入了僵局，两人经常冷战好几天不联系。

这种时常争吵、时常冷战的状态，让小林的内心不禁打起鼓来："这段恋爱还要继续下去吗？"

（一）面对冲突的勇气

很多恋人对待亲密关系中的冲突存在一个较为普遍的误解：有冲突的亲密关系是不够好的关系。受这种观念的影响，当亲密关系出现冲突时，许多人便会变得非常不安。所以，当冲突产生时，许多人会努力压抑冲突或回避冲突，但这种努力的结果往往会带给人很强的压抑感和无助感。

如同亲密关系无法逃避一样，亲密关系间的冲突也无法逃避，解决亲密关系中冲突的最好方法是就事论事地"去面对冲突"或"承受冲突"。

（二）解决冲突的能力

恋人间的冲突常出现以下情形：为了芝麻绿豆大的事争持不下；各持不同意见，互不相让；争执起来，互相亮出攻击对方的"武器"，在口舌上丝毫不愿呈现弱势；发生冲突时，将以前的事一一抖出；吵闹完毕便产生后悔之意，但又怨恨对方；陷入冷战，不知如何收拾残局。

在亲密关系中面对冲突时，女性大多扮演"追逐者"的角色，而男性则大多扮演"逃避者"的角色。在面对冲突时，绝大部分"筑墙者"是男性。冲突犹如关系中的信号灯，它提醒着关系正面临问题，此时需要按下暂停键。要维持健全的亲密关系，就必须在冲突发生时叫停，找到引发冲突的事由，并找出解决方法。

著名婚恋心理学家黄维仁提出了以下几个有效解决夫妻冲突的指导原则，这些指导原则同样适用于大学生恋人。

1. 先"存款"再化解冲突

处在冲突关系中的恋人双方，实际上最需要彼此的安慰。在冲突中的恋爱双方首先要学习自我抚慰，并在这个过程中学习如何增加双方的"存款"，减少向对方"讨债"。

刚发生冲突时，两个人满脑子都是对方的错误与不对。这个时候，要学会冷静，既不放大错误，也不放大自身的负性情绪，并试图在冲突中寻找爱的痕迹，这是一种在冲突过程中为爱"存款"的行为。当"存款"达到一定"数额"后，潜意识中彼此才能有足够的安全感。

2. 有效化解冲突的原则

恋爱双方平时不做有效的沟通，总是等到吵架之时才做"激烈的沟通"。然而，盛怒之下的沟通，常是沟而不通，还会伤害对方的感情。恋人之间学会在平静的情境下对话，是促进恋爱关系的关键。

恋人间的冲突，多半是在双方毫无心理准备之时，被对方突发的批评或行为所引爆的。换言之，在清醒、理性的意识状态中，人不易被激怒而生气，也较能掌握、选择自己的行为。

3. 适时休战，避免意气相争

研究显示，当人的心跳比平时的基数快10次以上时，大脑处理信息的能力便会大受影响。人很难在情绪激昂之时理性地解决问题。因而，恋人在吵架之前，最好学会挂免战牌，避免彼此伤害。在平日两人关系还不错之时就约定，一旦发觉心跳显著上升，先做两次

文档8-1：抱怨只会把幸福赶走

深呼吸，马上离开情境停战。离开时间最好在24小时或48小时之内，等怒火平息了再回来，以免离开太久造成难以挽回的后果。

六、面对失恋的能力

面对失恋的能力包括承担关系结束所带来痛苦的能力，以及在失恋后拥有重新投入爱的勇气。

> **案例 8-7**
>
> 小寒跟男朋友相恋半年后就分手了。她确定自己全心全意地爱着这个男孩，那是一种身心疯狂投入的感情。可即便这样浓烈的感情，男朋友最后还是提出了分手。
>
> 分手后的很长一段时间里，小寒陷入极度的悲伤之中。因为失去了这段关系，她难以适应生活，无法再见到他，没有了他的陪伴，小寒觉得自己的生活简直毫无光彩。随着时间的推移，这种无精打采的情况并没有得到改善，小寒渐渐开始怀疑自己，是不是因为自己不够漂亮、不够温柔，男朋友才义无反顾地要跟自己分手？尽管自己对他那么好、那么爱他。如果不是相貌问题，那一定是自己家庭条件不够好，因为几个月后前男友有了一个家庭条件不错的新女友。
>
> 除此之外，小寒还经常在心里问自己，在今后的人生中，自己还有能力去这样爱一个人吗？还能遇到这样一个能让自己心动的男生吗？每每想到这些不确定甚至可能是否定的答案时，小寒便觉得自己仿佛进了冰窖一般。长时间处于这种状态，小寒不得不前往学校心理咨询中心寻求帮助。

（一）承担失恋的能力

许多人在失恋不久后，因为无法面对失恋带来的痛苦，渴望忘却过去的那段感情，也渴望这种丧失的痛苦不再发生。其实，大学生在选择恋爱时，就面临着恋爱可能成功或可能分手这两种结局。

失恋意味着一段亲密关系的失去。这对处在失恋关系当中的双方来说都是一种重要的丧失，所以在失恋初期感到不适应、痛苦是很自然的事。试图让自己不痛苦本身也是一种不合理的期待。给自己充分的时间去体验丧失一段关系的痛苦，这是使痛苦逐步减轻的方式。

随着时间的推移以及人的适应性的发展，许多人能从失恋初期的痛苦中慢慢走出来，去适应新的生活。但也有些人会在失恋的痛苦中越陷越深。撇开现实的因素不去考虑，这种心理上的长时间沉溺常与"关系的结束意味着对自我的否定"的认知紧密相关。

许多人在失恋后会觉得自己是一个失败的人，没有能力经营好一段亲密关系，会在亲戚、朋友、同学面前抬不起头来。这样的观念会让他们在面对伤痛时，选择沉默，无法寻求帮助，也难以及时得到他人的支持。

有些大学生会因为失恋而对自己某些方面的特质充满怀疑。这种怀疑带给人的心理感受与自卑类似，它使人失去信心与勇气，既没有信心从失恋的痛苦中走出，也没有勇气去接受新的亲密关系。

（二）重新投入爱的勇气

事实上，恋爱是人生的组成部分，失恋只是一种选择的结果，它意味着在这段亲密关系中的两个人存在一些不合适的地方。失恋的情况在大学生中比较普遍，这与大学生开始恋爱的浪漫性和非现实性有一定关系。失恋是一种挫折，会让人感到孤独。人作为一种社会性动物，在挫折、孤独中会反省、思考、改变、成长自己。失恋也是一种人生经历，甚至会成为自我发展的资本。

失恋还意味着再次恋爱的可能。下一次恋爱很有可能会变得更成熟、更具有生命力。一个真正健康的人并非不会失恋，而是在下一次开始新的感情时，依然能热情地投入其中。

视频8-3：从"依恋理论"解读恋爱行为

第三节 和谐心身：大学生性行为及其调适

性与爱情是紧密联系在一起的。当大学生的爱情趋于成熟时，性行为就成了一个要面对的话题。本节将从性的含义、大学生性心理的特点以及调适等方面进行阐述。

视频8-4：甜蜜与禁忌——性心理分析

一、性行为的含义

（一）性行为的目的

性不单单是一种行为、一种感觉和体验，还是两个人的身体、情感、意志、理性和感官知觉的一种融合。

在恋爱和婚姻关系中，性行为至少有三个目的。

165

1. 性带来两个人的亲密关系

性行为能使两个人融合，它在展示自己力量或妩媚的同时也在向对方袒露自己的缺点和软弱，这就使得性行为带有一定的风险。同时，性行为也暗示着自己向对方默认一个承诺，同样也期待着对方能以同等程度的承诺来回应自己。

在性里，男女双方融为一体，这就是性的目的。通过性，一个精神和情感的纽带被建立起来。性是男女双方美好关系的源头，也是美好关系的一种表现。通过性的方式，两个人对彼此所怀着的那种终生的爱变成了实实在在的体验。

2. 性给双方带来愉悦

性是愉快美好的体验，但享受性的秘密并不在于和多少人发生性行为，而在于和爱的人共同努力，使两人的性关系更加缠绵、美妙和丰富多彩。

3. 性能够繁衍后代

性行为的奇迹就是这一过程会孕育新的生命，让原本是孩子的自己成为"成人"，成为担负养育下一代责任的"大人"，获得新的角色。

（二）性行为的类型

按性行为的对象，可以将性行为分为以下三种类型。

1. 自发性性行为

自发性性行为是指自身既是性的主体，又是性的客体的性行为，是将自身作为性的对象，满足性的欲望的行为，比如手淫行为。

2. 两性性行为

两性性行为是发生在两性之间的性行为，是由男女双方共同完成的一种融合心理和生理的过程。它具体指以感情融洽为基础，在相互尊重、相互配合中完成的，为满足双方的性欲和获得性快感而出现的动作和活动。

3. 同性性行为

同性性行为是指相同性别的个体间发生的性行为。同性性行为者大致可分为两类：一类是纯粹意义上的同性恋者，即爱慕、追求的是同性性伴侣，对异性性伴侣予以排斥且不能接受；另一类是双性恋者，即能同时接受同性和异性性伴侣。

二、大学生常见的性心理困扰

大学生的性生理已发展成熟，性心理的发展也基本上是积极、健康的。青春期和青年早期是性心理发展的关键时期。当强烈的性本能冲动面对各种社会规范的约束时，青年人的心里难免会产生紧张、矛盾和冲突。大学生常见的性心理困扰主要表现在以下三个方面。

（一）性意识增强与性知识不足之间的困扰

由于性生理的成熟和性心理的发展，青年人的性心理活动内容丰富多样，所有这些性心理活动本身都是正常无害的。性意识活动常见的有性幻想、性爱梦等。当对这些性意识活动缺乏正确的了解而被个人视为异常时，就可能产生心理困扰。

大学生对性知识的了解表现出明显的差异性。一部分学生在高中就接受了性教育，有些有机会接触网络的学生，还可通过网络渠道了解更多的性知识。但也有一些学生，由于文化因素、成长环境等，性知识获得的机会和途径相对较少，因此，性知识也了解甚少，甚至谈"性"色变。

（二）性冲动与性压抑之间的困扰

性冲动是指由于性刺激引起大脑皮层的活动，产生性欲，再通过大脑皮层向身体组织发出指令。性冲动是一个正常人自然和本能的行为表现，也是性能量欲释放的一种力量。性冲动不一定产生性行为，人们能够通过大脑调节性行为。

大学阶段，大学生性生理发育基本完成，性心理发展也已达到一定水平。然而，个体的价值观、道德意识等却在此时加速发展，一直要持续到青年晚期才基本完成。因此，在整个大学阶段，一方面，个体在生理上已具备了性行为的能力，在心理上有强烈的性欲需要满足；另一方面，个体尚没有成熟的价值观、道德意识和良好的意志品质调节的能力，其结果便可能导致性心理与行为的失调，或出现性恐惧、性焦虑、性压抑、性放纵等各种性问题；或将性作为代偿物，用以宣泄来自生活各方面的挫折和不满。

从生长趋势来看，性发育年龄不断提前，而从学业需要和事业及社会环境的要求来看，结婚年龄不断推后，出现漫长的"性等待期"。与此同时，日益开放的性文化既满足了大学生对性的了解与渴望，又使大学生的性冲动和性压抑共存。

（三）婚前性行为带来的困扰

婚前性行为在带来性体验的同时，也很有可能给男女双方带来一些困扰。对大学生而言，男女双方对婚前性行为均怕被别人发现，处于恐惧、紧张、害羞状态之中。婚前性行为大多是在激情状态下发生的，很少采取避孕措施，很容易导致女方怀孕。一旦发生婚前性行为，女方往往会很长时间处于"怕被人发现"和"担心是否怀孕"的恐惧之中，或因怀孕后选择隐蔽但不安全的方式做人工流产。流产后又怕被人发现，硬撑着坚持学习和工作，得不到充分的休息和营养，影响身体恢复，容易给身体带来很大的伤害。

三、大学生性心理的调适

性需要是人最基本的需要之一，它涉及的禁忌也最多。面对性的困惑，如何处理与性有关的心理和生理困扰是大学生必须学习的人生功课。以下是大学生进行性心理调适的一些方式，或许可以为大学生培养更健康的性心理提供参考。

（一）掌握科学的性知识

性是一门综合性的科学，包含性生理学、性心理学、性社会学、性伦理学、性美学等内容。通过阅读相关内容的图书、在网络上获取相关资料或视频，大学生能够掌握一定的性知识。这不仅可以减少大学生对性的误解、偏见、无知，甚至可以消除恐惧、焦虑、羞愧等心理，也为真正进入婚姻生活后拥有良好的两性性行为做好准备。

（二）建立良好的性态度

性问题不仅包含生物性，还包含社会性和伦理性。因此，大学生在性问题上应建立良好的性态度。这种态度包括既不谈"性"色变，也要防止对性态度的"放纵"。

一方面，产生性的欲望和冲动是一种自然现象，随着生理发育的成熟，大学生应当对此充分接纳，而不是产生排斥心理，甚至产生强烈的羞耻感。另一方面，一部分大学生的性观念过于开放，性行为显得"过分随意"。他们并不觉得发生性关系是一件多大的事情，有的人甚至认为同时与几个人保持性关系也没什么大不了的。这种对待性的随意性，给处在恋爱关系中的另一方，无论是在情感上，还是在生理上、心理上都可能带来很大的伤害。因此，面对类似的性态度，应该适当"收紧"。只有在态度上有良好的认识，才有可能从行为上进行很好的管理。

（三）管理自身的性行为

从道德和社会规范的角度出发，随着性成熟而出现的性欲、性冲动，需要通过合法的婚姻来满足。而从性成熟到建立婚姻，需要经历几年甚至更长的时间，这个过程就是性欲延缓满足的过程。如同人类其他本能需求都不是无条件立即满足的一样，性的满足也是受社会条件制约的。因此，过度的性压抑对身心健康不利，过度放纵的性行为对人也是有害无益的。

对性行为有管理的能力是心理健康的表现，也是获得幸福的必要条件。管理性行为的方法以疏导和转移为主。

疏导是指找一些方法释放部分性能量。大学校园里各种形式的活动都能见到男女生的欢歌笑语；在体育运动场上，男生挥汗如雨，运动场边，女生情不自禁地蹦跳着喊"加油"，这就是性的力量，这也是性能量释放的途径之一。

转移是指将性的能量转移到其他方面并使之升华，即用一种积极的、富有建设性的方式来取代性欲，从而实现性欲的转移。

（四）完善性保护的意识

性保护是指在交往中要懂得保护自己不受性骚扰和性侵犯。在交往过程中，要注意自己的性保护，同时，在做出性行为决定时，要从对方的角度出发，真正为对方的健康和幸福着想。为了做出负责任的决定，可以考虑以下问题：我的行为会不会伤害自己或别人？是否会侵犯他人的权利？我的行为与我的承诺、性态度和性观念是否一致？我能否妥善处理性行为带来的一切后果？面对性行为，我是否已经做好了足够的准备？

如果出于感情而发生性行为，避孕是很重要的问题。这是对双方负责，也是对社会负责。

视频8-5：青春的选修课

❄ 讨论与实践

1. 如果同时出现多个追求者或者爱慕对象，大学生应该如何正确看待和处理？
2. 在恋爱关系维持过程中，大学生如何更好地了解自己，提高自我认知水平？
3. 大学生在恋爱方面可能会遇到哪些问题？该如何处理这些问题？

本章附录

AI 马老师一问一答　　　　推荐阅读书目　　　　在线自测

CHAPTER 9
第九章

构筑绿色的篱笆
——大学生的健康行为及其养成

> 人的行为总是一再重复。因此卓越不是单一的举动，而是习惯。
>
> ——亚里士多德

案例 9-1

> 小谭，某高校大二男生，高中时，他勤奋刻苦，成绩优异。考上大学后，他一下子松懈下来，沉迷于网络游戏，经常玩到凌晨两三点。室友多次督促他早点睡，他却不以为意，甚至变本加厉，通宵达旦地玩游戏。结果，大二第一学期期末考试，五门功课均亮起了"红灯"。小谭整个人也失去了往日的朝气蓬勃，变得面容憔悴，精神萎靡。他自己尝试调整了几次，可是收效甚微，每次没过多久，又故态复萌。同学们都说他"中毒太深"，不可救药。后来，在辅导员的督促下，小谭参加了"网瘾团体心理辅导"，在心理老师和同学们的帮助下，经过近半年的努力，他才逐步从成瘾状态中走了出来。

这是一个典型的网络游戏成瘾行为的案例，类似的情况在高校中并不少见。在崇尚自由独立的今天，如果我们缺乏对自身行为的觉察，没有养成健康的行为习惯，就很容易出现类似的问题。因此，了解人类行为的奥秘，增进自我认识，养成健康的行为习惯，对大学生的学习和健康成长至关重要。

第一节 人生幸福的基础：健康行为概述

随着社会经济文化的发展，人们的思想更加开放，行为方式也越来越多样化。由于健康意识的缺乏，一些人出现了许多不健康的行为，给个人、家庭、学校和社会带来了危害。

一、人类行为

行为是有机体在各种内外部刺激影响下产生的活动。[①] 例如,举手投足、一颦一笑都是具体的行为表现。心理学的不同分支学科因为研究的角度不同,对行为的理解也不尽相同。

根据行为产生的原因,可以把行为分为与生俱来或以先天遗传为主的本能行为和后天习得或以后天习得为主的智能行为。人类在漫长的进化过程中,为了更好地适应环境,除了自身具有的摄食、睡眠、性等本能行为,还发展出了复杂的社会行为。人类行为受环境、心理因素的影响,维系并推动着人类的生存和发展。德国心理学家库尔特·勒温(Kurt Lewin)认为,"环境中的物件和事情对我们活动着的人不是中立的"[②],人类行为是人的心理活动和外界环境交互作用的表现。

20世纪60年代后,心理学家试图从信息加工的角度描述心理活动,把人类的行为分为外显行为和内隐行为。外显行为是可以被他人直接观察到的行为,如言谈举止;而内隐行为则是不能被他人直接观察到的行为,如意识等,即通常所说的心理活动。通常,我们可以通过观察人的外显行为来进一步推测其内隐行为。

文档9-1:
国人不健康
行为知多少

> 阅读材料 9-1

积极行为支持理论的行为假设

积极行为支持理论认为,要对个体的不良行为进行干预,要以行为的功能评估为基础。其所持的假设是:

1. 人类行为是功能性的

人类所做的事情都是有原因的。也就是说,绝大多数人的行为是功能性的,它服务于某个目的。行为的功能可以是获得某个个体所想要的东西,如引起他人的注意;或是逃离某种讨厌的情景、某个讨厌的人,如不想做的作业;也可以是从行为中获得某种感觉的刺激。

2. 人类行为是可以预测的

环境条件可以对个体问题行为的发生、撤除或者维持产生影响。如果个体的某个问题行为常常会在某种情景下发生,那么此时环境中的某些因素可能作为预测问题行为发

[①] 林崇德,等.心理学大辞典[M].上海:上海教育出版社,2003:1431.
[②] 莫雷.20世纪心理学[M].广州:广东高等教育出版社,2002:257.

生的信号。也就是说，干预者若发现有这样的信号存在，就可以预测个体可能会出现某种问题行为。比如，如果个体的行为常常使个体获得某种奖励，那么我们就可以预测，这种奖励的结果维持了问题行为的继续发生。我们也可以预测，如果这种结果不再存在，那么个体的行为就会发生改变。

3.人类行为是可以被改变的

我们不仅能够预测行为，同时也能够改变它。对问题行为的功能、前奏信号以及行为结果的分析，可以帮助我们找出和勾勒出适当的行为干预方法。

要从环境中寻找维持个体问题行为存在的原因，即对个体的行为进行功能评估，确定行为发生过程中的环境因素，然后根据这一功能设计和实施积极的行为干预。

资料来源：昝飞.行为矫正技术[M].2版.北京：中国轻工业出版社，2012：33-34.

二、健康行为及其特点

人类行为在改造世界的过程中，也在日益深刻地改变着自身的生产和生活。面对人类行为引发的种种困境和问题，人们越来越关注自身行为的健康状况，重视健康行为的意义和价值。健康行为是健康相关行为的简称，是指"人们为了增强或保持健康状态所采取的行为"。[1]随着医疗模式逐渐从传统的生物模式转向"生物—心理—社会"模式，人们对健康行为的理解也变得更加全面。

健康行为包括三个方面：从生理层面看，健康行为是指人们为了增强体质、保持与促进健康、避免疾病发生而开展的各种活动；从心理层面看，健康行为是树立健康信念、培育积极情绪、塑造健全人格、养成健康习惯等活动的总称；从社会层面看，健康行为是指社会适应良好并且符合社会规范、有利于他人健康和社会发展的各种活动。

在健康相关行为中，对健康有益的行为被称为促进健康行为，如适量运动、平衡膳食、定期体检等；对健康有害的行为被称为危害健康行为，如久坐不动、吸烟酗酒、沉迷赌博等。

如今，人们对健康的重视程度越来越高，但是养成和促进健康行为的理念还没有被广泛接受，特别是人们对健康的理解主要停留在生理层面，不健康的行为和生活方式仍然普遍存在。因此，我们需要对自己的行为有更多的觉察和认识，正确地理解健康行为。

---

[1] Taylor S E.健康心理学[M].5版.朱熊兆，姚树桥，王湘，译.北京：人民卫生出版社，2006：13.

一般来说，健康行为具有如下特点。

（一）有益性

健康行为是指客观上有利于自己和他人健康的行为。判断行为是否健康，要以行为后果能不能增进健康为标准。比如，网络游戏，虽然能够放松身心、扩大视野，但如果像案例9-1中的小谭那样痴迷成瘾，不但会妨碍身心健康，还会严重影响正常的学习、生活和社会活动，那就变成了不健康行为。

（二）稳定性

健康行为是指稳定的习惯化行为，而不是一次性或间歇性的活动。习惯的养成并非一日之功。无论是运动、睡眠、饮食，还是放松身心、陶冶情操等，都提倡规律性，而不是偶尔为之。只有养成习惯，形成稳定的行为方式，才能真正促进健康。那种心血来潮的行为，往往只会有短暂效果，难以产生长久改变。

阅读材料 9-2

毛泽东的修身之道

毛泽东在湖南省立第一师范学校读书的时候，为了锻炼自己的意志力，他通过闹市读书、冷水浴、严禁闲谈等多种方法磨炼自己，还曾写下这样的对联作为勉励自己的座右铭："苟有恒，何必三更眠，五更起；最无益，莫过一日曝，十日寒。"这种"文明其精神，野蛮其体魄"的不断磨炼，不仅塑造了毛泽东强健的体魄，更培育了他优秀的心理品质，为其后来进行艰苦卓绝的革命斗争奠定了坚实的基础。

（三）整体性

整体性意味着健康行为不仅有利于生理健康，同时也有利于心理健康；反之，危害健康的行为不仅会给身体带来伤害，也会给心理造成不良影响。人的身心是一个相互联系、彼此影响的整体。本章第三节讲到的关于饮食、睡眠和网络使用等问题，就充分说明了这一点。因此，大学生要树立身心健康的整体观，养成健康的行为习惯，照顾好自己的全面健康。

（四）和谐性

健康行为应该有利于增进人与人、人与社会、人与自然之间的和谐。具体来说：一是有利于增进人与人之间的和谐，有助于建立和维护良好的人际关系；二是有利于增进人与社会的和谐，而不是为了个人利益牺牲整体利益；三是有利于增进人与自然的和谐，这是人与社会可持续发展的必备条件。

所以，健康行为应该符合"你好、我好、世界好"的"三赢"原则。比如，食用某些野生动物可能对身体健康有好处，但是会破坏生态平衡，不利于人与自然的和谐，这就不是健康行为。

根据上述健康行为的特征，我们再来分析案例9-1中小谭的行为：通宵达旦上网，缺乏一个成年人应有的自控能力，虽然几次想改变现状，但是没有持久性和稳定性，结果出现不吃早餐、睡眠无规律、缺少运动、心理冲突增加等问题。这样的行为不仅不利于自己的身心健康，还损害了寝室同学的利益，对家庭和社会都有不良影响。显然，他沉溺于网络的行为是一种不健康行为，出现身心问题也在所难免。

文档9-2：良好生活方式是健康的基石

三、健康行为的影响因素

行为受思想观念、客观环境等多种因素的影响，只有了解影响行为的因素，才能找到培养健康行为习惯的途径和方法。

（一）认知因素

人们是否实施健康行为往往与其思想观念、认知态度等密不可分。一般情况下，只有当人们相信某些行为是有益的，或者认为如果不实施某些行为就可能导致疾病时，他们才会去实施相应的健康行为。

由于每个人的成长经历、价值观等各不相同，对同样的事情往往有不同的态度和看法，所以行为表现也千差万别。比如，我们大多数人都认为吸烟有害健康，可是有的同学却认为吸烟是有男人味的表现，从而养成了抽烟的习惯。

当然，有些人尽管了解健康知识，也清楚不健康行为的危害，却不一定实施健康行为，这与他们的健康信念和自我效能感有关。如果他们对自己的健康状况过于乐观，或者心存侥幸，不认为自己的行为会带来伤害或疾病，他们就不会实施健康行为。

阅读材料 9-3

自我效能感

自我效能感是指个体对自己的行为能力及行为能否产生预期结果所抱有的信念，即个体对自己是否有能力完成某一行为所进行的推测与判断。

自我效能感不仅决定个体是否愿意从事某项任务，还影响任务的完成情况，它是影响健康行为是否实施的重要因素。自我效能感高者，对自己完成任务的能力充满信心，遇到困难也能积极应对，实现预定目标，从而进一步提高自我效能感；自我效能感低者，往往缺乏自信，面临困难或挫折习惯性选择逃避和放弃，不做更多的努力，容易产生沮丧、自责、无价值感等消极情绪，进而降低自我效能感。

自我效能感受到个体自身的成败经验、他人的间接经验、身心状态等多种因素的影响。如果大学生相信健康主要取决于自己的行为，具有较高的自我效能感，那么他们就会积极主动地培养健康的行为习惯，并对自己能改变不健康的行为习惯充满信心，否则就会感到无助、无望，从而放弃改变行为。

（二）学习因素

学习是行为发展的促进条件，没有学习，我们就不可能有后天复杂的行为。人类的日常行为学习，有些是学习主体有意地模仿，如学习明星偶像的穿衣打扮；有些可能是被强迫模仿而习得，如遵守交通规则；有些是潜移默化形成，如不知不觉学会父母说话的语气、语调。

关于人类的学习，心理学家进行了大量的研究。如美国心理学家、行为主义心理学的创始人约翰·华生（John Watson）认为，人类的行为都是后天习得的，无论是正常行为还是病态行为都是经过学习而获得的，也可以通过学习而更改、增加或消除。而美国心理学家阿尔伯特·班杜拉（Albert Bandura）则明确指出，"所有来源于直接经验的学习现象都可以通过观察他人的行为及其所体验到的结果，在替代的基础上发生"[①]。他认为，人类大多数学习都来自观察学习，也就是通过观察他人（榜样）的行为、动作以及它们所引起的结果而习得的。

（三）环境因素

人类的行为活动难免会受到所处环境的影响。在大学集体生活环境中，个人的行为方式和习惯经常会受到不同程度的影响和制约。如很多同学希望早睡早起，可是集体宿舍的条件有限，很难按照个人意愿生活。对此，有些同学只是一味抱怨或深陷苦恼之中，进而影响了正常的学习和休息；有些同学放弃了原来好的生活习惯，放纵自己；但也有些同学能积极应对，处理好与同学的关系，顺利完成学业。可见，在同样的环境下，人们的行为却千差万别，带来的结果也各不相同。

"近朱者赤，近墨者黑。"好的榜样容易让我们习得健康行为，坏的影响则容易让我们不知不觉深陷其中而无法自拔。所以，孟母为了孟子的成长，要"择邻处"，为孟

---

① 张厚粲.行为主义心理学[M].杭州：浙江教育出版社，2003：428.

子创造良好的环境，减少不良环境的影响。

因此，我们应当自觉抵制诱惑，远离消极、不健康的环境。在外部环境不如意的情况下，要面对现实、积极调整，主动适应环境，提高自控能力，不能因为客观环境的限制而放弃健康行为的养成。

认知、环境和学习等因素相互影响、密不可分。像案例9-1中的小谭，考上大学后，环境变了，没有了升学压力，思想上便放松了对自己的要求，不知不觉沉迷于打游戏，最后游戏成瘾、无法自拔。如果小谭能珍惜大学的学习机会，多与积极向上的同学为伴，学习健康的休闲方式，加强自律，就有可能避免成为网络的奴隶。

> **思考题？** 你有困扰自己的不健康行为吗？这些不健康行为是如何养成的？又该如何改变？

"没有全民健康，就没有全面小康。"《"健康中国2030"规划纲要》提出，要加强全民的健康教育，提高全民的健康意识，促进健康行为的养成。党的二十大报告也指出，"推进健康中国建设，把保障人民健康放在优先发展的战略位置"[①]。

文档9-4：一图读懂《"健康中国2030"规划纲要》

第二节 生命成长的课题：大学生健康行为的养成

健康成长是家庭、学校和社会对大学生最基本的要求。但是，行为习惯的养成是一个长期的过程。大学生需要在充分了解自己身心特点的基础上，增强积极性和主动性，不断磨炼自己，才能逐步养成健康的行为习惯。

一、确立科学的健康行为态度

态度是个体对某一特定事物或对象所持有的稳定的心理倾向，会影响人的外在行为。大学生健康行为的养成，离不开积极的健康行为态度。

由于对健康的一知半解，很多大学生对自己的不健康行为听之任之，忽视了不健康行为的危害。他们往往自恃青春年少、风华正茂，觉得疾病和衰弱离自己很遥远，认为健康应该是天经地义的事情，并不觉得在这个年龄阶段需要特别注意养成健康的行为习惯。而且，由于实际生活体验不足，很多大学生感受不到失去健康的可怕之处，对不健康行为造成的后果没有切肤之痛，所以普遍对养成健康行为的意义认识不足。

---

① 习近平.高举中国特色社会主义伟大旗帜 为全面建设社会主义现代化国家而团结奋斗——在中国共产党第二十次全国代表大会上的报告[N].人民日报，2022-10-26（1）．

案例 9-2

小李是一名大四男生。高考期间，因为压力大，小李便学着同桌抽烟，从此一发不可收拾，成了"烟民"。家人和同学都劝他戒烟，尽管他也知道吸烟有害健康，但是内心却不以为意，他并不认为吸烟会给自己的健康带来危害，反而觉得吸烟是有"男人味"的表现。

春节回家过年时，他看到自己的叔叔，一个有二十多年烟龄的中年人，得了肺癌，最多只能活半年了。突然间，小李仿佛一下子看清了吸烟和肺癌之间的关系。从那以后，小李再也不吸烟了，并且看到身边的人吸烟他还会主动劝诫。

从小李的故事中，我们可以看出，态度在养成健康行为的过程中起到了重要作用。

当然，提高对养成健康行为重要性的认识，除了要了解不健康行为的危害，还要了解养成健康行为的积极作用。大学生要认识到：只有养成健康的行为习惯，才能拥有健康的身体、积极的情绪体验以及和谐的人际关系；健康行为不仅影响大学生的学习和生活，还关系到今后的生活质量和人生幸福，是健康成长和人生发展的必要条件。

二、学习健康行为知识和技能

健康行为不是与生俱来、不学便会的，而是要经过后天学习才能慢慢养成的。比如养成锻炼身体的习惯，就需要在激发健身动机的基础上，了解健身的基本知识，掌握一定的运动技能，如此才能逐步养成锻炼身体的行为习惯。

大学生的健康行为主要是在闲暇时间习得和养成的。由于缺乏基本的休闲知识和休闲技能，很多大学生不知道该如何安排自己的闲暇生活，于是玩网络游戏、追剧、打牌、酗酒等不良行为就慢慢养成了。如果大学生有自己的健康爱好，掌握了有益健康的休闲技能，就会把闲暇时间用于从事自己喜欢的健康活动，从而养成健康的行为习惯。

马克思说："对于没有音乐感的耳朵来说，最美的音乐也毫无意义。"[①] 很多休闲活动没有一定的技巧就无法享受其中的乐趣，而这些技巧要通过认真学习和刻意练习才能掌握。比如琴棋书画、高雅音乐、舞蹈、话剧等文化形式，只有反复观摩、学习、体验和品味，才能领略其中的奥妙。

文档9-5：
郑之躁人

---
① 马克思.1844年经济学哲学手稿[M].北京：人民出版社，2000：87.

健康向上的文体活动能使大学生的身心得到充分休整。大学生可以加入演讲协会、读书社、羽毛球协会等社团组织，积极参加知识讲座、文艺沙龙、影视欣赏、社会实践等多种形式的校园文化活动，让闲暇时间过得充实、健康。这样不仅可以培养健康行为习惯，也能远离了那些低层次的休闲活动。就像谚语所言："想让一块土地不长稗草，最好的方式是种上庄稼。"所以，大学生应该积极主动地学习健康行为知识和技能，用积极、健康的活动代替消极、不健康的行为。

文档9-6：重塑休闲观：智能革命对人类智慧的新考验

> 思考题？你的闲暇时间是如何度过的？你掌握了哪些健康的休闲技巧？

案例 9-1 中的小谭最后通过积极参加健康的校园文化活动，培养健康的爱好，逐渐从沉迷网络游戏中走了出来。

三、提高自我控制能力

俗话说，知易行难，知道未必能做到。很多大学生深知养成健康行为习惯的重要作用，却因为自我控制能力不强，而成了坏习惯的奴隶。因此，自我控制既需要坚强的意志力，也需要掌握科学的方法。

（一）自我控制的目标

自我控制主要有两个目标：一是增加健康行为，如适度运动、合理膳食等，获得积极的结果；二是减少和消除不健康行为，如玩游戏、疯狂购物等，避免负面结果。通常，人们自我控制的目标都是用健康、适应性行为来替代不健康、不适应行为。

对于大学生来说，无论是健康行为的养成，还是不健康行为的消除，都要依靠自我控制与管理，而不是来自父母、老师的外在控制。只有把养成健康行为变成自己的内在动机，才能自觉地学习健康行为知识和技能，养成健康的行为习惯。

（二）自我控制的实施

自我控制的实施一般需要遵循以下四个程序。

1. 强化动机

无论是养成健康的行为习惯，还是改变不健康的行为习惯，都需要行为者有决心和动力，不然很容易半途而废。为了强化动机，大学生可以在选择了具体的行为目标后，列出自我控制的好处和不进行自我控制的坏处，以此来激励自己。

2. 确定合理的目标

要清楚了解目标行为的基础水平，确定合理的目标，以循序渐进的方式达到最终目标。通常，一次只建立一个目标，而且目标应该是可测量、能达成、有时间限制、积极的。如果是大目标，则还需要把它分解成具体行为。比如，目标行为不能简单地确定为减肥，而要转化成为每天的饮食和锻炼计划等具体行为。

3. 选择合适的自我控制方法

自我控制方法主要包括自我监控、自我奖惩、自我指导等。

自我监控是对自己的行为进行系统的观察和记录，以提高对具体行为的自我察觉，而不是仅凭经验和感觉行事。记行为日记是常用的一种自我监控方法。一般是把每天发生的具体行为记录下来，并对行为及其结果加以评论。以控制饮食为例，行为日记应记录食物名称、数量、用餐环境、对食物的态度、控制饮食的方法、遇到的困难等。如果把每天或者每周的记录转换成图表，就能更直观地看到行为的变化和进展情况。此外，智能手环、手表、智能体重秤等健康检测设备，也可以作为辅助自我监控的有效工具。

自我监控必须与自我奖惩相结合，否则监控很容易流于形式。如果按计划达成了目标行为，就给自己奖励，否则就施以惩戒。为了让奖惩起到更好的效果，还可以请家人、同学和朋友协助实施，以免自己"作弊"，不严格执行奖惩。

自我指导是通过一种特殊的自我对话方式来影响自己的行为。自我指导的内容一般包括具体的行为是什么、怎么做以及自我激励等。如小张为了克服当众讲话紧张，每次上台前他都会对自己说，"我讲话要自信，深呼吸，看着同学的眼睛，放慢语速"。一旦自己做到了，就对自己说，"棒极了，我越来越自信了，我一定会更好的"。自我指导一般需要在事前进行预演练习，这样在实际运用的时候效果才会更好。

4. 实施自我控制

自我控制是一个不断修正的过程。无论是自我控制方法的选择，还是具体行为的确立，都需要在实践中进行检验。这是一个长期的过程，不可能一蹴而就。即使通过有效的自我控制，达到了当初确立的目标，也不代表健康行为习惯已经养成，还是需要继续坚持自我控制，进行适度强化，直到习以为常，成为自发的习惯。

阅读材料 9-4

提高自我控制效果的小技巧

1. 公开化

向周围的同学、家长、朋友做出公开的承诺，让他们知道你将开始执行或者正在执行某一行为的自我控制计划，希望大家能够理解，并能给予帮助、提醒和监督。这样的承诺有助于增加当事人的压力。即使当事人想放弃，周围的人也会适时提醒，督促其继续。

2. 寻找一个自我控制计划的参与伙伴

如果有一个同伴能一起参与这一自我控制计划，那么成功的可能性就会更高。比如，两个朋友一起参与健身计划，相互之间就可以进行督促、鼓励，枯燥的健身活动也会变得有趣。

3. 设置环境线索，提醒自己进行自我控制

在实施自我控制计划的过程中，可以重新安排环境，让周围环境中充满提醒自己进行行为改变的线索或者提醒物。比如，可以在寝室课桌上贴上"停止"的卡片，若学习时出现注意力不集中，这张卡片就可以起到提醒的作用。还可以张贴一些自我激励的图片，如"加油""坚持就是胜利"等，也可以将自我观察和记录的内容张贴在墙上，这一方面能起到提醒的作用，另一方面也是对自己的一种激励。

在自我控制的实施过程中，还可以引入其他方法，如行为契约的程序，通过与父母或者教师等人签订行为契约，以便更好地对自己的行为进行控制。

资料来源：昝飞.行为矫正技术[M].2版.北京：中国轻工业出版社，2012：372.

文档9-7：逃避是没用的

当然，大学生自我控制能力的培养，除了运用科学的自我控制方法外，还需要强化自己的理想和目标。大学生只有树立了远大理想和人生目标，才会自觉抵制不良思想的侵袭，主动参与健康活动。否则，没有目标、没有追求，很容易无所事事、无事生非，慢慢滋生出不良行为。

文档9-8：在最好的年华，找准奋斗的方向

第三节 健康生活的回归：大学生常见的健康行为问题及其调适

受年龄特点和社会文化环境等因素的影响，大学生经常会出现一些健康行为问题。本节主要以饮食、睡眠和网络使用为例，分析大学生中常见的健康行为问题。

一、大学生的饮食行为

饮食是维持生命的基础。饮食的重要性妇孺皆知，不言而喻。不合理的饮食行为，如不规律进食、暴饮暴食、挑食等都会引起一些身心健康问题。

（一）大学生的饮食行为扫描

合理饮食包括健康饮食和良好的饮食习惯，前者指饮食成分健康、有营养，后者指饮食行为合理、科学。当前，大学生的饮食行为问题主要表现在以下三个方面：

第一，轻视饮食健康。在一些人眼中，饮食起居这些活动都是人的本能行为，无须特别在意。很多大学生没有意识到合理饮食的重要性，对不合理的饮食行为满不在乎，或者心存侥幸，更不用说养成健康的饮食习惯了。

第二，追求感官刺激。"好吃"是很多大学生评价饮食好坏的唯一标准，他们往往只有"色、香、味"的感官标准，而没有营养和卫生标准。"洋快餐"、碳酸饮料等"垃圾食品"是很多大学生的至爱。

第三，饮食行为随意。由于缺乏科学的饮食和健康观念，又受到经济、环境、时间等客观条件的影响，很多大学生养成了不良的饮食习惯，主要表现为不吃早餐、三餐无规律、吃夜宵等，尤其是不吃早餐和吃夜宵现象非常普遍。

> **思考题？** 从健康饮食的角度来看，你认为自己的饮食习惯健康吗？

不合理的饮食行为不仅损害大学生当前的健康，影响其学习和生活，还会给未来的身体健康埋下隐患，使他们日后患心脑血管、肿瘤等疾病的概率大大增加。因此，大学生要从现在开始，注意自己的饮食习惯，减少不合理的饮食行为。

文档9-9：一日三餐怎么吃出健康

（二）大学生常见的饮食行为问题及其调适

大学生的饮食行为问题主要表现为过度节食和暴饮暴食。而真正的进食障碍，包括神经性厌食、神经性贪食和神经性呕吐等，在大学生中并不多见。

1. 过度节食

现代社会流行以"瘦"为美。有些女生为了追求苗条、骨感的身材，严格控制自己的饮食，经常处于半饥饿状态，甚至不惜采取过度运动、引吐、导泻等方法减轻体重。

文档9-10：大学生饮食习惯调查

案例 9-3

小唐，大二女生。她积极上进，外形靓丽。对于身高168厘米的她而言，57公斤的体重是很合适的，可是有位同学开玩笑说她"胖"之后，小唐便开始节食，经常每天只吃两顿，甚至有时只吃一些水果。后来，因为男朋友与自己分手后找

> 了个"骨感"女孩，小唐更加坚定了要做"骨感"美人的决心。三个月后，她体重降至45公斤，可她仍觉得自己"胖"，需要"把革命进行到底"。幸好在这时候，她选修了"大学生心理健康"课，了解到这是一种病态心理，需要马上纠正。
>
> 　　小唐为了成为"骨感"美人，不惜用节食的方法折磨自己，具有明显的非理性认知特点。她的节食行为不仅受同学玩笑的影响，更受失恋事件的刺激，当然还有社会和文化因素的影响。后来，在心理咨询师的帮助下，小唐改变了对"胖瘦"的不正确认识，对失恋原因也有了新的看法（男友并非认为她胖，而是觉得彼此个性不合），并且制订了合理的饮食计划，积极参加运动，逐渐恢复了往日的青春靓丽。

　　通常，过度节食问题背后都有非理性的认知，如"瘦女人才美""身材好，工作更好找"等。此外，某些大众传媒也起到了推波助澜的作用，各种减肥、瘦身广告，几乎每天充斥着我们的生活，一些渴望美丽的大学生很容易受此影响。

2. 暴饮暴食

　　饮食行为受情绪的影响很大。有些大学生在遇到挫折时，习惯用暴饮暴食来化解自己的不良情绪。结果，不知不觉形成了暴饮暴食的习惯。对自己的暴饮暴食行为，他们常常担心被别人发现，心中感到羞耻，容易出现焦虑和抑郁情绪。

文档9-11：霍金的迷恋

　　因此，对待饮食健康行为，大学生首先要树立健康的饮食观念，调整非理性认知，正确看待"胖瘦"问题，不能为了身材而牺牲健康；其次，要提高情绪管理能力，在遇到挫折时，可通过运动健身、倾诉宣泄等合理方式转移和化解消极情绪，而不是"化悲痛为食欲"；最后，要管理好自己的饮食行为，养成健康、规律的饮食习惯，不能饥一顿饱一顿。

文档9-12：避免"无意识进食"

二、大学生的睡眠行为

　　睡眠是生命的基本需要，是人体发挥正常生理、心理功能，维持工作和学习的基础。人的生命约有三分之一的时间是在睡眠中度过的，充足、舒适、有规律的睡眠不仅能够帮助人们消除身体疲劳、补充体力，还可以减轻压力、调节情绪；反之，睡眠不好则会给人们的身心健康带来危害。

（一）大学生的睡眠行为扫描

睡眠问题是大学生心理咨询中的常见问题。睡眠质量好坏不仅影响大学生的学习和健康，还会对其身心健康产生影响。大学生群体主要存在以下睡眠问题。

1. 晚睡晚起普遍化

不少大学生习惯于晚睡晚起，即使晚上宿舍统一熄灯，也要熬到深夜。现在网络普及，一些大学生的夜生活都是"困在网中央"。晚睡的结果通常是晚起，这也导致很多同学不吃早餐或者吃夜宵等不健康行为的出现。

2. 睡眠习惯差异大

大学生以集体生活为主，由于每个人的生活习惯不同，经常会因为睡眠时间不统一、玩游戏、打电话等影响别人休息，甚至因为打呼噜、洗漱等问题产生纠纷。由于睡眠问题而产生的寝室矛盾在大一新生中更为常见。现在的大学生大多为独生子女，集体生活经历少。进入大学后，有些同学很长时间都难以适应，如果处理不及时，很容易诱发其他问题。

3. 睡眠质量不理想

集体生活、嘈杂的环境、过度用脑等都可能影响大学生的睡眠质量。失眠、多梦、起居无规律等睡眠问题在大学生中较为常见。一些同学晚上难以入睡，在课堂上却呼呼大睡，这严重影响了其正常的学习和生活。

阅读材料 9-5

睡眠时相

正常睡眠是由两个交替出现的不同时相组成：一个是慢波睡眠，又称非快速眼动睡眠；另一个是异相睡眠，又称快速眼动睡眠，人们入睡后大多数的睡眠属于此种。异相睡眠是在睡眠过程中周期出现的一种激动状态。脑电图呈现快频低压电波，类似清醒时的脑波。自主神经系统活动增强，如心率、呼吸加速，血压升高，脑血流及耗氧量均增加，男性则有阴茎勃起。此外，睡者时时翻身，面和指（趾）端肌肉不时抽动。

慢波睡眠与异相睡眠是两个相互转化的时相。成年人睡眠一开始进入慢波睡眠，慢波睡眠持续80～120分钟后，转入异相睡眠；异相睡眠持续20～30分钟后，又转入慢波睡眠；之后又转入异相睡眠。整个睡眠期间，这种反复转化4～5次，越接近睡眠后期，异相睡眠持续时间逐步延长。

在成年人中，慢波睡眠和异相睡眠均可直接转为觉醒状态，但觉醒状态只能进入慢波睡眠而不能直接进入异相睡眠。在异相睡眠期间，如将其唤醒，被试者往往会报告他正在做梦。一般认为，做梦是异相睡眠的特征之一。

资料来源：杨世昌.大学生心理健康教程[M].北京：科学出版社，2011：286.

（二）大学生的睡眠行为问题及其调适

大学生的睡眠问题以失眠、易醒、早醒、睡眠时间不足、睡眠质量不佳等较为常见。

1. 睡眠问题产生的原因

大学生的睡眠受环境和个体心理状态等多种主客观因素的影响。

（1）环境因素。集体宿舍居住环境不佳，噪声、灯光、温度、空气质量、洗浴条件等往往很难令人满意，这是大学生出现睡眠问题不可忽视的外部原因。此外，环境的变化也容易引起睡眠问题，每年新生入学时和每学期开学初，失眠情况往往会增多。

文档9-13：失眠和心理病是难兄难弟

（2）心理因素。心理因素是大学生出现睡眠问题的最主要原因。人们常常会因为外界的刺激而引起情绪波动，影响睡眠。比如，对睡眠的过分关注、害怕失眠等焦虑心理容易引起入睡困难；家庭、学校的各种突发事件经常成为大学生失眠的诱因，特别是那些敏感、易忧虑的学生很容易为此担心；考试、大型活动、各类比赛等紧张情境更容易引起大学生的过分焦虑。当然，也有部分睡眠障碍是其他心理问题引起的，如抑郁症、焦虑症等常伴有失眠现象。

（3）生活习惯。不良的生活习惯也会导致睡眠问题，如睡前进食、饮酒、喝咖啡、玩网络游戏以及睡眠无规律、缺少运动等，都有可能引起睡眠问题。

（4）其他因素。其他诸如药物、躯体疾病、季节变化等都可能诱发睡眠问题。

因此，对待大学生的睡眠问题，一定要先弄清失眠的原因，再寻求合适的方法进行调整或治疗。

案例 9-4

小李，男，大三学生，近两周来常常失眠，往往要到凌晨2至3点才能入睡。小李对自己的睡眠问题极为焦虑，担心失眠会影响学业，致使成绩下滑。他越想越紧张，也就越睡不着。

心理咨询师通过交谈，发现小李存在以下不合理认知：其一，我必须每天睡足8小时，否则第二天就无法正常学习；其二，现在已经11点了，如果再不睡着，明天一定会一团糟；其三，失眠会导致严重的健康问题，我可能会得重病。

咨询师采用认知行为疗法，帮助小李挑战这些不合理认知。比如："你真的每天都需要睡足8小时吗？有没有睡眠时间少但第二天状态还不错的经历呢？""你怎么确定不睡好明天就一定会一团糟？有没有可能即使睡眠不足，通过其他方式也能保持精力呢？"同时，咨询师让小李记录自己的实际睡眠时间和第二天的学习表现，以检验他的预期是否准确。

小李逐渐意识到，睡眠不足不会带来灾难性后果，人体有调节机制；放松心态有助于入睡，过度关注反而会加重失眠。在咨询师的陪同下，他还制订了规律的睡眠计划，学习睡前放松技巧，如深呼吸和渐进性肌肉放松等。慢慢地，小李的睡眠状况有了明显改善。

2. 睡眠问题的调适方法

针对上面提出的大学生睡眠问题产生的原因，提出以下调适的方法：

（1）合理运用辅助工具，营造安静睡眠环境。例如，可以利用耳机、降噪APP等辅助睡眠。

（2）树立对睡眠的合理认知，保持轻松稳定的情绪。睡眠问题往往与错误认知相关，如"我必须睡足8小时""睡不好肯定会影响第二天的学习""我一定得尽快入睡"等。改变对睡眠的认知能够减少焦虑，促进身体放松。

（3）培养良好生活习惯，提高睡眠质量。规律作息和适度运动的习惯都有助于促进睡眠，但要避免在睡前进行剧烈运动。

此外，常用的睡眠调适方法还有很多。大学生可以根据自身的实际情况，选择适合自己的方法，科学调整睡眠状态。必要时，可以寻求心理咨询师的帮助或到专科医院进行检查诊断。

> **思考题？** 你有哪些调节睡眠的有效方法？结合教材内容，思考一下背后的原理。

三、大学生的网络使用行为

随着网络越来越普及，特别是手机等移动互联网技术的发展，网络不仅成了大学生最主要的休闲阵地，而且也是不可或缺的学习平台。就像有的大学生所言："无论你想要什么，网络都能给你。"

网络改变了生活，也改变了大学生的日常行为。但网络就像一把"双刃剑"，给生活带来了方便的同时，也带来了不小的负面影响。大学生的心理、行为方式受网络影响越来越大，很多大学生就像案例9-1中的小谭那样，因为过度使用网络，出现了网络成瘾等心理问题。

（一）大学生的网络使用行为问题扫描

我们常用"网络成瘾"来统称各种过度使用网络的行为，实际上，它包含了大量的行为问题和冲动控制问题，有些并非成瘾行为。概括起来，大致有以下四种类型。

1. 网络购物成瘾

越来越多的大学生习惯在网上购物，甚至有些同学沉迷于此，一有空闲就上网"淘宝"，完全超出了正常的购物需要。现在，高校门口每天都有成堆的快递，网上购物的繁荣与疯狂可见一斑。

2. 网络聊天成瘾

随着网络聊天越来越普及、便捷，现在不用QQ、微信等即时聊天工具的大学生就如同没有手机一样难以想象。在食堂、寝室、公交车、图书馆、课堂上，甚至在路上，到处都能见到大学生忙着网络聊天的情形，时不时还能听到其会心的笑声。

3. 电脑游戏成瘾

电脑游戏，尤其是网络游戏备受部分大学生的喜爱。不少大学生将大量时间、精力和金钱都花费在网络游戏中。由于网游公司不断推出更有刺激性的游戏，那些沉迷其中的大学生更是无法自拔。

4. 信息浏览和发布成瘾

成瘾者花费大量时间致力于在网上查找、浏览和收集信息，伴随强迫性冲动倾向，无法控制自己的行为。有的男生一天要看无数遍体育新闻；一些女生对娱乐明星的私生活了如指掌。

随着微博、微信、抖音等信息发布平台的广泛使用，很多大学生会时不时浏览、上传、发布文字、图片和视频，随时随地分享新鲜事，甚至做起了主播。

网络成瘾的大学生长时间"泡"在网上，危害不言而喻。缺少必要的锻炼和休息，对其视力、骨骼等都有不同程度的危害，损害身体健康；过度上网使他们的心理或行为偏离社会公认的规范，容易产生认知受阻、情感冷漠、意志消沉、角色错位等心理和行为问题；沉迷于网络虚拟世界中，会对学业、人际交往等产生不利影响；更有甚者，因为网络使用不当而导致退学、被骗、犯罪、身心疾病等严重后果。

测试9-1：青少年病理性互联网使用量表

文档9-14：社科院调查追踪"95后"网络生态：近四成大学生关注网红

（二）大学生网络使用行为问题的调适

1. 正确对待网络

网络已成为人们生活中的一部分，现在没有网络的世界是不可想象的。只要能合理使用网络，提高对网络信息的鉴别力、选择力和使用能力，网络就会成为大学生学习和工作的好帮手。

要正确对待网络，大学生应该注意三个方面：一是加强对网络作用的认识，积极利用网络带来的方便和好处，如资料查找、信息搜寻等；二是提高对网络负面作用的警惕，防微杜渐，免得越陷越深、越迷茫；三是提高对网络特性的认识，不因为网络的虚拟性而肆意妄为，加强对网络道德和相关法律法规的认识，增强防范网络陷阱的能力。

2. 培养积极健康的生活方式

大学生如果只是合理使用网络，而不是成为网络的"奴仆"，一般不会出现不健康的网络使用行为。因此，大学生需要合理安排自己的生活、学习和娱乐，树立明确的奋斗目标，提高对网络的免疫力。

大学阶段不仅仅是知识的学习阶段，更是个性优化、良好习惯养成的重要时期。大学生要从虚拟时空中走出来，建立良好的朋辈关系、师生关系、家庭关系，促进网络交往与现实交往的融合，培养健康的休闲技能，丰富自己的生活，养成积极健康的生活方式。

3. 提高自我管理能力

由于网络具有隐蔽性、虚拟性和丰富性的特点，在"匿名效应"的驱动下，人们的自我约束会大大减少，现实中不敢做、不会做的事情，在网络上容易毫无顾忌。如果不加强网络自律和自我管理，很容易走向无法自控的深渊。

一些大学生深知网络成瘾的危害，可是却很难控制自己的行为。这就需要通过自我克制，用健康的活动转移注意力来克服过度使用网络的行为，必要时可以借助同学、老师、家人等各方面的力量，给自己提供监督和支持。如果出现网络成瘾行为，无法做到自我克制，就需要寻求专业心理咨询机构的帮助或去医院接受治疗。

网络就像浩瀚无边的海洋，是畅游其中，合理利用它的资源，还是被它吞没，陷入无法自控的深渊，最终还是取决于大学生自身。如果大学生能够增强行为自觉性，提高自我管理能力，就可以有效避免像案例9-1中小谭那样的问题。

讨论与实践

1. 如何理解健康行为？健康行为有哪些特点？
2. 联系实际，谈谈如何养成健康行为习惯。
3. 结合大学生的饮食行为现状，谈谈应如何培养健康的饮食习惯？
4. 结合睡眠问题形成的原因，谈谈大学生睡眠问题的调适方法。
5. 如何养成健康使用网络的习惯？

本章附录

AI 马老师一问一答

推荐阅读书目

在线自测

CHAPTER 10
第十章

直面生活的挑战

——大学生的挫折心理与压力管理

> 种子不落在肥土而落在瓦砾中，有生命力的种子绝不会悲观和叹气，因为有了阻力才有磨炼。生命开始的一瞬间就带着斗志而来的草，才是坚韧的草，也只有这种草，才可以傲然地对那些玻璃棚中养育着的盆花嗤笑。
>
> ——夏衍

案例 10-1

小刘，大一男生。进入大学后，他发现和中学阶段紧张苦读的日子相比，大学里可自由支配的时间真是多啊！挣脱了高中的束缚，小刘心想这下终于可以去做那些以前没时间去做的事情了……于是，球场上、网吧里、各种社团组织的活动中都能见到他的身影。可以说，除了上课，他把大部分时间都花在了这些活动上。慢慢地，他发现大学里一般是大班上课，多一个少一个同学任课老师也不会发现。于是，有时运动累了想多睡会儿，或者是打游戏熬夜起不来，他甚至会逃课。后来，在社团活动过程中，他喜欢上了同一个部门的女干事，像身边有些同学一样，小刘也谈起了恋爱……

然而，这种自由甜蜜的生活很快就被打破了……当期中考试成绩出来时，小刘竟然不止一门功课不及格！他惊呆了，自己竟从曾经的学霸变成了学渣！糟糕的事情还不止这一件，女朋友因为他的学习成绩不理想，在父母的压力下向他提出了分手。负责社团的老师也根据他的学习状况，善意地建议他暂时辞去社团工作，把精力集中在学习上。那些天，他陷入了深深的自责和失恋的痛苦中，整天无精打采，上课注意力不能集中，学习效率也愈发低下。

几位关系较好的同学发现他这种情况后，积极陪伴并开导他，同时也把他的情况及时告诉了辅导员。辅导员通过走访宿舍、约谈等方式多次与他谈心，建议他去接受心理辅导，同时还与他的家长取得了联系。在老师和家长的共同努力下，小刘明白了大学校园并不是娱乐的天堂，除了培养兴趣爱好、发展能力外，更重要的任务是学习，一定要合理分配时间，处理好学习与其他诸方面的关系，至于恋爱，也只是一门选修课而非必修课。慢慢地，他从失恋的痛苦和学习的挫折中走了出来，恢复了往日的笑容，也重拾了信心。经过这些事，他觉得自己成熟了许多。

文档 10-1：外卖小哥雷海为的诗词梦

第一节　人生何处无风波：挫折与压力概述

> 思考题？ 你是否赞同"人生要是没有挫折该多好"这样的观点，为什么？

压力与挫折无处不在，无时不有。在人生的不同阶段，我们会经历各种压力，遭受或大或小的挫折。大学生由于受到种种因素的影响和制约，特别容易在专业不适应、学习不理想、身体不适、人际关系紧张、情感困惑等方面遭受挫折，感到压力。

一、挫折与压力的含义

（一）挫折

挫折是指一切个人理想或行动受阻的情况，或是为满足某种需求的动机受阻所感知到的心理紧张和情绪状态。

挫折包括三个方面的含义：一是挫折情境，指造成需要不能得到满足的内外部障碍或干扰等情境因素。二是挫折反应，即当需要不能满足时个体产生的情绪和行为的反应，这属于主观体验。三是挫折认知，即对挫折情境的认识和评价，这是主观反应。

文档 10-2：越过挫折才能成为军营强者

其中，挫折认知对个体而言是最重要的，它直接决定着个体对挫折情境的反应。当挫折情境、挫折反应和挫折认知三者同时存在时，便构成了典型的心理挫折。但如果主体认知不当，即使缺少挫折情境，只要有挫折认知和挫折反应这两个因素，也可以构成心理挫折。

个体受挫与否，是由当事人对自己的动机、目标与结果之间关系的认识、评价和感受来判断的。"横看成岭侧成峰"，某些可能对一个人构成挫折的情境和事件，对另一个人来说却不一定构成挫折，这就是个体感受的差异。

（二）压力

压力是指个体在生活适应过程中，因实际或认知能力上的不平衡而引起的一种通过生理、心理和行为反应表现出来的身心紧张状态。具体来说，压力是一种身心反应。

压力包括四个方面的含义：一是压力情境或事件，即诱发压力的外在客观环境或事件，它包括一种或数种刺激，可能是"现在时"已经遭遇的事件，也可能是"未来时"即将面对的问题。二是压力认知，即对现实或未来压力情境或事件的认知和评价，只有个体感知到压力，压力感才会产生。如果在现实中客观上发生了或将要发生一些事，但主观上个体并无知觉，就不会产生压力感。三是压力反应，即个体主观上对外界刺激做出适应或产生紧张压迫感，包括身体、心理和行为等的一系列反应。四是压力应对，即个体面对压力情境或事件时，能运用个体的内外部资源，做出旨在消除、减弱、预防该压力情境或事件的努力。

心理学的研究表明：承受压力是生活中不可避免的，它像空气、水一样时刻存在于我们周围，是人类生活、生命不可缺少的一部分。适度的压力有利于人们自觉调动自身能量，从而更好地迎接挑战。但是，过度的压力总是与紧张、焦虑、挫折联系在一起，久而久之会破坏人的身心平衡，造成情绪困扰，损害身心健康。

二、压力和挫折的关系

压力和挫折既有区别又有联系。

首先，压力和挫折的内涵不同。从某种程度上来说，挫折所涵盖的范围比压力更为广泛。挫折既可以是客观事实，也可以是个体对外界环境做出的主观评价；而压力则更多地倾向于个体的主观感觉。

其次，引发个体压力或挫折的环境因素具有相似性。自然环境因素（如自然灾害、空气污染、气候恶劣等）、社会环境因素（如经济、政治、习俗等对个体产生的制约与限制）、个体自身因素（如疾病、人际关系紧张、生活逆境等）都有可能导致挫折，使个体产生挫败感，进而引发压力。但压力并不一定全由挫折引发，一些开心的事也会给人带来压力，例如升学、获奖等。

最后，对个体而言，挫折和压力既可以产生积极作用，也可以产生消极作用。若应对恰当，可以促进个体进步，提高心理素质，增强解决问题的能力，提高自身适应能力；反之，个体则可能产生抑郁、焦虑、恐惧、无助、无望等不良的负性情绪，甚至一蹶不振。

三、挫折与压力的身心反应

人们对挫折和压力有着不同的反应，有的表现为情绪激烈，有的表现为行为冲动，有的则不明显。一般来讲，人们对挫折和压力的反应主要表现在生理、心理和行为三方面。

（一）生理反应

当压力对个体构成威胁时，或当个体遭受挫折后，机体内部的自我调节机制将会最大限度地调动机体的潜在能量，以有效地应对外界环境的变化。在体内潜能大量消耗的同时，那些与情绪反应无直接联系的器官或器官系统则得不到必要的能量，从而不能维持正常功能，具体表现为消化道蠕动减慢、胃肠疾病等。如果长期处于挫折和压力情境下，上述生理变化将会进一步增强，从而引起身心病变，出现面色苍白、四肢发冷、心悸、气急、腹胀等一系列症状。

（二）心理反应

挫折及压力情境中的心理反应主要指情绪性反应。它是指人们在受到挫折或压力时，在强烈的紧张、愤怒、焦虑等情绪下所做出的反应，可能表现为强烈的内心体验，也可能表现为特定的表情或行为反应。压力的情绪性反应多为消极性反应，如焦虑、愤怒、冷漠、压抑等。

1. 焦虑

焦虑对个体的学习、生活和环境适应具有积极和消极两方面的作用。适度焦虑可以激发个体潜力，提高个体随机应变的能力，例如，考试前适度焦虑可提高复习效率，但焦虑过度或持续时间较长则会导致神经功能失调，影响个体的正常生活。

2. 愤怒

如果受挫者意识到挫折情境来自人而不是自然因素，就很容易产生愤怒甚至敌意的情绪体验。所谓"怒从心头起，恶向胆边生"。愤怒有可能催生进一步的极端行为反应。

3. 冷漠

冷漠是指当个体感受到压力、遭受挫折后所表现出来的对挫折情境漠不关心、无动于衷的一种情绪反应。然而，这就像是一座火山正处于休眠状态，此时愤怒只是被暂时压抑，在个体的内心深处仍隐藏着很深的情绪。

4. 压抑

当我们无法对挫折情境表达愤怒与不满的时候，需要暂时将消极情绪压抑起来。

压抑并不意味着问题的解决，按照精神分析理论，被压抑的情绪会进入潜意识，并通过其他途径变相表露出来。

（三）行为反应

人在挫折和压力的情境下，除了产生情绪反应外，还伴随着某种行为反应。行为反应也有积极和消极之分。

1. 消极的行为反应

（1）退化。退化是一种以与自己的年龄和身份不相称的幼稚行为来应对挫折和压力的行为反应。例如，有的同学因为钱包被偷，坐在地上号啕大哭；或为一点小事而对周围的人暴跳如雷。

（2）幻想。幻想是指一个人在遇到挫折时企图以自己想象的虚幻情境来应对挫折和压力。偶尔躲进幻想的世界里，实属正常，因为它确实可以在一定程度上减小压力、缓解挫折情绪。但如果长期处于幻想状态或仅凭幻想来应对现实中的挫折和压力，则会使人丧失对现实生活的适应能力或严重脱离现实生活，甚至可能导致精神疾病。

（3）逃避。逃避是个体不敢面对自己遭遇的挫折或压力情境而躲避到比较安全的环境中去的行为。逃避的主要类型有以下几种：一是逃向另一个现实。例如，有的人在生活中碰了钉子或者追求的目标、理想一时不能实现，便心灰意冷，从此醉生梦死。二是逃向幻想世界。三是逃向生理疾病。这是个体为了避免困难而出现的生理障碍。如参加期末考试的学生在考试当天出现腹痛等生理症状，这种症状或疾病的发生是无意识的，与装病不同。

（4）固执。固执是指个体一而再、再而三地遇到同样的挫折，又一时难以克服，就可能慢慢失去信心从而采取刻板的方式盲目重复某种无效行为。从外部特征来看，固执与正常的习惯有许多相同点，但是在遭受挫折或压力时，两者的区别就显而易见了。比如，一个人若因习惯的行为遭受挫折或惩罚，那他就会去改变习惯行为；与此相反，固执行为不但不会被改变，反而会有愈演愈烈之势。

（5）攻击。攻击是一个人受到挫折或压力以后产生的强烈的侵犯和对抗的行为反应，包括直接攻击和转向攻击两种形式。

直接攻击是指一个人受到挫折以后，把愤怒的情绪指向直接对其构成挫折或产生压力的人或物，多以动作、表情、言语、文字等形式表现出来。

转向攻击是指将挫折或压力源引起的愤怒和不满的情绪转向发泄到自我，或与挫折、压力来源不相关的其他人或物上。例如，心理学上非常著名的"踢猫效应"：经理被老板训斥后很恼火，就故意找秘书的茬。秘书也很生气，回到家后便对着自己的儿子大发雷霆。儿子莫名其妙地被父亲痛斥之后，很恼火，便狠狠地踢了自家的猫一脚。

转向攻击通常在以下三种情况中表现出来：第一，当个体觉察到引起挫折或压力的真正对象不能直接攻击时，便把愤怒的情绪发泄到其他的人或物上，即迁怒。第二，挫折或压力的来源不明，可能是许多挫折或压力综合作用的结果，也可能是自身疾病引起的。在这种情况下，就将闷闷不乐的情绪发泄到毫不相干的人或物上去。第三，当一个人意志薄弱、缺乏自信或悲观失望时，易把攻击的对象转向自己，如埋怨自己能力不够强、机遇不好、命运不佳、生不逢时等。

（6）自杀。自杀是一个人遭受挫折或承受极大压力后的一种极端的反应方式，也可以看作受挫后针对自身的一种典型且特殊的攻击行为。当一个人受到突然而沉重的挫折打击，或者长期受到挫折的困扰和折磨，感到万念俱灰不能自拔时，他就可能产生自暴自弃、轻生厌世的想法，此时若得不到外力的帮助，就可能出现自杀行为。

2. 积极的行为反应

对挫折和压力的积极行为反应主要表现在以下两个方面：

（1）坚持目标，逆境奋起，矢志不渝。当人们遇到挫折或压力后，若经过客观冷静的分析后，发现自己所追求的目标是现实的、正确的，而当前的挫折只是暂时的，是可以通过努力去克服的，那他们就会设法排除障碍、克服困难，并坚持不懈地朝着既定目标矢志不渝地迈进，直至实现自己的愿望和目标。正如张海迪所说的：即使跌倒一百次，也要一百零一次地站起来。

大学生大多有强烈的发展需求和对未来生活的美好愿望，但因为处在一个竞争激烈的发展环境中，不可避免地会遇到各种困难的挑战和考验。这就需要大学生在实践中不断提高自己的意志力，培养顽强拼搏的毅力和敢于直面并战胜困难的勇气。

（2）调整目标，循序渐进，不断努力。在实现目标的过程中，若几经努力和尝试都失败后，人们就应该先冷静下来，认真客观地分析失败的真正原因，并根据实际情况对自己的奋斗目标进行适当的调整。

一方面，降低或分解目标。有些大学生自己定的目标太高，不符合目前的实际情况，或实现目标的条件尚不具备，这就需要适当降低目标，或将目标分成几个阶段性的小目标，循序渐进，通过不断努力，逐步获得成功。

另一方面，改变或转移目标。人们满足需要和实现愿望的途径和方式是多种多样的，一旦遇到挫折或压力，发现原定的目标难以实现时，还可以改换目标，寻找新的能够实现的目标取而代之。

阅读材料 10-1

学会理性比较

生活中有一个常见压力源——比较。

与竞争不同，比较是一种非对抗性关系，它会产生"闷在心里的压力"，如果不会理性比较，就会出现"人比人，气死人"的情绪压力。

比较压力有两种类型，一种是合理压力。在对比之前，能够做到知己知彼，对存在的差距有正确认识，努力完善自己，赶上并超越他人，这种压力可以转化为动力。另一种是非理性化压力。有的只看表面不看实质，片面比较；有的拿自己的优势跟他人的不足比，是一种自欺比较；有的仅看结果不看付出，是一种错位比较。这些不合理的比较都会造成"不合理"的结果，使心理平衡被打破，出现负性情绪，轻则自怨自艾，重则导致人生或者事业失败。

小艾和小秦是大学同学，二人住在同一间宿舍。小秦来自省城，小艾来自山村。小秦既长得漂亮，又会打扮自己；小艾则长相一般，更不会打扮。小秦英语流利、普通话标准；小艾英语蹩脚，普通话中夹着家乡味。小秦见识多，性格大方，善于言谈；小艾几乎没有出过大山，内向寡言。小秦所到之处，经常有男生跟随或回头注目；小艾即便昂首挺胸地走路，也很少有男生注视她，甚至背地里被人嘲笑土里土气。这一切的一切，都使小艾无比自卑，她觉得自己一辈子也赶不上小秦了。

一次班级聚会，同学们各自讲述自己最有成就感的一件事。小艾羞怯地讲述了自己八岁时翻山越岭独自赶一头牛回家的经历，同学们纷纷投来佩服的目光。这让小艾开始有了自信，她告诉自己"至少我在勇气上不输给小秦"。后来，小艾又发现自己比小秦动手能力强、善于理财，于是越来越觉得自己并不比小秦差了。

为了避免不必要的压力，就不能拿自己缺少的或没有的跟别人已经拥有的相比。拥有虚荣心的人更爱比，从长相到家庭，从父母到儿女，从收入到生活用品，一切都要比，把心灵变成一个永远不知道满足的"黑洞"。自卑与虚荣是一对孪生姐妹，自卑者大多渴望虚荣，虚荣是对自卑心理的补偿。

合理地比较会看到双方的共同价值，在共同价值上做比较。一个人跟他人能够比的价值在于各自的创造能力，而不是已经拥有的东西。创造能力是一个根本方面，每个人特有的优点和缺点，都属于这一方面。人贵在有自知之明，与人相比的目的应该是认清自己和他人，找到进步的方向和动力，而不仅仅是看到不足，更不是沉溺在不如他人的自怨自艾中。

有比较才有鉴别，慎重比较才不至于盲目地迷失在他人的评价里和对自己的失望中。将自己摆到一个客观公正的位置上，实事求是地进行比较，比出自知者贵，比出知人者明，越比心胸越开阔。

另外，理性与人比较，能够避免一些不必要的压力，而与自己比较则能够在心理上减压。要想到自己永远不是最悲惨的一个，永远不必放大自己的缺点所带来的痛苦。

资料来源：张青之.如何调适心理压力[M].北京：国家行政管理出版社，2020：77-79.有删改。

文档10-3：傅园慧教"旱鸭子"：咱唯一的目标就是战胜昨天的自己

四、挫折与压力的心理健康意义

思考题？ 你认为挫折与压力对人的心理健康所带来的利与弊分别是什么？

挫折与压力带来的适度紧张可以帮助大学生对自己所处的环境有更清醒的认识，并能不断调整自己以适应环境。正确认识挫折和压力，对个体应对挫折具有重要意义。

（一）挫折和压力能增强大学生的聪明才智

失败乃成功之母。爱迪生说过，失败也是我们所需要的，它和成功一样对我们有价值。大学生在感受压力、遭遇挫折之后，应当反省自己，认真总结经验教训，探究失败的原因，从而找到摆脱困境的方法。

挫折可以成为成功的垫脚石，它能使大学生学会反省、思考、总结、探索和创造，还能让大学生不断提高认识、增长才智。

（二）挫折和压力能激发大学生的进取精神

牛顿曾说，如果你问一个善于溜冰的人如何获得成功，他会告诉你："跌倒了，爬起来，便会成功。"成功和失败其实没有绝对的界限，此时的失败可能预示着彼时的成功。对于一个志存高远的大学生来说，压力和挫折会唤起他的斗志，激发他的进取心。

（三）挫折和压力能增强大学生的耐受力

人们对挫折和压力的耐受力水平与其过去生活中的挫折经历以及经历的压力水平有关。当大学生感受到挫折、压力时，若能泰然应对，理性地总结教训，包括从主观、客观和环境等多方面冷静地分析压力，思考遭受挫折的原因，从而找出有效应对的方法，有助于大学生更快地走出困境，获得成长。

（四）挫折和压力能磨砺大学生的意志

"宝剑锋从磨砺出，梅花香自苦寒来。"纵观历史长河，那些真正的成功者无一不是历尽艰辛，他们在各种压力及挫折中磨炼出坚强的意志，在逆境中仍不懈奋斗。罗斯福身有残疾，却凭借渊博的知识、睿智的头脑、自强不息的精神获得人民的拥护，连任四届美国总统；爱迪生67岁时遭遇火灾，多年的研究成果付之一炬，但他并未伤心消沉，第二天又同往常一样，重新开始埋头于他的研究工作。大学生如能从挫折中吸取教训，在逆境中磨炼意志，就会变得更加成熟、坚强，就会获得更大的发展。

人生路上，我们会无数次遭受到困难、失败、挫折，有时甚至会觉得自己似乎一文不值。但请记住，无论发生什么，或将要发生什么，我们永远不会丧失价值。乒乓球运动员马龙在获得大满贯后仍不断拼搏，突破自己的纪录，他把每一次输球都当作一个警钟，更加细致地总结经验与教训。他认为，比赛无论输赢，对于运动员来说，都是一件残酷的事，但经历过这些残酷后，人会变得更强。

文档10-4：你要有给自己"挖坑"的勇气

体验性活动：减压放松——正念跟练之视觉化冥想练习

正念跟练视频

第二节　阴晴圆缺伴成长：大学生常见的挫折与压力

一、大学生常见的挫折与压力

挫折与心理压力的普遍存在是一种必然，它影响着大学生的生活。导致大学生挫折与心理压力的因素可归结为以下四个方面。

（一）家庭经济困难引发的挫折与压力

经济状况与心理压力之间本不存在必然联系，只有当它不能达到自己的目标、满足基本需要时，才会成为一种心理压力源。大学生上学的费用一般来自家庭。由于近年来社会的经济发展和人民生活水平的提升，大学学习所需的费用也明显提高，这对于来自经济困难家庭的学生影响较大。由此带来的心理影响具体表现为内疚、自卑、自闭、偏激、愤世嫉俗等，尤其是看到别人有的自己没有，或过于敏感而觉得他人对自己的目光是嘲笑和异样时，就很容易引发挫折感，产生心理压力。

案例 10-2

> 小吴是一名来自贫困山区的大学生。当看到有的同学身着名牌行走在校园时，他只是默默地低头走过；当面对同学、好友真诚的小聚邀请时，他都是尽量找借口推辞。没有别的原因，只因为经济条件不允许。但他没有被压力击倒，他带着父辈们"有文化才能改变命运、摆脱贫困"的坚定信念，开启了自己的大学生活。在别的同学追求潇洒、追求浪漫的时候，他常常在图书馆学习。他不仅在课堂上认真听讲，扎实学习专业知识外，还在课外广泛地阅读图书，积极参加实践活动，从而极大地开阔了自己的视野，也使自己的思想得到了净化和升华。辛勤的努力最终换来了丰厚的回报，他以优异的成绩获得了奖学金，既缓解了经济压力，又获得了学业上的丰收。

今日的贫困并不代表明日的贫困，经济上的贫困并不等于人格上的贫困。只要能正确看待家庭经济困难这一问题，直面经济问题导致的困难，自立自强、积极进取，就一定能在生活、学习、工作等方面获得丰收。

（二）学习不适应引发的挫折及压力

学习是大学生最主要的活动，因此，学业是大学生的一大压力源，如升学理想受阻、学习时间分配不当、考试成绩不理想、学习动机不强或过强、专业不适应、考试焦虑、学习方式不适应等情况，都可能使大学生产生挫折和压力。有些大学生取得一点成绩就飘飘然；而一旦成绩不理想，就如坠万丈深渊，这种"灾难化"的消极认知，会使个体在压力面前放大自己的缺陷和不足，进而产生更多的失败感或焦虑苦恼的情绪，甚至产生自我怀疑与否定。另外，父母、老师的过高期望也会加重大学生的学业压力。

案例10-1中的小刘面临的问题是，其无法正确处理学习和生活的关系，且因时间分配不当而导致成绩下降，让他产生了较深的挫折感和较大的心理压力。

（三）人际关系敏感引发的挫折及压力

人际交往对个人来说非常重要，每个人都渴望在互动中获得爱和归属感。相对地，人际关系不良会严重影响个体的情绪和行为，

测试 10-1：心理弹性量表

甚至引起心理压力。大学生活中，同学之间偶尔的摩擦和冲突在所难免，但如果处理不当致使矛盾加重，就可能使双方都产生不愉快的挫折感受。

（四）求职择业问题引发的挫折及压力

如今社会竞争日趋激烈，竞争择业、竞争上岗，适者生存，不适者淘汰，这虽然残酷但又是不得不接受的现实。在这一背景下，找不到工作或找到的工作不理想；看到不如自己的同学找到好工作；对就业中的不公平现象感到愤愤不平；对用人单位在大学生就业方面的某些做法感到不理解等情况，都会使大学生产生挫折感。

文档 10-5：旧石器时代人类幼儿也有压力？

二、影响大学生挫折应对力的因素

挫折应对力是指人们在遇到挫折时能够忍受和排解挫折的程度，也就是人们适应、抵抗和化解挫折的一种能力。

挫折应对力包括挫折耐受力和挫折排解力两个方面。其中，挫折耐受力是指人们受到挫折时经受得起挫折的打击和压力、保持心理和行为正常的能力；挫折排解力是指人们受到挫折后对挫折进行直接的调整和转变，积极改善挫折情境，摆脱挫折状态的能力。

测试 10-2："逆境情商"（AQ）测试

挫折的耐受力和排解力是两个既有联系又有区别的概念。两者的联系在于，它们都是对挫折的适应能力，共同组成挫折的承受力。两者的区别在于，耐受力是适应的前一阶段，是对挫折消极被动的适应，表现为对挫折的负荷能力，并为排解力提供基础；排解力则是适应的后一阶段，是对挫折的主动适应，表现为对挫折情境的改造能力，是对耐受力的进一步发展。

文档 10-6：第一个听众是自己

大学生的挫折应对能力有鲜明的个体差异，受多种因素的影响，主要有生理因素、心理因素、社会经验和挫折频率。一般来说，身心健康者、社会阅历丰富者往往更能应对挫折；而遭受的挫折频率过高、强度过大则会降低人们的应对能力。

阅读材料 10-2

改变对舒适的定义，杜绝追求安逸的心理根源

硅谷一家高科技公司的部门主管霍华德近期离职了，他的理由是："公司给了我不错的薪酬待遇，承诺我每天都能按时下班，还给我配了一辆专车。这是优越的生活，但我总觉得每天过得就像行尸走肉，特别没劲，不如上一家公司富有挑战性。那时我每天

奋战到凌晨1点钟，每天都有大大小小的问题等待我去解决。这才是令人兴奋的生活。"

听起来，霍华德是一个自我虐待的"疯子"，但这恰恰是目前大部分人欠缺的勇气。人们正面地定义舒适，因此爱上了安逸，巴不得上司不让自己加班。没有危机感，也没有上进心，只希望舒适地过一辈子。

硅谷有人怀疑霍华德的言论是为了掩饰真正的离职理由，他们猜测说："一定是公司没有兑现许诺的高额年薪，霍华德脆弱的心受伤了。"不过，实际的情况正像霍华德公布的那样，他在这家公司工作得非常惬意，薪水没有任何拖欠，相反还有不少额外的奖励。这让他觉得一切来得太轻松了，自己并没有足够的付出，就得到了这些回报。他认为，这会让自己失去拼搏的激情。这里混乱和懒散的管理也让他感觉这不是一个好的平台，因此决定离开。

在弱者看来，工作中的"舒适"是什么？

朝九晚五，到点来，到点走，不用加班；

法定假期必休，薪水稳中有升，不会有职业危机；

办公环境要好，福利待遇要高，人际关系也要让自己感到舒适。

简单地说，弱者对舒适的定义是正面的。他们从踏进社会的第一天起，所做的一切事情、采取的任何一个行动都是为了让自己获得足够的舒适，因此厌恶挑战。在研究近几年的职场案例时，一家公司的人事部门主管说，许多新人在工作中的防备意识特别强，他们是极具个性的人，以至于自己都不知道该如何与他们打交道。

她说："我原来做实习生的时候，公司不提供工资，不提供餐补、交通补助。但为了获得实习机会，大家挤破了头。实习期和试用期，干的活很复杂，跟仆人一样，也经常加班，可我们没有多少怨言，因为这样能让自己快速成长，学到东西。但现在呢？公司来的新人却只做领导安排的那一点儿分内事，至于打印、复印、跑腿儿这种杂活儿，他们每次都理直气壮地当面拒绝，并且到了下午5点就把工作一扔，抬屁股走人。"

弱者进入职场后，给自己的定位是一种基于对舒适的要求："我是来工作的，不是来打杂的；我是来赚钱的，不是来当仆人的。凭什么让我做本职工作以外的事情？"但强者不同，他们对舒适的定义是负面的，对不适的定义才是正面的。在强者眼中，磨难是机遇，也是财富，能带来强大的正反馈。所以，假如你仍然觉得自己不该分担更多的任务——不管是在生活还是工作中，你都将失去更多的机会。

资料来源：高原. 强者的逻辑[M]. 北京：现代出版社，2017：19-20.

第三节　柳暗花明又一村：大学生的挫折调适与压力管理

能够承受挫折的打击，保持正常的心理活动，既是大学生良好社会适应能力和心理健康的标志，也是大学生成长成才的关键。

一、心理挫折的适应机制

人们在碰到挫折时容易心理失衡，感到不适应，甚至很痛苦。但人人都有自我保护的本能，会自觉或不自觉地采取某种方法来摆脱痛苦、减轻焦虑和紧张的情绪，维护自尊，恢复心理平衡。

（一）心理挫折适应机制的含义

心理挫折适应机制，也称心理防御机制，是指当用合理方法不能克服挫折时，个体将会使用某种间接的、使自己比较容易接受的方式来解释、处理当前矛盾冲突的心理过程。

心理适应机制有三个特点：一是并非一种解决问题的合理方法；二是一种间接的满足方式；三是对摆脱困境、实现心理平衡能起到一定的作用。

（二）心理挫折适应机制对克服挫折的作用

心理挫折适应机制通常有积极和消极之分。一般来说，积极的心理挫折适应机制常常表现为自信、愉快、进取的倾向，有助于个体战胜挫折。而消极的心理挫折适应机制，大多表现为退缩、逃避、自我安慰、自欺欺人，这虽然也能起到暂时平衡心理的作用，但不能真正解决问题，还常常会阻碍个体面对现实，降低适应能力。大学生在遇到挫折时应尽可能采取积极的方式，以避免或减少消极的反应。

（三）心理挫折的适应机制

1. 表同作用

表同作用是指个体在现实生活中无法获得成功而遭遇挫折时，会将自己想象为某一成功者，效仿其优良品质并借鉴其获得成功的经验和方法，以此来冲淡自己的挫折感。例如，有的大学生以心中的偶像为榜样，进行积极的自我激励与自我暗示。

2. 补偿作用

补偿作用是指个体行为受到挫折或因某方面存在缺陷而无法达成目标时，便会努力发展其他方面的特点，以其他方面的成功来补偿因失败而丧失的自尊和自信，正所谓"失之东隅，收之桑榆"。

3. 投射作用

投射作用是指个体把自己的过失行为、工作失误或内心存在的不良动机和思想观念转移到别人身上，认为别人有这样的动机和行为，以此来减轻自己的内疚和焦虑，逃避心理上的不安。"以小人之心，度君子之腹"就是一种典型的投射效应。

4. 反向作用

反向作用是指个体遭受挫折后，会采取一种与内心动机相反的行为方式。如果人的某些行为表现过分，很可能表明他在潜意识中存有刚好相反的欲望或动机。例如，总在别人面前吹嘘炫耀的人很可能内心深处是很自卑的。

5. 压抑作用

压抑作用是指个体为回避与某种挫折相关的痛苦经验，将与挫折相连的需要、动机排除于意识与记忆之外的心理作用。但是，在这种情况下，个体的痛苦经验并没有真正消失，而是深藏于潜意识之中。它虽可以暂时减轻个体的焦虑，获得安全感，但长此以往必会影响个性的健康发展。

6. 合理化作用

合理化作用即自我安慰，是指个体在无法达到目标时，会给自己找一个好的借口来解释。虽然用来解释的借口往往是不真实、不合逻辑的，但受挫者本人能借此说服自己，并感到心安理得。

7. 幽默作用

当个体遭遇挫折或陷入尴尬时，用幽默的方式来化解困境，或间接地表示出自己的意图，称为幽默作用。一般来说，人格较为成熟的人懂得在适当的场合使用恰当的幽默来扭转困难局面，将大事化小、小事化了，成功地打破窘境。

8. 升华作用

升华是积极的心理行为反应，它将挫折转化为一种激励的力量来提升自我。人在遭受挫折后，将不为社会认可的动机或不良的情绪转移到有益的活动中去，使其转化为有利于社会并为他人认可的行为，如屈原被放逐后赋《离骚》、司马迁受辱后著《史记》等。

（四）应用心理挫折适应机制应注意的几个方面

第一，每种适应机制都是在已采用合理方法但仍无法克服挫折，或者说没有找到某种合理方法时暂时使用的一种方法。

第二，心理挫折适应机制对缓解心理紧张、减轻心理压力、排除矛盾冲突能够起到一定作用，但这种作用是暂时的，无法从根本上解决问题。

第三，心理挫折适应机制有积极和消极之分，尤其不宜过多或长期使用某一种。如果不考虑客观环境的变化，机械地采用相同的适应机制，不但不能有效地应对挫折，反而会使自己的适应能力日趋衰退，陷入更深的困境之中，甚至危及人格和心理的发展。

> **思考题？** 你觉得心理挫折适应机制对人的心理健康和心理发展有什么作用？

阅读材料 10-3

心理调适小练习：扔掉你的抱怨

几乎每个人都渴望自我实现，然而大多人又厌恶随之而来的痛苦和困难。在自我实现的过程中，困难和痛苦是必经的，因为如果一刀切都很容易，那通常表明你还待在舒适区，没有进行新的学习；而有困难则通常说明我们在不断拓展，不断学习新的东西。

面对这些困难和痛苦时，你通常是花时间抱怨，还是立即行动、解决困难呢？是时候扔掉你的抱怨了！

1.活动准备

准备一张纸和一个写有"过去"字样的纸盒子。请在2分钟内列出自己的抱怨清单。

2.思考与分享

（1）看看自己的抱怨清单，你有哪些感受？

（2）把自己的抱怨读给同学听，你又有什么不同的感受？

（3）当你抱怨的时候，你的心情和接下来的生活会受到哪些影响？

（4）这些抱怨的内容有哪些是可以改变的，哪些是不可以改变的？你打算怎样面对？

3."扔掉抱怨"仪式

请把自己的抱怨清单放到准备好的纸盒子里，并与它告别。

资料来源：俞国良.大学生心理健康[M].北京：北京师范大学出版社，2020：54.

二、大学生的压力管理

（一）压力管理的含义

压力管理是指在压力产生前后，个体主动采用合理的应对方式来缓解或消除压力。它包括两部分：一是处理压力造成的问题本身；二是处理压力带来的反应，即纾解压力带来的情绪、行为或生理等

文档10-7：
压力10出法

方面的反应。从本质上讲，压力管理是一种主动、有效的应对方式，具有一定的积极性特征。

（二）大学生压力管理的主要方法

"我们无法改变天气，但可以改变心情；我们无法改变生命的长度，但可以改变它的宽度。"学习并掌握一些压力管理的方法，有助于大学生更好地应对大学生活。

1. 消除压力源

压力源包括永久性压力源和暂时性压力源。当大学生感到有压力时，首先要找到压力源，尽可能地消除压力源，从而减少压力。正所谓"扬汤止沸，不如灭火去薪"。例如，针对经济困难学生的经济压力问题，大学里的"奖、贷、补、助"等助学机制，就为从根本上解决经济困难学生求学难题提供了可能。如此一来，对于经济条件困难的同学，可以积极争取国家和学校的资助，以解决因经济困难而带来的压力。

2. 远离压力源

压力是无处不在的，同学们不妨尝试远离压力源。如某大学生为了获得理想成绩，不断给自己的学习加码，放弃所有的娱乐时间，缩短睡眠时间，把自己所有的精力都用到学习上，无形之中给自己制造了较大压力，久而久之导致注意力不集中，成绩不升反降。对于这些压力源为学习压力的大学生，应注意劳逸结合，可采取适当休息和肌体放松的方法远离压力源；也可以通过合理的时间管理来区分学习任务的轻重缓急，重要的学习任务应马上完成，次要的可以先放一放。

3. 控制压力后果

一是自我疏导，学会宣泄。当挫折情境已经带来巨大的心理压力，且一时难以克服、无从化解时，同学们应主动把心理压力转化为适度的情绪反应，并选择合适的方式发泄出来。比如，打一场酣畅淋漓的篮球或找个适当的场合痛哭一场。

二是乐观看待，积极应对。保持乐观的心态，积极面对压力所带来的后果，并采用正确的方式合理应对，把握转机，重拾信心，将失败转化为努力前进的动力。不要拿自己的错误惩罚自己，也不要拿自己的错误惩罚别人，更不要拿别人的错误惩罚自己。

4. 完善社会支持系统

社会支持是指来自社会各方面，包括父母、亲戚、朋友等给予个体的精神或物质上的帮助和支持。当大学生遇到自己无法解决的压力时，可以向自己信赖的亲人、朋友、同学、老师等人倾诉，让他们帮助自己进行分析，以获得情感安慰和行动建议，从而尽快恢

文档10-8：被贬谪的他们，在困顿中找到人生答案

复信心和勇气。切记不可低估社会支持的作用，正如案例10-1中的小刘，正是因为有同学、老师和父母的支持和帮助，他才能迅速走出低谷，并最终学会了如何正确面对挫折、管理压力。

文档10-9：正念如何减压

讨论与实践

1. 你如何看待曾经经历过的挫折？它给了你什么启示？
2. 当你觉得"亚历山大"时，主要通过哪些方式来调适自己的情绪？
3. 你是怎样应对所面临的挫折的？
4. 简述压力管理的策略。
5. 案例思考：在案例10-1中，大一新生小刘在面对期中考试学习成绩不理想、女朋友提出分手和辞去社团工作等多种压力和挫折时，最初他的心理反应是什么，他又是采用何种应对方式进行处理的？如果你是小刘，你会如何应对这些压力呢？

本章附录

AI 马老师一问一答

推荐阅读书目

在线自测

CHAPTER 11
第十一章

穿越精神的黑洞
—— 大学生常见的异常心理及其应对

> 心理异常绝不是一项罪恶，病人不应该承受处罚；他们只是生病的人，他们的不幸状态值得我们以体贴和善意的态度对待之，以恢复他们的理性。
>
> —— 法国医生菲利普·皮内尔（Philippe Pinel）

案例 11-1

一脸阳光的小许正和一帮同学在教室里有说有笑。上课铃响了，同学们都迅速归位，小许也认真听讲起来。在经过一年的治疗以及父母、老师和同学们的帮助下，患有抑郁症的小许逐渐走出阴霾，融入快乐的大学生活中。

要知道，一年多以前的小许可不是这样的。那段时间，他觉得人生挺没意思的，似乎自己做什么都做不好，人瘦了5公斤。他曾经想参加歌唱比赛，但一想到可能会失败就放弃了，也不再关注自己喜欢的足球比赛。他经常旷课在寝室睡觉，因为只有这样，才能暂时摆脱内心不愉快的情绪。他想努力地改善糟糕的情绪，却总感觉力不从心。他不敢也不愿意告诉别人自己的心事，因为他觉得这样会被看成异类，被人瞧不起；他也觉得没有必要告诉别人，认为别人帮助不了他。

小许对这个世界挺悲观的，家里的情况并不好，妈妈身体不好，爸爸赚钱也不多。小许说每次想到爸爸为了他交学费发愁的样子，就很难过，觉得是自己不好，若不是自己爸爸也不会整天愁眉苦脸。后来挂科门数太多，需要留级，小许终于接受不了自己了，最终选择出走。

经过老师和同学多方寻找，终于找到了小许，并为他联系了心理医生。医生诊断他患有抑郁症。小许积极配合医生规范治疗，期间也了解了抑郁症的相关知识。小许重新回到校园后，老师和同学们并没有疏远他，而是尽可能设身处地为

> 他着想，鼓励他继续接受规范的医学治疗和辅助心理咨询，为他提供学业上的帮助，这对小许尽快恢复正常的学习生活起到了积极的作用。

第一节　女娲的造次：异常心理概述

一、异常心理的含义

正常的心理活动具有如下功能：[1]

第一，保障人顺利地适应环境，健康地生存发展；

第二，保障人正常地进行人际交往，在家庭、社会团体、机构中正常地肩负起责任，使社会组织正常运行；

第三，保障人正常地反应，认识客观世界的本质及其规律性。

目前被广泛接受的描述"异常"的定义是：在所属的文化环境中，个体无法预料到的，与个人痛苦的感受或严重社会功能损伤相关的，个体的行为、感情或认知等方面的机能失调。[2]

本章所指的异常心理即指精神障碍。一般来说，心理异常需要在专业指导下进行药物治疗和/或配合心理治疗及其他辅助治疗。

二、异常心理的素质—应激模型

由于精神现象的复杂以及科学认识和方法的局限，我们很难确切了解异常心理的病因。素质—应激模型认为，异常心理是某些应激（压力）事件作用于具有该障碍患病素质的个体所导致的结果，两者单独出现都不足以导致障碍的出现。[3]

心理学家沈德立将心理健康素质看作个体在遗传基础上、在环境因素影响下形成的内在的、稳定的心理品质[4]。值得关注的是，素质取决于生物、心理和社会因素，不再仅仅指遗传决定的身心特质，还包括环境因素在素质形成中的影响；素质不仅仅是负面的身心特质，还有可能是对其心理健康有益的保护性因素。应激指的是个体在应对超出自身资源的事件时所做出的反应。

---

[1] 郭念锋.国家职业资格培训教程·心理咨询师（基础知识）[M].北京：民族出版社，2011：298.
[2] Barlow D H, Durand V M.异常心理学[M].4版.杨霞，等译.北京：中国轻工业出版社，2007：101.
[3] 布彻，米内克，胡利.异常心理学[M].13版.耿文秀，等译.上海：上海人民出版社，2014：65.
[4] 沈德立，马惠霞.论心理健康素质[J].心理与行为研究，2004，2(4)：567，571.

我国心理学家梁宝勇根据多年研究提出了素质-应激交互调节与中介模型（扩展型）（见图11-1）。人生活在一个不断变化的自然和社会环境的动态系统里，需要维护自身内在的稳定。心理异常受生物、心理和社会因素的交互影响。当个体在这种交互影响下成功应对心理应激，可以促进健康和适应，并通过正向反馈机制正向影响心理特质（如增加个体的应对能力，提高坚韧性等），由此形成良性反馈；若个体在这种交互影响下引发疾病，那么其疾病本身可能会成为新的应激源，从而加重病情，形成一个恶性反馈循环。而积极调适、主动地接受专业（医学、心理等）的帮助及支持，可以减少或中断恶性反馈循环。积极心理学研究发现，人类拥有的某些优势最有可能抵御心理疾病：勇气、乐观、人际技能、职业道德、希望、诚实和毅力[1]。

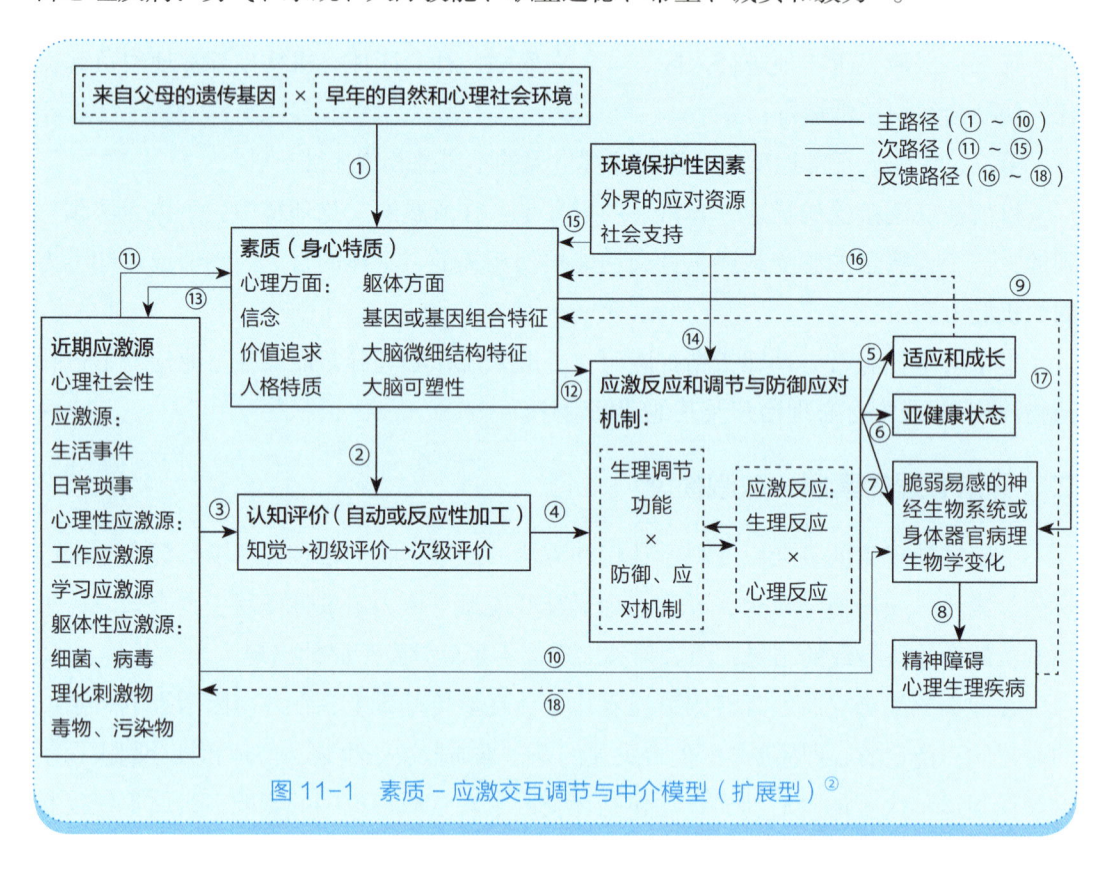

图 11-1 素质-应激交互调节与中介模型（扩展型）[2]

---

[1] 斯奈德，洛佩斯. 积极心理学：探索人类优势的科学与实践[M]. 王彦，席居哲，王艳梅，译. 北京：人民邮电出版社，2013：5.
[2] 梁宝勇. 素质-应激交互调节与中介模型[M]. 北京：北京大学医学出版社，2019：17.

三、异常心理判断标准

（一）生理学标准

异常心理的生理学标准将其看作和躯体疾病一样，认为异常心理存在病理或病理生理方面的改变。

（二）心理学标准

异常心理的心理学标准强调个体的主观体验，并通常对其心理及行为进行评估，了解个体是否有不适感，这种不适感能否靠自我调节得到改善；观察和评估个体在某种特定情况下思维、感觉、行为是否与以往有变化，并且这种变化有没有泛化，即有没有发生在特定情况以外。

判断心理是否异常可遵循以下三原则。

1. 主观世界与客观世界的统一性原则

心理是客观现实的反映，正常的心理活动或行动，在形式和内容上必须与客观环境保持一致。比如，在功课门门A的情况下，还总是担心自己的考试不及格，显然这种担心和现实情况是不一致的。

2. 心理活动的内在协调性原则

人类的精神活动是知、情、意相结合的完整有机体，三者具有协调一致的关系。这种一致性保证了人在反映客观世界过程中准确和有效。比如，一个同学偶遇自己喜欢的明星，非常开心，马上兴奋地打电话告诉自己的朋友，这可以认为是他对这件事情的正常反应，如果反而以不高兴的语调讲述这件事情，就可以说他的知、情、意缺乏一致性。

3. 人格的相对稳定性原则

人格是个体内部的心理特质和机制的集合，具有组织性和相对持久性。在没有发生重大事件的情况下，一般是不易改变的。如果一个节俭的人突然花钱大手大脚，而现实中又没有令其发生改变的原因，这个时候就需要考虑是不是他的心理活动存在异常。

心理正常和异常之间的界限是相对的，两者处在一个从心理健康到心理疾病的连续体上。连续体的一端是最佳心理状态和行为，另一端为最差心理状态和行为，中间逐渐增加的是不适应行为（见图11-2）。

（三）社会学标准

心理异常的社会学标准，主要是评估个体的行为是否符合社会规范和道德要求。一般情况下，个体能合理评估自身需要，按照社会规范和道德要求适应和改造环境。

如果个体不能按照社会规范行事，社会功能会受损，并且其行为会对个体本身造成困扰，妨碍正常生活，结合其他标准可判定存在心理异常。

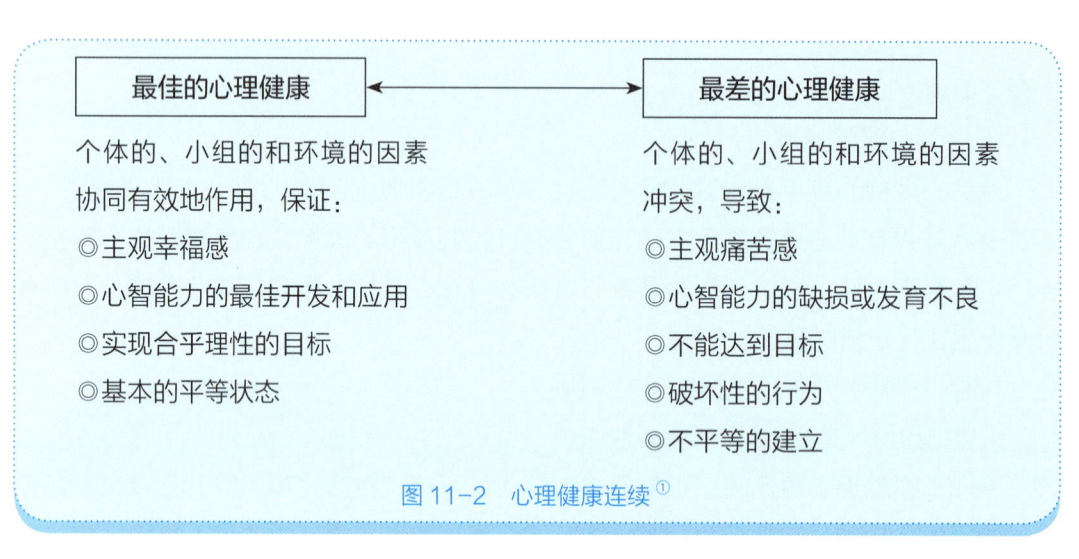

最佳的心理健康 ←→ **最差的心理健康**

个体的、小组的和环境的因素协同有效地作用，保证：
◎ 主观幸福感
◎ 心智能力的最佳开发和应用
◎ 实现合乎理性的目标
◎ 基本的平等状态

个体的、小组的和环境的因素冲突，导致：
◎ 主观痛苦感
◎ 心智能力的缺损或发育不良
◎ 不能达到目标
◎ 破坏性的行为
◎ 不平等的建立

图 11-2　心理健康连续[①]

一般来说，社会功能可以分解为四个方面：①自理生活的能力；②人际交往与沟通的能力；③工作、学习和操持家务的能力；④遵守社会规则的能力。

心理是否异常受生理、心理和社会三种因素的相互影响，其判断也需要三者的结合，仅仅依靠某一个标准判定心理异常是不全面的。比如，精神分裂症患者在发病期间，生活不能自理，需要他人照顾，但是瘫痪在床的人生活也不能自理，可见仅凭社会标准就判定心理异常是不科学的。

第二节　心灵的沼泽：大学生常见异常心理及其治疗

一、焦虑障碍及其治疗

（一）主要类型

1. 广泛性焦虑障碍

广泛性焦虑障碍既表现为不明原因的提心吊胆、紧张不安，也表现为对未来可能发生的、难以预料的某种危险或不幸事件经常担心。有的没有明确的担心内容或对象，只是一种惶恐不安的强烈内心体验；有的担心也许是生活中可能会发生的事情，但是其担心的程度和现实不太相称。这种担心有臆想的成分，比如"危险随时都

视频 11-1：
焦虑障碍

[①] 格里格，津巴多. 心理学与生活 [M]. 王垒，王甦，等译. 北京：人民邮电出版社，2003：419.

有可能发生，要未雨绸缪""如果考差了，我会崩溃"，总是会关注威胁，担心自己会失控，并且会竭力避免想象自己担心的事情，从而逃避想象这个事情给自己带来的消极情绪。

广泛性焦虑障碍还会出现注意力难以集中。其身体表现为坐立不安、肌肉紧张；心跳加快、胸闷、头晕头痛、胃痛、便秘腹泻、月经紊乱等。

焦虑的这些状态容易让人关注自身的身体状况，也容易影响学习效率和人际相处，这些问题反过来会加重这种焦虑体验。

2. 惊恐障碍

惊恐障碍又称急性焦虑障碍，主要特点是突然发作、不可预测、反复出现的强烈的惊恐体验。个体在没有特殊的恐惧性环境中，感觉到的一种突如其来的焦虑感受，紧张、害怕甚至是惊恐，伴有濒死感或者感觉自己会发疯、大难临头。这种感觉同时还伴有肌肉紧张、全身发抖或软弱无力、心跳加速、呼吸困难或过度换气，部分个体会有人格或者现实解体。

惊恐障碍发作通常会持续5～20分钟，不同的个体发作频率不一样，有的一天发作几次，有的几个月才发作一次。惊恐发作后，如果持续担心会再次发作或者发生严重后果产生回避行为，比如回避学习或社交场所，才可将其称为惊恐障碍。这种现象可以逐渐伴随场所恐惧障碍。

3. 场所恐惧障碍

场所恐惧障碍主要表现为对某些特定场所或处境产生恐怖感。当事人自认为在这些场所中没有办法获得帮助、难以逃离而感到窘迫，因而回避这些场景，甚至不愿出门。尽管当时的场景并不危险，且当事人也知道这种害怕是过分的或者不合理的。这些环境包括乘坐交通工具（如公共汽车、火车、地铁等），在拥挤的人群中或排队、剧院、商场、电梯等公共场所，在广场、山谷等空旷的地方[1]。通常，当事人会有预期焦虑，担心下次发作及陷入窘境。

4. 社交焦虑障碍

在《害羞与社交焦虑症》一书中，作者对社交焦虑的定义是：由于害怕外界的消极评价而对社交产生不舒服、恐惧的情绪，以及在社交情境中表现出退缩、回避行为[2]。一般表现为三种情况：第一种是只害怕当众发言，第二种是对很多社交环境都存

---

[1] 郝伟，陆林.精神病学[M].8版.北京：人民卫生出版社，2018：133.
[2] 亨德森.害羞与社交焦虑症[M].姜佟琳，译.北京：人民邮电出版社，2014：26.

在中等程度的恐惧，第三种是对很多社交环境都存在强烈的恐惧[①]。尽管当事人能够意识到这种担心并不合理，但仍然会设法回避相关的社交场合。这种担心和恐惧使得当事人在置身社交场合时，会出现发抖、出汗、脸红、不敢对视等情况。因此，在交往上显得"消极被动"，主要原因是对外界的消极评价过分在意和过分解读，通过被动回避来避免这些消极评价扰动自己的焦虑情绪。

社交焦虑或害羞在普通人群中都很常见，只有当这种焦虑和害怕阻碍了个人所期望的活动或者在活动中表现出明显的痛苦时，才会被认为可能患有社交焦虑障碍。

（二）焦虑及其相关障碍的治疗

认知行为疗法是治疗焦虑及其相关障碍的有效方法。该疗法多由行为技术（如肌肉放松训练、呼吸控制训练等）和认知重建技术（改变不合理认知和信息加工偏好，减少灾难化理解等）相结合。焦虑及其相关障碍是个体的不合理认知和灾难化理解，比如担心孩子在足球比赛中受重伤，导致瘫痪或死亡。通常认为，这种不合理的认知是"概率高估"，即夸大了事件发生的可能性。针对场所恐惧障碍的暴露疗法，采用的方法是安排一些恐怖情境，设立等级，如设置"独自一人在超市购物""坐在广场中央"之类的等级，治疗师陪伴患者面对恐怖情境逐渐进行暴露练习。最新的技术"内感性暴露"是其变式，用于治疗惊恐障碍时，由于该疾病个体对躯体感觉有明显的恐惧，治疗中，治疗师会让个体做各种令其感到恐惧的类似惊恐障碍躯体感觉的练习（如猛烈地呼吸、奔跑等），使其伴随的焦虑消失[②]。焦虑及其相关障碍的治疗包括药物治疗和心理治疗，这都需要在专业人员的指导下进行。

测试 11-1：焦虑自评量表

文档 11-1：这样想，不焦虑

> **思考题？** 焦虑障碍主要有哪些类型？有些同学在考试前容易焦虑，这属于焦虑障碍吗？

二、强迫障碍及其治疗

（一）强迫症

强迫障碍常称强迫症。其基本特征是个体产生不必要的、侵入性的思维、想象或冲动，会引发明显的焦虑[③]。它是自己内心主观活动的产物，个体自知不合理，会用

---

① 诺伦-霍克西玛.变态心理学与心理治疗[M].刘川，周冠英，王学成，译.北京：世界图书出版公司，2007：185.
② 布彻，米内克，胡利.异常心理学[M].13版.耿文秀，等译.上海：上海人民出版社，2014：226.
③ 同②，2014：235.

"反强迫"的各种方式去抵抗，通常强迫和反强迫同时出现。比如，别人说"开始"，个体会想到"结束"，明知没有必要，但又不能自我控制；又比如"强迫清洗"，个体明知没有必要，却又想去洗手，因而感到痛苦。

（二）强迫症的治疗

药物是治疗强迫症的主要方法之一，除此以外，暴露和反应预防是治疗强迫症的有效行为治疗方法。心理学家认为，让当事人反复暴露在其强迫性思维内容面前，比如当事人会认为"沾灰就会染上有害病菌，为了不让自己感染病菌而反复洗手"，为了帮助当事人摆脱强迫思维以及为了阻止强迫思维而产生的强迫行为（反复洗手），心理学家有时候会首先示范这种行为。比如，第一次治疗时会把尘土放在自己的手上，并在治疗过程中都不洗手；第二次治疗时，仍然会把尘土放在自己的手上，并鼓励当事人也这样做。当当事人洗手的想法逐渐增强时，鼓励他不要洗手，而是运用放松技巧帮助他控制焦虑。[①] 当然，这需要在专业心理治疗人员的指导下进行。

三、抑郁障碍及其治疗

（一）抑郁障碍的类别

1. 抑郁障碍

抑郁障碍以显著而持久的情绪低落为主要特征，这种情绪不会随着外界环境变化而改变。除此以外，还包括对过去喜爱的事物兴趣下降或者失去兴趣，不能从日常从事的活动中感受到快乐。同时，还存在思维迟缓、意志活动减退和躯体症状等表现。情绪低落主要表现为终日忧心忡忡、长吁短叹，对任何事都提不起兴趣，感到"心理压抑""高兴不起来"，有的甚至感到痛不欲生。抑郁者的自我觉察通常是无价值的、孤独的、成问题的，他们把世界看成困难的、充满障碍的，在看待未来时也通常是悲观的。抑郁者的思维活动会明显变慢，学习能力下降，变得不想做事，不愿意和人交往，连平时喜欢参加的活动都不愿意去，伴有焦虑情绪，还会出现坐立不安、手足抓握、踱来踱去等情况。

抑郁发作时还会出现睡眠问题，与平时相比，容易早醒2～3小时，醒来后就不容易再睡着，也有的表现为很难入睡或者睡眠过多。食欲降低、体重下降，但也存在相反的情况，即食欲增强、体重增

测试11-2：PHQ-9抑郁筛查量表

视频11-2：抑郁症

---

① 诺伦-霍克西玛.变态心理学与心理治疗[M].刘川，周冠英，王学成，等译.北京：世界图书出版公司，2007：236.

加，还会出现头痛、全身疼痛等情况[1]。抑郁障碍的这些表现，在不同当事人身上并不一定完全一致。严重的抑郁障碍者还会有消极的自杀观念和行为，缺乏对自己当前状态的正确认识，甚至完全失去求治愿望。

2. 恶劣心境

以持久的心境低落状态为主的轻度抑郁，从不出现躁狂。[2]身体表现多见，比如睡眠问题、慢性疼痛、胃肠不适等。通常生活不受严重影响，抑郁常持续超过两年。

3. 混合性抑郁和焦虑障碍

主要表现为焦虑和抑郁症状持续几天，但不到2周。该障碍会给当事人造成相当程度的主观痛苦和社会功能受损。[3]

视频 11-3：抑郁障碍的识别与处理

（二）抑郁障碍的治疗

抑郁障碍达到一定程度时，仅仅靠自我调适是不够的，还应采取专业指导下的药物治疗，并配合心理及其他辅助疗法，只有这样，才能达到较好的疗效。药物治疗一般分为三个阶段，即急性治疗期、巩固治疗期和维持治疗期。药物治疗一般2～4周开始起效。抑郁障碍可采用以下几种疗法。

认知行为疗法是治疗抑郁障碍最为广泛和有效的心理治疗方法之一。它通过改变当事人的不合理认知和消极的自动思维，识别和调整信息加工偏差来促进心境的改变。人际治疗虽不及认知行为治疗应用广泛，但有较多的研究表明，其效应与认知行为治疗相当。这种方法聚焦于让个体去理解和改变适应不良的人际互动模式。家庭和婚姻治疗是帮助个体减少婚姻中的压力应激源、提升婚姻满意度来改善抑郁心境。正念认知疗法近些年也被认为是治疗抑郁障碍，特别是预防抑郁复发的有效方法之一。该方法帮助个体在出现抑郁时，停止摆脱抑郁情绪寻求解决问题的行为模式，以一种"去做而不去想"的方式，跳出思维的狭小空间，回归身体本身，回归生命此时此地的"当下"，一心一意、精神专注地（正念式地）去实践、去体验眼前所做的事情。[4][5]以上方法都需要在专业指导下进行。

---

[1] 钱铭怡.变态心理学[M].北京：北京大学出版社，2010：137.
[2] 郝伟，陆林.精神病学[M].8版.北京：人民卫生出版社，2018：110.
[3][4] 石林，李睿.正念疗法：东西方心理健康实践的相遇和融合[J].中国临床心理学杂志，2011，19(4)：566-568.
[5] 张再林.生命的身心一体及其通达之途：心理的"正念疗法"的哲学启示[J].西北大学学报（哲学社会科学版），2014，44(6)：36-43.

> 思考题？有些大学生平时会出现抑郁情绪，这是不是抑郁障碍呢？达到什么程度才称得上"抑郁障碍"呢？

四、双相障碍及其治疗

（一）双相障碍的分类

1. 双相障碍

多数患者既有躁狂发作，又有抑郁发作，少数患者仅出现躁狂发作。[①]有关抑郁发作内容，前面已有介绍。

躁狂发作可有两个临床亚型：轻躁狂和躁狂发作。典型症状在情感方面主要表现为个体主观体验特别愉快，感觉一切都是美好的，自己也感觉特别快乐，这种高涨的情绪通常具有一定的感染力，能博得周围人的共鸣。但是，这种情绪不是很稳定，有时候表现为欢乐愉快，有时候容易激动暴怒，甚至出现破坏及攻击行为，且很快转怒为喜，或者赔礼道歉。当个体感到非常愉快时，通常自我评价过高，目空一切、盛气凌人，可以出现夸大观念，认为自己是伟大的，能力是最强的。

躁狂发作的另一个特征是思维联想过程明显加快，思维内容丰富多变，常常感觉言语跟不上思维的速度。除此以外，还有活动增多的现象，但都虎头蛇尾，常常对行为缺乏正确的判断，随心所欲，给人一种浮夸鲁莽的感觉。

抑郁和躁狂可以交替出现或反复循环，或者混合存在。这些症状会对当事人的生活或社会功能等产生不良的影响。

比如，小F最近一改往常，整天忙忙碌碌，说是准备创业，认为以自己的聪明和能力能在较短时间内成为亿万富翁，并为了这个目标一会儿给别人打电话，一会儿设计产品，经常向别人说起他的创业计划，如果别人表示计划似乎不可行，他就会骂人。

2. 环性心境障碍

主要表现为持续性心境不稳定。心境高涨与低落反复交替出现，但程度较轻。心境波动多与生活事件无明显关系，而与患者的人格特征有密切关系。[②]

（二）双相障碍的治疗

双相障碍的治疗应在专业指导下遵循以下原则：①综合治疗原则，采取精神药物治疗、物理治疗、心理治疗（包括家庭治疗）和危机干预等措施；②个体化治疗原则；

[①②] 郝伟，陆林.精神病学[M].8版.北京：人民卫生出版社，2018：123-124.

③长期治疗原则；④心境稳定剂为基础治疗原则；⑤联合用药治疗原则。①

五、精神分裂症及其治疗

（一）精神分裂症的表现

精神分裂症的一个主要表现是"妄想"，即对明显与事实不符的想法坚信不疑。比如，有被害妄想的人总觉得有人跟踪他、要害他，受妄想支配会出现逃跑行为甚至攻击行为。另一个主要的表现是幻觉，如幻听、幻视、幻嗅，其中幻听最常见。"幻听"是指周围环境中并没有声音，但个体说自己能听到声音，多为评论性的、争论性的或者命令性的。还有的个体随着病情的发展，与他人交流时表情呆板，对于和自己密切相关的事情表现得漠不关心。有的个体不再注意自己的个人卫生，身体有味道也不洗澡，生活不能自理，不愿意活动。

自知力指的是个体对自身疾病状态的认识和判断能力。通常精神疾病个体的自知力都存在不同程度的缺失，它的完整程度及其变化是精神疾病病情发展和转归的重要指标之一。如果个体的异常症状消失，并且能够认识到自己以前的状态是异常的，那么个体的自知力即得到恢复。

（二）精神分裂症的治疗

精神分裂症的治疗目前主要是以专业指导下的药物治疗为主，辅以心理治疗。越来越多的证据表明，在个体出现临床症状后立即予以干预，对个体身体的康复及学习、人际交往等社会功能的恢复有积极作用。因此，宜尽早识别、尽早治疗。药物治疗应系统而规范，强调早期、足量（个体化的最低有效剂量）、足疗程、单一用药、个体化用药的原则。②不宜擅自停药，并且需要一年以上的维持治疗。

对精神分裂症的心理治疗，主要针对精神分裂症个体的心理社会功能受损情况，结合认知行为治疗、心理教育、家庭干预等方式，指导个体遵从医嘱，规范服药，以避免随意停药或拒绝吃药导致病情复发以及心理社会功能的进一步受损；指导个体提高学习技能及生活技能，特别是对个体当前的现实问题，如人际交往问题、学习问题、家庭关系问题等，提供有效解决问题的技巧。

---

① 郝伟，陆林.精神病学[M].8版.北京：人民卫生出版社，2018：127.
② 同①：94—95.

第三节　人性的关怀：大学生异常心理的应对

一、科学认识和对待异常心理

（一）乐于了解心理及精神卫生知识

减少心理疾病最积极、最主动的方式是预防。研究表明，心理疾病受生物—心理—社会模式中的危险与保护因素的交互影响，其中有许多因素是可以改变的，比如应对方式、社会支持等，因而这些因素就可能成为健康促进和疾病预防的潜在且可积极改变的目标。

我们可以通过科普图书、专业知识讲座及培训等渠道了解心理健康及精神卫生知识，学习维护心理健康的方法，消除或减少病因或者致病因素，最大限度地避免疾病的发生。

文档11-2：扁鹊见蔡桓公

（二）主动寻求心理及精神卫生专业帮助

常常有同学问，有那么几次出门的时候担心门没锁好，又跑回去确认以后才放心，这样算不算强迫症？由于互联网的便利，人们可能会通过网络或其他途径了解相关知识并查找原因，容易对号入座，将自己出现的某个现象与该疾病牵连到一起，觉得自己也得了该疾病，从而惶惶不安。

事实上，书本上讨论的心理现象在普通人身上也可能出现，在缺乏相关的专业背景及经验的情况下，仅凭某些现象就判定心理异常也是不合适的。如果对自己的情况不是很明确或是确实觉得该情况影响了自己的学习和生活，那么建议寻求专业心理咨询师或精神科医生的帮助。

（三）积极接受及时、规范的治疗

一项关于"山东省18岁及以上人群精神障碍流行病学调查"[①]显示，调查人群的现患率（近一个月）为19.48%。其中，仅有10.53%的人曾因心理问题在医疗机构就诊，仅7.69%的人曾在精神科就诊，而25.50%的人因精神障碍而出现中等到严重的身体功能损害。

很多患有精神障碍的个体及其家人讳疾忌医，不愿意承认自己或家人患有这类疾病，也不想让别人知道，往往容易贻误治疗的最佳时机。比如，精神分裂症的早发现

---

① 张敬悬，卢传华，唐济生，等.山东省18岁及以上人群精神障碍流行病学调查[J].中国心理卫生杂志. 2010, 24(3)：161-167，182.

和早治疗直接影响药物治疗的疗效和疾病复发的可能性。

及时、合理、规范系统地治疗并遵从医嘱，不自行减药、停药，恰当地接受心理咨询和治疗，能有效地使心理疾病得到完全缓解，减少和防止复发。

二、适度做好患有心理疾病的同学的照顾者

这里的照顾者指的是和患有心理疾病的同学一起学习和生活或者关系密切的人，比如身边的朋友、同学。照顾和帮助他们需要我们付出耐心和爱心。

（一）共同了解相关知识，消除偏见

和他们一起学习关于某个疾病（如抑郁障碍、焦虑障碍等）的相关知识，了解疾病的发病表现、发病特点、用药疗程、用药可能带来的副作用、心理咨询和治疗的作用和改善的目标、可以提供支持和帮助的人或群体等，这个过程既是和该同学进行交流的过程，也是更好地帮助同学的过程，同时还是减少偏见的过程。

对待心理疾病患者所持有的负面态度，不仅会对他们的心理和行为产生"以偏概全""一知半解"的理解，与此同时，这些态度也会影响他们应对普通人。研究表明，曾经与心理疾病患者打过交道的人的态度较少受到这种社会偏见的影响。因此，了解如何理解、治疗和预防异常心理，不仅能够帮助那些有异常心理的同学，还可以使得普通人对人性有更全面的了解。[①]

（二）给予关注和倾听，建立信任

真诚的关注和耐心的倾听是给予异常心理同学的一种关爱方式，有时候甚至是一种疗愈。因为关注和倾听能令人感受到被理解和被接纳，让人感受到安全且有人在乎，这难道不是我们每个人都希望寻求到的吗？有异常心理的同学亦然。

我们不妨站在他的角度认真倾听、理解他的感受和想法，带着"是什么原因让他会有这样的想法"这个问题去倾听，让该同学能够尽可能平静地、不带压力地将自己的想法和情绪表达出来。让他们感觉到虽然我们不能完全理解，但如果我们是他们，也许会有和他们一样的想法和感受。

（三）鼓励承担责任，促进良性循环

有心理疾病的同学需要我们给予适当的照顾。与此同时，每个人都是自己生活的主人，在病情稳定并适宜恢复学习和工作时，需要承担力所能及的责任。比如，案例11-1中的小许，被诊断为抑郁症后担心自己考试通不过，但又不愿意看专业书，觉得

---

① 格里格, 津巴多. 心理学与生活[M]. 王垒, 王甦, 等译. 北京: 人民邮电出版社, 2003: 446.

内容太难。在病情稳定后，老师和同学与他一起制订了可行的学习计划，并分享了一些学习方法，在他遇到困难时给予理解、关心和支持。结果，小许顺利通过了某门专业课考试，情绪也得到了改善，这也能够帮助他建立自信。但是，我们也不要强迫他做一些他不想做或者感到较难面对的压力事件。

（四）积极寻求帮助，获得社会支持

心理疾病和生理疾病一样，除了接受专业治疗外，在不同阶段还需要不同人的帮助，可能是生活上的照顾，可能是心理上的帮助，也可能是情感上的陪伴。比如，也许他不愿意和照顾者聊天，那么照顾者可以试着帮助他找到一个合适的、他愿意信任和倾诉的人。

（五）主动及时报告，减少危机发生

有些精神分裂症、抑郁症等患者由于缺乏自知力，并不认为自己患病，自身不能主动到医院就诊；有的患者自身痛苦，可能并不知道能够给自己提供帮助的途径；还有的患者可能引发自伤（自杀）或伤及他人的行为。

当我们发现身边的同学出现上述情况时，应第一时间报告老师，在老师到来之前，应以保证当事人的安全作为首要目标。早发现、早接受专业治疗，对同学康复更为有利。要及时寻求专业人员的帮助，千万别自作主张、擅自处理或掉以轻心。同时，在这个过程中，应避免让与此事件无关的人员知道，将知晓面缩到最小，尽可能地保护同学的隐私。

> **思考题？** 面对患有心理疾病的同学，我们应该怎么做？

阅读材料 11-1

世界精神卫生日

"世界精神卫生日"（World Mental Health Day）是世界精神卫生联合会（World Federation for Mental Health）在1992年发起的，是该组织最重要且深远的项目。每年的10月10日，成千上万的团体和个人汇聚在一起庆祝这个世界性的节日。主题宣传活动的目的是广泛动员全社会积极参与精神卫生工作，推动形成理解、接纳、关爱精神障碍患者的社会氛围，保护和促进公众心理健康。

2019年，我国"世界精神卫生日"的主题是"心理健康社会和谐·我行动——进校园，进家庭，进社区"。2020年的主题是"弘扬抗疫精神，护佑心理健康"。

讨论与实践

1.如何区分心理正常和心理异常?

2.女生小方告诉同学,她即将去做一项伟大的事业,并且这段时间她一直为此忙碌。她每天一大清早就出门,晚上宿舍大门快关时才回来。本来不太爱说话的她,变得特别爱和别人聊天,天南地北,聊得不亦乐乎。那个时候的她觉得生活非常快乐,充满阳光,同学们都觉得她整个人变了,几乎被她这种积极的情绪所感染。不过,她也很容易生气,有一天,上铺的同学上床时不小心踩到了她的床单,她立刻和同学吵了起来。

但过了一段时间,她的心情有了很大变化,整天都不怎么说话,开心不起来,也不愿意动,慢慢地,旷课次数越来越多,大部分时间都躺在床上,同学和老师怎么劝都没有用。之后,每隔一段时间,她就会如此往复,一段时间心情大好,做事积极;一段时间情绪低落,不愿意活动。

问题:你认为该同学是什么问题?如果身边有这样问题的同学,我们应该怎么做?

本章附录

AI 马老师一问一答 | 推荐阅读书目 | 在线自测

CHAPTER 12 第十二章

托起生命的希望

——大学生的心理危机应对与生命成长

> 一个人如果意识到他对于一位正热切地等待着他的人所担负的责任，或者对一项未完成的工作所担负的职责，将永远不会抛弃他的生命。他知道了他的存在的"为什么"，他将能够承担起几乎所有的"如何"。
>
> ——维克多·弗兰克尔

在我们的成长过程中，各种生命关系和环境条件既可能支持个人的适应与发展，也可能阻碍个人的适应与发展。当我们遭遇到阻碍自身适应与发展的关系与环境条件时，如果应对不佳，就可能导致心理困惑、生命困顿，严重者甚至会形成心理危机，影响自己或者他人的生命安全。但是，如果我们能够成功应对这些危机，往往能够促进自己生命的成长。因此，如何认识和应对危机，在"危"中找到"机"，是我们必须思考和面对的现实生命任务。

第一节 心灵的困扰：心理危机与生命困顿

当下的心理状态是我们整体生命状态的体现，心理上的困惑和危机往往是我们作为整体生命遭遇困顿的一种表现。颜回居于陋巷却不改其乐，庄子丧妻击缶而歌，对生命的不同理解和对人生价值的不同追求，在很大程度上影响了危机发生时我们的心理和行为反应，以及危机发生之后我们的心理复原能力。因此，对心理困惑和危机的认识必须立足于我们的整体生命。

一、大学生活与心理危机

危机是个体成长中的一种正常现象而非病态，它无所不在、无时不有且不可避免。[1]大学生是一个心理正走向成熟的群体,大学生活是从学校生活走向社会生活的转折点。在大学阶段,个体生命成长的任务、环境条件、成就动机和发展方式都发生了很大改变,这也就可能带来更为复杂的适应与发展问题。相应地,遭遇心理危机的可能性也就更大,类型也更为复杂。大一新生面临从高中生向大学生的角色转变,需要适应全新的学习、生活、人际环境等;到了大二、大三,大多数学生基本上适应了大学生活,又面临社团活动、评奖评优、恋爱等其他问题;到了大四,则有可能面临就业、择业以及社会适应等新问题。这些问题如果应对和处理不好,都有可能转化为心理危机。可以说,困惑(甚至危机)与成长伴随整个大学生活。近年来,我国各高校大学生严重心理危机事件频发,也引起了社会各界对大学生心理危机问题的高度关注。

案例 12-1

小A,女,某大学大一学生,来自农村,家庭经济状况不佳。小A是家中长女,性格文静内敛。从小父母外出打工,她与爷爷奶奶一起生活。小A学习一直非常努力,不负众望成为家族中第一名大学生。进入大学一个月后,小A感觉与寝室同学格格不入。室友聊的东西她没接触过,她们的消费水平太高,所以也不能玩到一起,甚至连她们开的玩笑也不知道如何应对。小A一直用讨好的方式来拉近距离,但感觉她们越来越不在意她的感受,并开始疏远她。渐渐地,小A一走进寝室就感到压抑、心慌。与此同时,小A竞选班干部失利,社团面试也未通过。她开始整夜整夜地失眠,不敢与人交往,慢慢地发展成不想去上课,可退学又对不起家人。痛苦不堪的小A在朋友圈发表了"我想消失"等消极的文字,班级同学将这个情况报告给了学校心理中心。

学校心理中心的心理咨询师积极对小A进行干预,评估后发现,小A存在一定程度的抑郁症状,有一定的自杀风险,需转介至专科医院进行诊治。经医院诊断,小A患有中度抑郁症,需要服药治疗。在服药治疗的同时,学校心理咨询室给予心理支持。在家长的悉心陪伴下,经过三个多月的治疗和辅导,小A成功渡过了危机期。小A由此对心理学产生了浓厚的兴趣,积极学习心理健康知识和心理调节技巧,并竞选成为班级心理委员。结合自身的成功经验,小A帮助不少同学走出了心灵的阴霾。

毕业时,小A在给心理老师的信中写道:"以前的自己经历的事情太少,看到

---

[1] 马建青,等.大学生心理危机干预的理论与实务[M].杭州:杭州出版社,2011:6.

的世界太小，而且很多时候看问题不全面不客观，缺乏处理问题的技巧，容易钻牛角尖。感谢同学和老师在我最迷茫、最痛苦的时候那么关心我、支持我，还启发我用更积极的心态去面对困难，让我能拥有如今美好的生命。"

（一）心理危机的界定

"危机"（crisis）一词最早源于存在主义哲学，意指一种戏剧化的片刻，充满了情感的负荷，可能包含各种可能性的"恰当时机"。危机并不一定就是坏事。"危机"一词蕴含着辩证思维：一方面是"危"，指生命危险；另一方面是"机"，指挽救或成长生命的机会或契机。"危机"的危险性体现在，如果心理危机过分严重，威胁到一个人的生活，个体可能采用不恰当的方法应对问题，导致心理功能和社会功能的下降，甚至出现精神崩溃、自杀或伤害他人。"危机"的机遇性则在于，如果个体成功地控制和解决了心理危机，或者及时得到适当有效的干预，个体得以学会新的应对技能，如此，个体不但重新获得心理平衡，还可获得心理的进一步成熟和发展。"危机"本身的辩证性表明，一个经历心理危机的人，也是一个可能实现生命觉醒的人，只要当事人真正洞悉危机背后的生命成长契机。

案例12-1中的小A，尽管因适应困难而陷入心理危机，但在老师、家长的陪伴下，通过药物治疗和心理辅导度过了这场危机；而通过这场危机的化解，她对生命的理解加深了，生命也得到了成长。

迄今为止，国内外学者从不同的角度对心理危机进行了研究，但仍未有统一的界定。马建青等人通过对国内外心理危机研究理论的梳理和对我国高校大学生危机事件的实证调查，认为大学生心理危机的产生须同时具备下列三个条件：出现较大心理压力的生活事件，依靠自身能力无法应对困境，出现认知、情绪和行为的失调。大学生心理危机是指大学生个体认为自己在经历某一事件或情境时，运用惯常的应对方式不能解决从而导致认知、情绪和行为的失调以及社会功能的部分受损。[1]

值得注意的是，引发个体心理危机的压力事件，并不一定是公认的重大事件，也可能是看起来无关紧要的小事；压力事件既可能是已发生的，也可能是未发生或当事人想象的，心理事实比客观事实更重要。压力事件作为心理危机产生的"诱发因素"，在现实生活中普遍存在，但并非所有的诱发因素都会导致心理危机，它因人而异、因时而异。例如，个体的个性特点、既往经历、对事件的认知和解释、社会支持系统、

---

[1] 马建青，等.大学生心理危机干预的理论与实务[M].杭州：杭州出版社，2011：7-8.

生理健康状况、所处环境等，都会影响个体能否成功地应对危机事件。同样是遭受严重的挫折，有的人能逆风翻盘，有的人却一蹶不振，只有当个体觉得无法应对压力事件，并最终导致心理失衡时，才会发展成为心理危机。

（二）大学生心理危机的类型

大学生心理危机大致可以分为发展性危机、境遇性危机、病理性危机和存在性危机四种类型。

发展性危机是指在正常成长和发展过程中，急剧的变化或转变所导致的异常反应。如大学新生的"适应期心理综合征"、大学毕业生的"职场适应心理综合征"等，就属于发展性危机。发展性危机尽管被认为是正常的，但应对不当也会带来严重的问题。案例12-1就是一起典型的发展性心理危机。

境遇性危机是指当出现罕见或超常事件，且个人无法预测和控制时，出现的心理危机。例如，失恋、突然患病、亲人死亡、父母离异、遭遇交通事故等导致的心理危机就属于境遇性危机。境遇性危机具有随机性、突发性、震撼性、强烈性、灾难性和不可预见性。

病理性危机是指某些人因患有严重的心理疾病而导致的心理危机，如抑郁症和精神分裂症引发的心理危机等。某些心理障碍或心理疾病本身可能就是一种心理危机，也有些失调行为会引发危机，如品行障碍或违法犯罪等。

存在性危机是指伴随重要的人生问题，如关于人生目的、人生意义、人生责任、独立性、自由和承诺等出现的内部冲突和焦虑。大学生都渴望探索人生、探索自我发展、探索自身存在的意义和价值，但极易陷入对未来的不安、对自身命运的迷茫、对自己人生的困惑等存在性危机之中。[①]

不管是哪种类型的心理危机，严重者都可能对危机当事人或者他人生命造成威胁。而且，由于生命意识的缺失，这种状况往往又会引发或者恶化相应的心理危机。

视频12-1：心理情景剧：走出

> **思考题** 你进入大学后曾遇到过哪些心理上的挑战？它们给你带来了什么影响？你是如何应对的？

二、自杀是心理危机的极端表现

心理危机是心理困惑的极端表现，而自杀（或者杀人）则是心理危机的极端表现。

[①] 敬兴娟. 试析当代大学生存在性危机的化解[J]. 青年时代，2018（2）: 199.

（一）自杀是一个严肃的生命话题

对于选择自杀的人来说，自杀的原因五花八门，发生在大学生身上的，似乎主要源于观念、人际、学业、就业、家庭、感情等因素，但根本在于，在当事人看来，生活的意义已经完全丧失，当下的生活不值得过，且自己又找不出任何改变的可能，于是，结束自己的生命似乎成了唯一的抉择。自杀者将生命置于一个绝对化的两难选择：要么痛苦，要么死亡。

心理危机尽管有各种不同的外在"诱发因素"和主观"易感因素"，但最终形成自杀意念甚至自杀行为的根本原因是，对自己生活的极端不满，进而将这种不满宣泄到自己的生命上。

人的生命是一个整体的生命之流，而生活就是生命的表达与表现形式。在现实生活中，生命存在的意义与生活的种种形式会产生冲突，也许你渴望"指点江山，激扬文字"，但现实生活中却不得不为五斗米折腰，生命与生活之间存在着内在的张力。

处理生活与生命本身的内在张力与平衡，实际上就是我们适应环境的过程，也是自我身心调节的根本任务。如果不明白生命与生活之间本来必然具有的张力，当一个人在生活中遭遇巨大痛苦时，就会将矛头指向生命本身。对他来说，任由生活继续下去，无异于毁灭自己的生命；与其让生命被生活毁灭，还不如自己毁灭生命。

（二）自杀是对痛苦的逃避

自杀的根源，具体到不同的个体，直接的原因各有不同。但是，深刻且明显的原因是：人们实在是痛苦得不愿再活下去了，只想了此残生，终止自己生存下去。

就人的本性来讲，生存的欲望是非常强烈的。当一个人真的要自杀时，他的痛苦一定是远远超过了他生存的欲望。他既希望活下去，又希望摆脱痛苦，这两种欲望都很强烈。如果痛苦和不幸过于强大，他感到根本无法既活着又摆脱那些痛苦和不幸，于是，他很可能认定：除了自杀，别无出路。

对于自杀者来说，自杀本身并不是目的，它只不过是解决问题的最后一条途径。自杀行为本质上可以看作对痛苦的逃避，如果有其他的方式解除痛苦，自杀并不是必然的选择。自杀的意念可能在一开始具有发泄不满的成分，及至后来，感到逃脱的可能性已经很小，则可能发展为绝望。在这种条件下，如果缺乏社会支持又易于取得致死性方法，就容易导致极端的自杀行为。

> **阅读材料 12-1**
>
> **康德反对自杀的六个理由**
>
> 1. 人生来都有义务，尤其是对自己要有义务，这是成为人的一个条件。对自己的义务之一就是保护自己的生命。自杀就是无视对自己的义务。
>
> 2. 自杀是对自己的轻蔑。自杀者把自己看成了一个东西，可以随便处置。因而别人也就可以随便处置，所以自杀把人性降低成动物的等级。
>
> 3. 自杀毁灭了生命，因而破坏了履行义务的条件。
>
> 4. 自杀同时也说明自杀者弃绝了他所处的道德共同体。他弃绝了一切与他相关的所有社会关系和这些关系维护的道德。自杀等同于不承认这个共同体的任何道德。
>
> 5. 自杀实际上包含一种情感矛盾：自杀者自杀是为了一了百了，让自己"解脱"。可是解脱，这个希望本身是对一个有生命的人才有意义的，没有生命的人无所谓解脱不解脱。因为对于死人而言，生活没有所谓更好或更糟，所以所谓自杀，潜意识里还是想"活得更好"，可是他的选择却是消灭了生命本身。
>
> 6. 自杀等同于自我谋杀。一个人完全无视任何权威，一个会自杀的人，并没有理性地保证不去谋杀别人。如果他能做自己生命的主宰，那么他也会成为别人生命的主宰。
>
> 资料来源：恩格尔哈特. 生命伦理学基础[M]. 范瑞平，译. 北京：北京大学出版社，2006.

第二节 生命的拯救：心理危机的预防与干预

对于尚未发生的心理危机，需要科学的预防和预警，做到防患于未然，不让困惑发展成危机；对于正在发生和已经发生的心理危机，需要对危机的症状和相应信号有充分的识别，以便进行及时、合理的干预，同时充分利用"危"背后的"机"，促进当事人的成长。

一、关注心理危机的易感群体

根据各种研究数据和对心理危机个案的分析，我们发现有些学生群体在遭受挫折时更容易引发心理危机，在心理危机的预防和干预中需要给予他们特别的关注。当然，这并不是说这些学生就一定存在严重的心理问题或就会出现心理危机，而是在他们的成长过程中，需要给予更多的关心和支持。如果你是这些群体中的一员，也不要给自己贴标签，只要保持觉察，积极关注自我心理健康状态，学习心理调适技巧，你的生命就会变得更加美好。

（一）存在现实困难的学生

一些现实困难如果得不到有效解决，也会诱发心理危机。在大学生群体中，比较常见的现实困难有新生适应困难、家庭经济困难、学业困难、就业困难、遭遇突发重大变故等。

大学新生进入全新的学习、生活和人际关系环境，由于生活方式、习惯、环境的急剧变化，再加上远离家乡、父母、亲友和同伴，往往会出现各种各样的不适应。特别是那些缺乏生活自理能力和人际交往技能的学生，容易产生焦虑、茫然、自卑等心理，个别人甚至自暴自弃、休学退学。经济特别困难的同学，可能因为朋辈比较而出现自卑、敏感、嫉妒、自我封闭等心理。存在学业困难的学生，不仅与评奖评优、保研升学等宝贵机会无缘，还可能承受来自家庭或他人的批评和嘲讽，容易产生强烈的自卑、焦虑、抑郁和疏离感。焦虑是高校毕业生体验最多的心理状态，如果再加上别的诱发因素，如论文评审不通过、求职屡屡碰壁、对实习环境适应困难等，常常会使他们陷入危机状态，甚至引发悲剧事件。突发重大变故是指父母（或对自己重要的人）亡故、突发重大伤病、遭受性侵或严重自然灾害等，这些强烈的创伤性刺激可造成心理、生理上的反应，甚至发生应激障碍。

（二）存在心理困难的学生

这里的心理困难主要指那些患有心理障碍或精神疾病的同学。这些同学由于心理存在问题，往往缺少积极的心理资源和合理的应对方式，更容易陷入心理失衡状态，特别是患有严重精神疾病的同学，比如精神分裂症、抑郁症和双相情感障碍等，需要引起重点关注。

还有一类是患有人格障碍的同学。大学生群体中常见的人格障碍有偏执型、分裂型、反社会型、癔症型、强迫型、依赖型等。其中，偏执型和反社会型，因为报复心强、情绪不稳定、行为冲动，容易与人发生冲突，并且将原因归结为他人的过错或社会的不公，比较容易采取极端行为，从而对他人和社会造成破坏性影响。其他类型的人格障碍，则更容易将攻击性指向自身，造成自身的强烈痛苦。

（三）社会支持系统薄弱的学生

社会支持是指个人在自己的社会关系网络中所能获取的来自他人在物质和精神上的帮助。大学生的社会支持系统一般包括家人、亲友、同学、老师等，还包括社区及其他由陌生人组成的各种社会服务机构。对于陷入困境的人而言，社会支持犹如雪中送炭，能够帮助其重建生活的勇气和力量。相反，如果缺少社会支持，就会陷入孤立无援、雪上加霜的困境，甚至丧失对生活的信心。如果一个同学的亲子关系、同学关系、师生关系等重要人际关系比较淡漠或者存在严重的问题，那么在遇到危机事件时，就更容易产生走投无路的绝望感。

二、识别心理危机的信号

（一）心理危机的症状表现

心理危机发生时，往往伴有情绪、认知、行为的改变和躯体不适。因此，可以从以下几个方面来观察危机当事人的症状表现。[①]

（1）情绪方面：表现出高度的焦虑、紧张、丧失感、空虚感，同时可伴随恐惧、愤怒、烦恼、羞惭、怀疑、不信任、沮丧、忧郁、悲伤、绝望、无助、麻木、否认、孤独、不安、烦躁、自责、过分敏感或警觉、无法放松、持续担忧、担心家人健康、害怕染病、害怕死去，等等。

（2）认知方面：由于身心沉浸于悲痛中而导致记忆和知觉发生改变；常出现注意力不集中、缺乏自信、无法做决定、健忘、效能降低、不能把思想从危机事件上转移等情况；做决定和解决问题的能力受到影响。

（3）行为方面：可能出现社会退缩、不敢出门、害怕见人，有的则过分依赖他人；放弃以前的兴趣；呈现反复洗手、反复消毒、暴饮暴食等行为，容易自责或怪罪他人，不能专心学习或工作；与社会联系遭到破坏，可产生对自身或周围的破坏性行为；拒绝帮助，认为接受帮助是软弱无力的表现；行为和思维情感不一致；出现过去没有的非典型行为。

（4）躯体方面：有疲乏、失眠、做噩梦、容易惊吓、感觉呼吸困难或窒息、哽塞感、肌肉紧张、头痛、头晕、食欲缺乏、胃部不适、腹泻等。

（二）自杀者求助信号的识别

作为心理危机的极端形式，自杀危机并不一定会演变成自杀事件。许多自杀者在采取行动前会发出一系列信号，这些信号往往被认为带有"求救"的色彩。一些人最终自杀并不是因为他们真的想死，而是根本就没有人注意到他们要自杀，甚至当他们发出求救信号时被嘲笑或置若罔闻。

只要有人发现危机者的自杀倾向并进行干预，自杀企图付诸实施的可能性以及最终死亡率就会大幅下降。因此，及时发现自杀信号，对于挽救自杀者至关重要。

---

① 王卫红.抑郁症、自杀与危机干预[M].重庆：重庆出版社，2006：241.

案例 12-2

某大一男生在宿舍洗手间淋浴的水龙头上上吊自杀了。在此之前，他在QQ空间中经常表达出对生命的失望、对存在的绝望，偶尔会与同学讨论生死问题。同时，他在自杀前曾跟室友讨论厕所水管是否牢固，室友虽觉得有点奇怪，甚至还与他开玩笑，但并未对他发出的这种信号给予足够的重视。直到事情发生后，室友才恍然大悟，意识到他早已透露出绝望和自杀的念头，可此时为时已晚。

一般而言，处于危机状态中的大学生比较容易出现以下信号，需要特别注意：

（1）情绪突然明显异常。如变得特别烦躁、焦虑、恐惧，或异常低落等。

（2）个性忽然改变。如变得越来越难相处或性格变得反常，比如一个外向的人突然变得沉默寡言，一个沉默的人忽然变得滔滔不绝，或者一个冷漠的人忽然变得异常热情等，这些个性急剧改变的情形应当引起足够的重视。

（3）谈论过自杀并考虑过自杀方法。包括在邮件、日记或乱涂乱画的只言片语中流露出死亡的念头等。如常说"活着真没有意思""我不再能承受一些东西""没有人理解我""我感觉压力很大""我真的不想活了""我活不下去了"等类似语言，既是自杀企图的表示，也是求助信号。

（4）写过有关自杀的文字。比如写遗书、留便条或给远方的亲朋好友写信。这些文字信息的表达既是内心挣扎的体现，也是积极寻求社会支持的求助信号。

（5）饮食与睡眠习惯突然改变。比如暴饮暴食或茶饭不思，忽然嗜睡或彻夜难眠等，这些生活节律的改变都是内心冲突与变化的躯体反应，应当引起重视。

（6）社会功能受损或出现严重的品行问题。比如成绩急剧下降、逃课或者离校出走等。成绩急剧下降显示出注意力、自我控制能力等标志心理健康的重要心理品质受损。逃课和离校出走则反映出当事人觉得缺乏解决问题的有效途径，从而选择逃避和退缩。

（7）不明原因突然给同学、朋友或家人送礼物、请客、赔礼道歉、述说告别的话等。很多情况下，我们会忽视这些信号，甚至认为是在开玩笑。

（8）抑郁症个体容易产生消极的想法乃至出现自杀行为，特别是有抑郁症家族史的个体，可能更容易受抑郁症的侵袭。

当个体出现一个或多个方面的心理行为明显变化时，就需要引起高度重视。

三、心理危机干预

心理危机干预是指针对处于心理危机状态的个体，及时给予适当的心理援助，使之尽快摆脱困境，并逐渐恢复心理平衡。心理危机干预是专业性很强的工作，一般由心理老师或相关专业人员承担。

视频12-2：自杀危机干预

（一）心理危机干预的原则

尽管产生心理危机的原因复杂多样，但面对危机者，干预者必须严格遵守职业准则和伦理道德要求。关于危机干预的基本原则，学者们大致提出以下几个方面。[①]

1. 生命高于一切原则

自伤或伤人事件一旦发生，对于一个家庭来说就是一场巨大的灾难；对于学生本人来说，可能会断送生命；对于他的同学来说，是一种强烈的应激刺激；对于学校和社会来说，造成的损失和影响也是巨大的。因此，心理危机干预的首要原则就是要树立"生命高于一切"的思想。

2. 及时干预原则

当个人经历或目睹重大突发事件发生时，一旦超过其平时身心所能承受的压力，又无法通过常规手段去应对时，便会陷入惊慌失措的情绪状态，从而使个人失去导向及自我控制力。这是一种无法承受的局面，它具有引起人的内心世界颠覆的潜在可能，因此必须尽早干预，一般在数小时、数天内为佳。

3. 释放为主原则

心理危机是不良情绪积累到超过心理防御临界点而发生的。理性的压力和潜意识的驱动力经常出现相互倾轧，即使理性获胜，个体也将产生抑郁或焦虑，如果能及时恰当地释放这种不良情绪或冲动，就能很好地减轻心理压力。

4. 价值中立原则

价值中立原则，即在尊重、理解、共情的基础上，避免以任何个人或社会的价值规范来影响来访者，不对来访者的经验做价值判断。当大学生因学业受挫、恋爱失败、人际冲突等而导致心理危机时，多与个人的人生观、价值观有密切的关系。对于处在危机状态中的大学生，暂不对危机的原因、危机行为等进行道德、情感或法律等方面的评判，只给予危机大学生一些关爱和帮助，使他们找回生存的勇气和信心，迅速脱离危机。

---

① 马建青，等.大学生心理危机干预的理论与实务[M].杭州：杭州出版社，2011：126-127.

230

5. 发展性原则

大学生危机干预不能头痛医头、脚痛医脚，不能就事论事，仅仅停留在缓解症状上。应通过危机干预，充分调动当事人的积极资源，在有效应对当前危机的基础上，让当事人从中获得新的经验，重整认知结构，能够从不利中看到有利、从绝望中看到希望、从危机中看到生机，使自己变得坚强和自信，全面提高应对未来的心理素质和能力。因此，心理危机干预应把促进当事人和当事人团体的发展作为基本原则。

（二）心理危机干预的步骤

心理危机干预工作通常可分为问题评估、制订干预计划、实施干预、效果反馈四个阶段。

问题评估，包括确定是什么事件使当事人陷入危机，当事人对该事件的感受如何，当事人目前的功能水平怎样，是否存在自伤或伤人的危险，当事人以往具有哪些干预策略，现在可以利用的干预资源有哪些？

阅读材料12-2

自杀强度的判断

"你有这个念头多久了？"（念头越久，自杀强度越高）

"你打算用什么方法自杀？"（越激烈的行动，自杀强度越高）

"你实际去准备了吗？"（已经开始着手准备者，自杀强度较高）

"你写过遗书吗？"（有写遗书者，自杀强度较高）

"你曾经将这想法告诉过别人吗？"（不曾告诉别人者，自杀强度较高）

"倘若你现在就死了，还有什么挂念的吗？"（挂念越少者，自杀强度越高）

"在什么条件下可以解决问题，让你不必去死？当然，也许不会真的发生，我只是假设而已。"（找得到免死条件者，自杀强度较低；无论如何都要死者，自杀强度较高）

在问题评估的过程中，要充分了解以下问题：需要解决的首要问题是什么？什么问题最容易立即解决？哪些因素会妨碍危机干预效果？采取什么方式可以减轻这些消极影响？应该采取什么技术方法进行干预？以此确定干预目标，并围绕目标制订干预计划。

实施干预是整个步骤中最为核心的阶段。这个阶段主要解决以下问题：[①]

[①] 马建青.大学生心理健康[M].北京：人民出版社，2011：325-326.

（1）帮助当事人舒缓和释放被压抑的情绪。危机干预者要向当事人表示理解和关心，鼓励当事人讨论其感受，必要时采取放松、疏泄等手段减轻当事人的痛苦和紧张。

（2）帮助当事人正确理解现状。让当事人认识到目前的情感活动是对危机的正常反应，帮助当事人理智地面对现实，调整当事人的非理性认知。

（3）学习干预方式。帮助当事人总结过去成功应对逆境的技巧，学习新的干预方式，学会利用外界资源来获得支持，减轻逆境对心理平衡的影响。

（4）获得承诺。回顾计划和行动方案，并从当事人那里得到诚实、直接和适当的承诺，以便当事人能够坚持实施为其制订的危机干预计划。

在危机干预过程中，需要不断评估干预措施是否产生了预期的效果，以便随时根据实际需要对计划做出调整和修改，以寻求更好的解决方案。

在结束阶段，应该注意强化当事人多应用学会的新干预技巧，鼓励和支持当事人在今后面临逆境或重大挫折时，应用新的干预方式和动员有关的社会支持系统来独立自主地解决问题，避免和减少危机的发生。

（三）如何应对同学的心理危机

大学生一旦发现周围有同学处于心理危机状态，既不能麻痹大意，也不能过分紧张，通常可以采取以下的做法：[1]

（1）保持冷静。自己应尽量镇静，避免慌张和害怕。

（2）确保当事人的安全。对处于危机中的大学生要做好看护工作，不让当事人独处，以免发生危险。

（3）及时与老师联系。如果情况紧急，比如当事人有自杀或杀人或患严重精神疾病的危险性，要第一时间报告老师或寻求学校心理健康教育机构的帮助。在十分危急的情况下也可以报警。不要尝试自己单独去处理，因为危机干预是专业性很强的工作，绝非大学生个人可以胜任。

（4）稳定当事人的情绪。陪伴当事人，对其表达关怀和支持，不说刺激其情绪的话；重视倾听当事人的烦恼，鼓励当事人说出感受以舒缓情绪；鼓励当事人积极参与有关的社会活动；这些社会支持对处于危机中的大学生来说是十分宝贵的。

（5）配合老师、学校做好相应的工作，包括做好相应的保密工作。

文档 12-1：什么是应激相关障碍

测试 12-1：创伤后应激障碍自评量表

视频 12-3：创伤后应激障碍的识别与预防

---

[1] 马建青.大学生心理健康[M].北京：人民出版社，2011：327-328.

第三节　意义的追寻：生命价值与生命态度

大学生心理危机，尤其是自杀这样的极端心理危机形式，涉及生死抉择。心理危机当事人大多认为生命没有意义、生不如死，实质上则是对生命和死亡缺少正确的认知。因此，心理危机干预和预防最根本的是教育干预，其中最重要的便是心理健康教育、生命教育、死亡教育，以此确立正确的生命价值观和积极的生命态度。

一、生命的神圣与尊严

尽管每个人都拥有生命，但并非每一个人都懂得生命、珍惜生命。一些人可能因为不懂得生命而浑浑噩噩，荒废人生；一些人则可能因为找不到生命的意义而陷入困惑，甚至走向危机。

（一）认识生命的神圣

生命的神圣性是人类对自身生命的敬畏和崇拜。人类对生命有一种原始的、与生俱来的惊讶、赞叹与敬畏。当我们看到新生命的诞生、体验到死亡的威胁时，我们都会油然生起这种敬畏感。"生命被相信为神圣者，只是因为它就是生命。神圣性的观念发生在活着、生命力的基本感觉之体验和害怕它灭绝的基本恐惧之始源经验中。人敬畏地站在他自己的生命力、他的世系和种族的生命力之前，敬畏感乃是这种神圣的归属，因而是对它的承认。"[①]

个体生命的诞生和存在都是不可复制的，独一无二的。一方面，"我"的生命与"他"的生命不同，故而"我"的生命是唯一的。每个人的生活内涵及其人生道路都是不同的，所以每个人的生命必然是唯一的。另一方面，每个人"此生"只有一次，不会有第二次，更不会有更多次。生命是在一维时间中延续的，它一去不复返。

每一个生命都是神圣的，因此，我们在珍视自我生命的同时，还要尊重和捍卫他人的生命尊严。鲁迅笔下麻木的看客、现实生活和网络上对他人的霸凌等残害他人生命的恶行，都显示出对于他人生命的漠视。我们要学会欣赏每一个生命，不分强弱贵贱；对他人怀有善意，避免恶意揣度他人；对遭受灾祸或不幸的人抱有同情之心，并尽己所能提供帮助。

（二）创造生命的品质

生命的品质，体现在人类生命的自然、精神与社会三方面，分别对应着"肉体生

[①] 波伊曼.今生今世[M].杨植胜，等译.广州：广州出版社，1998：56.

命""精神生命""社会生命"三个层面。

首先，生命的品质可表现为肉体生命得到合理适度的满足。七情六欲是人的生命的基本属性，因此，满足我们的生理需要是生命品质的基本要求，马斯洛将人的生理需要列为最基本的人类需要。但是，即使是对生理需要的满足，也不单单只有物质层面的追求和感官方面的满足，还有精神层面的内容，比如爱情。这便是人类生命的高贵之处。只有当我们能对生命有所欲求，而且能使各种欲求相互适应时，生命才会有品质。倘若我们对生命无所欲求，也就谈不上生命的品质了。

其次，生命品质可表现为精神生活的超越。人的生命具有精神性，这是人类生命区别于动物的本质所在。对于人而言，肉体生命是有限的，客观上对肉体需要的满足也是有限的。许多时候，人生的痛苦不是来自肉体，而是来自精神。人类的精神生活是无限的，且能克服肉体无法摆脱的有限带来的束缚，从而使人达到自由境界，让生命真正变得神圣伟大。

最后，生命品质可表现为社会生命的奉献。在所有生命形式中，人的本能是最脆弱的，人不可能靠自己的本能生存下去。从十月怀胎到父母养育，人必须在社会中通过文化的教化才能生存与生活。人的生命具有必然的社会性。由此可见，人的生命的品质不只在于个人肉体生命的享乐和精神生命的内心体验，更在于超越个体，践行社会生命的奉献，从而达到整体生命的高度。

文档12-2：
人生的意义

二、生命的意义与价值

生命本身的神圣性和唯一性决定了其至高无上的价值，但是要领悟生命的意义并去创造生命的价值，则是需要学习的。生命教育是一门学问，是通过生命知识和生命经验启迪我们生命智慧、创造我们生命价值、成就我们生命意义的实践学问。

（一）最有价值的人生

在生活中，我们往往从自己的角度、立场去判断别人的需求和行为，甚至进行是非评判。但是，仅靠自己的"直觉"去做决定，并不一定能够保证我们的判断和决定就是正确的。当我们忽略了生命最重要的核心价值时，我们就可能完全行走在一条自己都不想要的人生歧路上。

问题思考 12-1

什么是你生命中最重要的东西?

取一支笔、一张纸，写下你生命中最重要的五样东西。你尽可以天马行空地想象，只要把内心最珍贵的五样东西写出来就行，不必考虑顺序。

然而，不幸的是，你的生活发生了意外，你要在这最宝贵的五样东西中舍去一样，请你把其中的某一样抹去。生活又发生了重大变故，你必须再放弃一样。现在，你只剩下三样宝贵的东西了。但是，又一次不幸的遭遇迫使你不得不再放弃一样。现在，你的生活到了前所未有的低谷，你必须做出一生中最艰难的选择，只能留下一样。

自此，你的纸上只剩下你最宝贵的一样东西了。你涂掉了四样，它们同样是你看重的东西，被涂掉的顺序就是你心目中划分的价值主次。

人生必有取舍，有取舍就有痛苦。当你明确了什么是你生命中最重要的东西，明晰了它们的价值次序，剩下的就是以实际行动来好好珍惜以及实现自己的人生愿望了。

问题思考 12-2

谁是对你生活有意义的人?

（1）请说出2位对你的学习有帮助的老师。（各方面的帮助都可以，不局限于功课学习）

（2）请说出2位在你急需帮助时会对你伸出援手之人。（愿意无条件付出，不求回报的人）

（3）请写出1~2位你认识且觉得特别值得尊敬的人。（同时，这1~2位你写出来的人也要认识你）

（4）请说出2位你愿意和他们共度人生中最美好时光的人。（最美好的时光由你自己去设想）

很显然，这些对自己生活有意义的人，并不是那些被列为"最……"的人，不是最美丽的人，不是最有钱的人，也不是得过什么大奖的人，但他们是自己生命中最重要的人。如果用心思考，就会发现，我们写下的这些名字，也反映了自己生命中被认为是最重要的价值。

生命充满了各种疑问，也有许多挫折和挑战，阻止我们前行。但是，如果我们能够时常思索"人生的意义与价值"，就会明白这些挡住我们的关卡，其实都是一种考验，是让我们能够学习成长的考验。

体验性活动：学会感恩——正念跟练之反思冥想练习

正念跟练视频

（二）人生三问

要掌握自己的生命价值，一方面需要思考生命价值，另一方面需要付诸行动去实践。而下面的三个问题，便是将我们的思考与行动相结合的，直接影响我们生命意义与价值的"人生三问"。

第一问，我为什么活着？

人来到这个世界是偶然的，迈向死亡却是必然的。如何在这必死的人生中，肯定活着具有的意义与目的，乃是人生中第一个基本问题。固然，我们每个人都有选择自己人生目标的权利，但这并不等于说，我们的任何选择都是好的。所以，我们必须问："我为什么活着？""活着的目的和意义是什么？""什么才是我愿意追求与珍惜的终极目标，值得我们一生去为之努力奋斗？"或许这便是人们期望的人生幸福与至善境界。

第二问，我应该如何生活？

这个问题既涉及我们在现实生活中点点滴滴的"有所为"与"有所不为"，与我们的做人处事有密切联系，也涉及生命意义的实现与生命目的的达成。我们如何过生活的方式，与前一个问题是有联系的，因为我们走的道路，一定是根据目的地而确定的。尽管通往目的地的道路有很多，但是，在众多的选择中，我们仍然要思考其中的对错、好坏，选择一条自认为最好的道路。不过，我们在这样思考与选择时还必须同时注意相关问题，因为生活中的每一件事情几乎都牵涉待人、处事。我们应该如何过生活，才能够让自己和他人都有可能达到幸福与至善，这是我们必须要面对的。

第三问，我如何真正去践行？

前面两个问题，一个重在理解，一个重在方法，但我们还需要"知行合一"。讨论生命的学问，不能只停留在人生目标的建立与实践方法的探讨上，还必须进一步探究：知与行之间为什么会有一段漫长的距离？这段距离有怎样的内涵与形态？有怎样的根源？更重要的是，有什么样的方法可以让我们缩短这个距离，或者在知与行之间搭起一座桥梁？帮助我们的生命不断觉醒，促进我们生命内在的整合，从而在践行中活出生命的本色。

当我们能够透过"人生三问"寻找生命的价值，时时刻刻在生活中反省，不断对自己发问，并检视自己的现实生活，我们便是走在自己的人生大道上。

问题思考 12-3

近年来，从"佛系"到"躺平"，部分被寄予厚望的年轻人，在本应不懈奋斗的青春里选择了"放过自己"。伴随着"躺平"的流行，另一个意思截然相反的词语——"内卷"也随之而来。人们为了完成某个任务或实现某个目标，需要付出远多于以往的时间和精力，变得更加"努力奋斗"。你是如何看待"躺平"和"内卷"现象的？

三、生命的意识与信念

丰盛的生命，必须有好的人生观、正向的价值观及意义赋予能力。这需要确立合乎理性的生命信念，亦即正确的生命意识和生命态度。

一切现实的人生活动，都是建立在生命存在的基础之上。我们必须确立珍爱生命的意识与信念，而一切现实人生活动存在的价值，又是在升华和成就我们每一个人的生命。因此，我们必须确立升华与成就生命的意识与信念。

（一）珍爱生命，学会求助

生命是神圣的、唯一的，这表明每一个生命都有其独一无二的价值体现。生命存在本身就是有价值的，是值得珍爱的。珍爱生命就是每个人都必须为自己的生命负责；珍爱生命在于，我们能够充分利用好有限的生命，认真活在当下。

生命之所以是生命并有其独特意义与价值，在相当意义上是因为有"死亡"。但是，明白生死并学习生死关怀，并不是为了要了解"死亡"本身，因为我们对死亡的真相几乎一无所知；也不是为了"健康"，因为死亡不只是找健康不佳的人，也会降临在身强体健的人身上；根本上是为了让我们踏实地活在当下，认真地把握活着的时候。

视频 12-4：揭开心理咨询的面纱

我们都生活在具体的生活环境中，每个人的能力和天赋都是有限的，每个人都可能遭遇到无法解决的问题、无法承受的痛苦、无法化解的心结。因此，珍爱生命还包括学会求助，学会利用外在资源帮助自己生命成长。

求助并不可耻，也不会让人低人一等。相反，求助是智慧的体现与发挥，是人类合作的表现。求助可以使我们顺利地解决问题，让我们快乐地生活。

当遇到困难、遭遇危机时，我们可以向家长、同学、朋友、老师求助，也可以向先贤、书本求助，还可以向心理咨询机构及专业人员求助。自助是在维护我们的心理健康，帮助我们摆脱危机，提升生命品质；同样，求助也是在维护我们的心理健康，帮助我们走出危机，实现生命的意义。

文档12-3：全国免费心理援助热线

思考题？ 遇到自己难以解决的问题时，你会第一时间寻求谁的帮助？

（二）升华生命，成就生命

意义是我们生命的支撑点。即使一个人没有明确考虑过自己的生活意义问题，也不意味着无法区分有意义的生活和无意义的生活。几乎没有人想过一种没有意义的生活。

奥地利心理学家、意义治疗与存在主义分析的创始人维克多·弗兰克尔（Victor Frankl）认为，人们对于生命意义的追寻是生活的基本动力，或者说是第一位的动力。世界上没有任何东西比生命中存在意义更能够帮助人在最恶劣的环境下生存下来。如果我们感悟到了生命的意义，生命就会充满活力，就能充分体验到生活的幸福，否则，就会觉得心灵空虚，就会感到精神苦闷甚至绝望。

生命的意义既不能模仿也不能引进，它只能由每个人在各自不同的存在环境中寻找和发现。在意义治疗的理论架构下，弗兰克尔认为，我们可以透过三种途径、行动去发现生命的意义：借着创造与工作发现意义，借着体认价值发现意义，借着挫折磨难发现意义。换言之，我们可以在应对各种人生境遇的挑战中、在生命力的发挥及创造中思考和发现自己生命的意义。生命的意义体现在对自我的完善和提升中，也体现在对他人和社会的付出和奉献里。我们不能以命运或者环境作为推脱责任的借口，即使是面对很多看上去无法抗拒的命运力量，仍然可以选择自己的立场。

在我们的信念中，在我们的工作中，在我们所爱的人和事中，在我们体验到的世界上的真善美中，我们都可以发现生命的意义。即使是在痛苦和绝望中，我们仍然有机会发现生命最深刻的意义，即苦难的意义。一个有充分意义感的人，就能够感受到人生和现实世界的价值，就能够体验到人生的快乐和幸福，同时也必然是一个积极乐观、心理健康的人。

文档12-4：幸福和运气

问题思考 12-4

追梦行动

（1）在你心中，最有价值的人生该如何度过？

（2）围绕这个目标，现在可以采取的最小改变或行动是什么？

四、生命的态度与立场

生命的意义是需要我们以一颗柔软真诚的心去发现和实现的。同时，为了充分实现生命的意义与价值，我们还必须有相应的生命意识和生命态度。

（一）以爱心对待自己

阅读材料 12-3

学会三句话

"算了吧！"——生活中有许多事，可能你付出再多努力都无法达到，因为一个人目标的实现要受各种条件的限制，只要自己努力过、争取过，结果并不是最重要的。

"不要紧！"——不管发生什么事，没有过不去的坎。上天在关上一扇门时，必定会为你打开一扇窗。现在要做的就是寻找那扇窗。

"会过去的！"——不管雨下得多大，连续下了多少天，你都要对天晴充满信心。因为一切都会过去的。不论何时，以积极的心态去面对生活，坚信总有雨过天晴时。

不要拿自己的错误惩罚自己。印度著名的诗人、文学家拉宾德拉纳特·泰戈尔（Rabindranath Tagore）说，如果错过太阳时你流了泪，那么你也将错过群星。人生苦短，不必执着于过去的遗憾，而是需要用行动和希望来代替无尽的悔恨和自我折磨。生活中很多烦恼都源于自己与自己过不去，因此，我们需要原谅自己的过失，将"如果"所包含的遗憾改为"下次"的努力与坚持。

不要拿别人的错误惩罚自己。人生旅途总会遇到伤害自己的人和事。既然已经对自己造成了伤害，就不应该再对此耿耿于怀，沉浸在愤怒与痛苦之中，反复伤害自己。学会宽容别人的过错，实际上是让自己保持快乐的心情；原谅别人根本上是善待自己。我们控制不了别人的行动和外在发生的事情，但是我们完全可以控制自己的态度，做自己心情的主人。

不要拿自己的错误惩罚别人。迁怒是我们遭遇挫折时最容易产生的错误做法之一。

每个人都有内在的自尊，为了掩饰伤疤、维护自尊，我们往往会将自己的过错归咎于别人或者命运，迁怒于人或者怨天尤人。伤害身边真正关心自己的人，只会让生活变得更加不幸。我们要学会承担自己的过失，取得自己与别人的宽恕和谅解。

> **思考题？** 你赞成以德报怨吗？为什么？

（二）以爱心对待他人

阅读材料 12-4

你家有蜡烛吗？

很久以前，有一位单身女子刚搬了家。她发现，新家隔壁住了一户穷人，是一位单亲妈妈带着两个孩子。有天晚上，忽然停电了，这位女子自己点起了蜡烛。没一会儿，她听到有人敲门，原来是隔壁邻居的小孩子。只见他紧张地问："阿姨，请问你家有蜡烛吗？"女子心想："他们家竟然穷到连蜡烛都没有吗？千万别借他们，免得被他们依赖了，以后连卫生纸都要来跟我借！"于是，她对孩子吼了一声："没有！"正当她准备关上门时，那个穷孩子笑着说："我就知道你家一定没有！"说完，便从怀里拿出两根蜡烛，说："妈妈和我怕你一个人住又没有蜡烛，所以带两根来送你。"

在现实生活中，人与人之间需要互相帮助与温暖，我们必须学会以爱心对待他人。学会"看见别人的需要"并"付诸行动"，是极为重要的生命意识与态度。首先要学会"看到别人的需要"，如果我们是自私且对别人缺乏关心，就不可能看到别人的需要。其次是"付出行动"，因为即便我们看到了别人的需要，如果缺乏热情，缺乏对爱的体认，也不可能付诸行动。然而，我们总是希望别人多体谅自己，也总是需要别人付诸行动来帮助自己。如此，谁要先付诸行动呢？爱，就是在别人的需要上看到自己的责任。用心看见别人的需要，并付诸行动。

问题思考 12-5

利己还是利他？

有人认为，只有为自身谋福利才能让自己生活得更好。但也有人认为，"己欲立而立人，己欲达而达人"，独善其身者难成大事，越是利他，就越有人生价值。究竟"利己是更好的生存策略"还是"利他是更好的生存策略"，你赞成哪个观点？

（三）维护心理健康，提升生命品质

心理健康是我们生命品质得以保障的基础，而正确的生命意识与生命态度又会提升我们的心理健康水平。

一个心理健康的人，能够在现实的人生过程中，既能认识到自己作为人的特殊价值和追求，又能充分适应外在环境，同时利用环境来实现自己的人生目标。

一个心理健康的人，不会因为遭遇现实生活中的挫折就轻言自杀，而是充分领悟到生命与死亡的神圣与尊严，让困难与挫折成为自己成长的动力，让现实的"危害""危险"成为自己生命成长的"机会""机遇"。

一个心理健康的人，不是纠结于自己无法把握的"过去"或者漫无目标的"未来"，而是既能正视过去又能直面未来，同时充分活在当下，做好每一件事，过好每一天。

一个心理健康的人，具有积极向上的人生观，懂得人生的意义，并努力去丰富自身、提升自我，让生活更加美好，人生更有价值，生命更加灿烂。

文档 12-5：中国大学生自强之星李欣霖

💠 讨论与实践

1. 什么是心理危机？心理危机有哪些主要类型？
2. 如何面对处于心理危机中的同学？
3. 当我们遇到心理困难时，有哪些求助途径？
4. 开展一周的利他行动并记录下来，与同学分享你的活动收获。

本章附录

AI 马老师一问一答　　推荐阅读书目　　在线自测

参考文献

[1] Carr A.积极心理学：关于人类幸福和力量的科学[M].郑雪，等译.北京：中国轻工业出版社，2008.

[2] Corey G，Corey M S.心理学与个人成长[M].胡佩诚，等译.北京：中国轻工业出版社，2007.

[3] Greenberg J S.全面压力管理[M].9版.石林，译.北京：高等教育出版社，2008.

[4] Miklowitz D J.双相情感障碍：你和你的家人需要知道的[M].陈幼堂，译.重庆：重庆大学出版社，2010.

[5] 艾里斯.别跟情绪过不去[M].广梅芳，译.成都：四川大学出版社，2007.

[6] 奥克利，谢诺夫斯基，麦康维尔.学会如何学习[M].汪幼枫，译.北京：机械工业出版社，2020.

[7] 彼得森.积极心理学[M].徐红，译.北京：群言出版社，2010.

[8] 毕淑敏.恰到好处的幸福[M].长沙：湖南文艺出版社，2021.

[9] 伯恩，布朗斯坦，加拉诺.焦虑缓解手册：如何从焦虑中自愈[M].杨霏儿，译.长沙：湖南人民出版社，2020.

[10] 布彻，米内克，胡利.异常心理学[M].13版.耿文秀，等译.上海：上海人民出版社，2014.

[11] 布雷姆，米勒.爱情心理学[M].郭辉，等译.北京：人民邮电出版社，2010.

[12] 查普曼.爱的五种语言[M].王云良，译.南昌：江西人民出版社，2018.

[13] 陈俊钦.原来这就是B型人格[M].北京：中国青年出版社，2021.

[14] 程玉兰，田向阳.健康行为理论及应用[M].北京：人民卫生出版社，2020.

[15] 樊富珉，王建中.当代大学生心理健康教程[M].武汉：武汉大学出版社，2006.

[16] 弗雷德里克森.积极情绪的力量[M].王珺，译.北京：中国人民大学出版社，2010.

[17] 弗洛姆.爱的艺术[M].李健鸣，译.上海：上海译文出版社，2008.

[18] 戈尔曼.情商：为什么情商比智商更重要[M].杨春晓，译.北京：中信出版社，2010.

[19] 格里格，津巴多.心理学与生活[M].19版.王垒，等译.北京：人民邮电出版社，2014.

[20] 古德.心理学与人生（第七版）[M].田文慧，译.北京：世界图书出版公司，2023.

[21] 郭念锋.国家职业资格培训教程：心理咨询师（基础知识）[M].北京：民族出版社，2011.

[22] 哈洛韦尔，瑞迪.分心不是我的错[M].丁凡，译.杭州：浙江教育出版社，2024.

[23] 汉森 L，汉森 F.复原力[M].王毅，译.北京：中信出版社，2020.

[24] 郝伟，陆林.精神病学[M].8版.北京：人民卫生出版社，2018.

[25] 郝伟，于欣.精神病学[M].7版.北京：人民卫生出版社，2013.

[26] 黄丽，李梅.校园成长列车：献给大学新生的心灵礼物[M].杭州：浙江科学技术出版社，2009.

[27] 黄维仁.活在爱中的秘诀：亲密关系三堂课[M].北京：中国轻工业出版社，2011.

[28] 黄希庭，等.健全人格与心理和谐[M].重庆：重庆出版社，2010.

[29] 黄希庭.大学生心理健康教育[M].上海：华东师范大学出版社，2004.

[30] 霍杰茨，等.社会心理学与日常生活[M].张荣华，等译.北京：中国轻工业出版社，2012.

[31] 吉卜林.人性的力量：如何自信而有效地与人沟通[M].邱宏，译.北京：中国发展出版社，2009.

[32] 吉尔伯特.哈佛幸福课[M].张岩，时宏，译.北京：中信出版社，2011.

[33] 季羡林.生活，是可爱的[M].杭州：浙江教育出版社，2023.

[34] 加德纳.大师的创造力：成就人生的7种智能[M].沈致隆，崔蓉晖，陈为峰，译.北京：中国人民大学出版社，2012.

[35] 江光荣.心理咨询的理论与务实[M].北京：高等教育出版社，2005.

[36] 金树人.生涯咨商与辅导[M].台北：东华书局，2006.

[37] 卡耐基.如何赢得朋友及影响他人[M].蒋岚，译.北京：光明日报出版社，2006.

[38] 科恩斯塔姆.我就是我：童年期自我意识的惊人顿悟[M].张雨青，等译.北京：东方出版社，2021.

[39] 拉森，巴斯.人格心理学：人性的科学探索[M].2版.郭永玉，等译.北京：人民邮电出版社，2011.

[40] 连榕.认知心理学[M].北京：高等教育出版社，2010.

[41] 林崇德，杨治良，黄希庭.心理学大辞典[M].上海：上海教育出版社，2003.

[42] 蔺桂瑞，杨芷英.大学生心理健康与人生发展[M].北京：高等教育出版社，2009.

[43] 刘易斯，阿米尼，兰龙.爱的起源：从达尔文到现代脑科学[M].黎雪清，杨小虎，译.重庆：重庆大学出版社，2020.

[44] 卢勤，周宏，邵昌玉.大学生心理健康理论与实践[M].成都：四川大学出版社，2010.

[45] 卢森堡.非暴力沟通（修订版）[M].刘轶，译.北京：华夏出版社，2021.

[46] 马建青，王东莉，刘黎微.大学生心理健康[M].北京：人民出版社，2011.

[47] 马建青.大学生心理危机干预的理论与实务[M].杭州：杭州出版社，2011.

[48] 迈尔斯.幸福要练习：每个人都需要的幸福实现指南[M].颜雅琴，译.北京：台海出版社，2023.

[49] 麦格尼格尔.自控力[M].王岑卉，译.北京：北京联合出版公司，2021.

[50] 孟万金.积极心理健康教育[M].北京：中国轻工业出版社，2008.

[51] 弥永英晃.自我肯定的力量：如何构建积极信念，乐观面对每一天[M].肖辉，赵依程，译.成都：四川文艺出版社，2021.

[52] 内夫，杰默.静观自我关怀：勇敢爱自己的51项练习[M].姜帆，译.北京：机械工业出版社，2020.

[53] 内特尔.人格：认识自己，做更好的你[M].舒琦，译.北京：中信出版社，2020.

[54] 欧文·亚隆，玛丽莲·亚隆.生命的礼物：关于爱、死亡及存在的意义[M].童慧琦，丁安睿，秦华，译.北京：机械工业出版社，2023.

[55] 彭聃龄.普通心理学[M].5版.北京：北京师范大学出版社，2018.

[56] 彭健伯.创新的源头工具：思维方法学[M].北京：光明日报出版社，2010.

[57] 塞利格曼.认识自己，接纳自己[M].任俊，译.沈阳：北方联合出版传媒（集团）股份有限公司，万卷出版公司，2010.

[58] 塞利格曼.真实的幸福[M].洪兰，译.沈阳：北方联合出版传媒（集团）股份有限公司，万卷出版公司，2010.

[59] 瑟勒，贝尔，梅泽.沟通力：高效人际关系的构建和维护[M].张豫，译.北京：人民邮电出版社，2021.

[60] 沈德立.大学生心理健康[M].北京：高等教育出版社，2013.

[61] 斯腾伯格.智慧 智力 创造力[M].王利群，译.北京：北京理工大学出版社，2007.

[62] 斯腾伯格ＬＪ，斯腾伯格Ｋ.爱情心理学[M].李朝旭，等译.北京：世界图书出版公司，2010.

[63] 唐闻捷，何金彩.大学生心理发展与教育[M].北京：人民出版社，2011.

[64] 王明旭.行为医学[M].北京：人民卫生出版社，2011.

[65] 王晓刚.大学生心理健康[M].北京：清华大学出版社，2008.

[66] 威林厄姆.大脑想要这样学：高效学习的认知心理学方法[M].赵安琪，译.上海：上海科学技术文献出版社，2023.

[67] 武斌.人格的选择[M].北京：现代出版社，2011.

[68] 武志红.走出人格陷阱[M].北京：北京联合出版公司，2020.

[69] 许燕.成为更好的自己[M].北京：机械工业出版社，2020.

[70] 许又新.精神病理学[M].2版.北京：北京大学医学出版社，2011.

[71] 姚树桥，孙学礼.医学心理学[M].北京：人民卫生出版社，2010.

[72] 俞国良.社会心理学[M].北京：北京师范大学出版社，2010.

[73] 昝飞.行为矫正技术[M].北京：中国轻工业出版社，2009.

[74] 张大均，陈旭.中国大学生心理健康素质调查[M].北京：北京师范大学出版社，2009.

[75] 张大均，吴明霞.大学生心理健康[M].北京：清华大学出版社，2007.

[76] 章浩.情绪流[M].南京：江苏人民出版社，2020.

[77] 章志光.社会心理学[M].北京：人民教育出版社，2008.

[78] 郑日昌，田宝伟，彭永新.大学生心理健康：自主与自助手册[M].北京：高等教育出版社，2007.

[79] 钟谷兰，杨开.大学生职业生涯发展与规划[M].上海：华东师范大学出版社，2008.

后 记

2022年10月，习近平总书记在党的二十大报告中强调，要"重视心理健康和精神卫生"[①]。2023年4月，教育部等17部门联合印发的《全面加强和改进新时代学生心理健康工作专项行动计划（2023—2025年）》指出："促进学生身心健康、全面发展，是党中央关心、人民群众关切、社会关注的重大课题。随着经济社会快速发展，学生成长环境不断变化，叠加新冠疫情影响，学生心理健康问题更加凸显。"而开设大学生心理健康教育课程是加强大学生心理健康教育的主渠道。

2011年5月，教育部印发了《普通高等学校学生心理健康教育课程教学基本要求》，明确提出要开设大学生心理健康教育必修课。根据文件精神，浙江省教育厅宣教处立即启动了省编教材《大学生心理健康教程》的编写工作。由浙江省教育厅高校心理健康教育指导委员会和浙江省高校心理健康教育研究会具体负责实施。

《大学生心理健康教程》自2012年出版以来，至2022年已更新至第四版。参与前四版教材撰写、修改的作者先后有（以姓氏笔画为序）：马建青、王丽、王东莉、王晓刚、叶立军、朱美燕、刘葵、许文英、孙小菲、李梅、李晓娟、汪丽华、宋洪波、陈洁、陈璁、陈庆健、陈海贤、郭峰、郭洪芹、唐闻捷、黄丽、梁金慧、楼天宇。马建青任主编，王东莉、王晓刚、唐闻捷、黄丽、李晓娟先后担任过副主编。

为了进一步提高本教材的质量，紧跟教材改革新形势，尤其是积极推进党的二十大精神进教材，落实教育部课程思政建设文件精神，教材编写组及时对第四版内容予以更新，形式加以拓展，使其更具时代感。大量的二维码链接，让内容和形式更丰富多样，这既扩充了教材的信息量，又增强了教材的实用性和可读性，同时还美化了版式，能更好地满足当前"新形态"教材发展的需要。新版教材运用了AI数字人技术，提高了教材的高科技含量。此外，还强化了课程思政内容，在选用各种素材时，注重将思想性、知识性、专业性相结合，突出"育心"与"育德"相统一。

[①] 习近平：高举中国特色社会主义伟大旗帜 为全面建设社会主义现代化国家而团结奋斗——在中国共产党第二十次全国代表大会上的报告[N]. 人民日报，2022-10-26（1）.

参加第五版修订工作的有（以姓氏笔画为序）：马建青、王丽、叶立军、朱美燕、刘葵、许文英、孙叶飞、李晓娟、杨幸、陈璁、徐浩、郭洪芹、楼天宇。由马建青任主编，李晓娟和孙叶飞任副主编。

《大学生心理健康教程》自出版后，广受师生及全国专家、同行的称赞。2014年，该教材被评为首届"浙江大学十大教材"；2015年，荣获中国心理卫生协会大学生心理咨询专业委员会"心理健康教育优秀论著一等奖"；2021年，又获浙江省推荐参加"首届全国教材建设奖全国优秀教材"评选；2023年，获"浙江大学首届优秀教材奖"特等奖。2024年，入选浙江省普通本科高校"十四五"重点立项建设教材和浙江省"十四五"普通高等教育本科规划教材。

2024年4月，由马建青任主编的我国第一部大学生心理健康课数字教材《大学生心理健康教程（数字教材）》正式出版。数字教材与纸质教材构成配套体系，为学生开辟了更多元化的学习路径。

衷心感谢教育厅宣教处和浙江大学出版社对本书编写、出版的大力支持。在编写过程中，本教材参考、借鉴、引用了国内外众多专家学者的最新研究成果，也得到了诸多同行的帮助，一些老师还提供了教学视频，在此诚挚致谢！本书若有不当和疏漏之处，也请各位老师、同学批评指正。